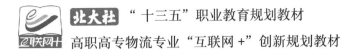

"十三五"职业教育规划教材

高职高专物流专业"互联网+"创新规划教材

增值物流业务运作与管理

付荣华◎著

内 容 简 介

本书是在线精品开放课程配套教材,以社会主义核心价值观为引领,按照金课标准打造,根据物流企业最新采用的增值物流业务运作与管理的新模式、新技术、新方法来设计教学情境,结合增值物流业务运作流程来组织设置学生实训工作任务,通过"做中学、学中做"的方式,让学生掌握增值物流业务处理的基本流程和关键技术;在此基础上,训练学生针对增值物流业务处理过程的诸多要素进行计划、组织、协调、控制及统筹安排,提高业务运作效率,确保业务运作效果,满足客户期望,创新客户体验,激发学生创新创业意识,培养学生创新创业实践能力,使学生的专业能力、方法能力和社会能力稳步提高。

本书适合作为高职高专物流管理等相关专业的教材,也可用作物流行业专业人士的培训资料。

图书在版编目(CIP)数据

增值物流业务运作与管理 / 付荣华著. —北京:北京大学出版社,2021.6
高职高专物流专业"互联网+"创新规划教材
ISBN 978-7-301-32301-4

Ⅰ. ①增… Ⅱ. ①付… Ⅲ. ①物流管理—高等职业教育—教材 Ⅳ. ①F252

中国版本图书馆 CIP 数据核字(2021)第 131923 号

书　　名	增值物流业务运作与管理 ZENGZHI WULIU YEWU YUNZUO YU GUANLI
著作责任者	付荣华　著
策划编辑	蔡华兵
责任编辑	蔡华兵
数字编辑	金常伟
标准书号	ISBN 978-7-301-32301-4
出版发行	北京大学出版社
地　　址	北京市海淀区成府路 205 号　100871
网　　址	http://www.pup.cn　新浪微博:@北京大学出版社
电子信箱	pup_6@163.com
电　　话	邮购部 010-62752015　发行部 010-62750672　编辑部 010-62750667
印 刷 者	北京鑫海金澳胶印有限公司
经 销 者	新华书店
	787 毫米 × 1092 毫米　16 开本　13.75 印张　315 千字 2021 年 6 月第 1 版　2021 年 6 月第 1 次印刷
定　　价	40.00 元

未经许可,不得以任何方式复制或抄袭本书之部分或全部内容。
版权所有,侵权必究
举报电话:010-62752024　电子信箱:fd@pup.pku.edu.cn
图书如有印装质量问题,请与出版部联系,电话:010-62756370

前言 PREFACE

随着市场竞争的日益加剧,越来越多的物流企业意识到,单纯依赖常规物流业务很难得到长足发展,必须大力拓展增值物流业务。增值物流业务创新客户体验,通过采用新模式、新技术和新方法等先进手段,提供快捷、便利、低成本、高质量、定制化的优质服务来满足客户个性化、多样化的需求,必将成为物流企业提升核心竞争力的关键。

为了适应物流行业企业对人才需求的变化,促进"互联网+物流"理念的贯彻,本书按照物流企业最新采用的增值物流业务运作与管理的新模式、新技术、新方法来设计教学情境,全书内容设计成9个项目模块:初识增值物流业务、利用EDI技术快速响应客户需求、利用物流信息平台整合物流资源、利用条形码技术快速准确采集物流信息、利用RFID技术全面升级业务运作水平、利用数据库技术优化客户关系管理、利用3S技术实现跟踪定位、利用呼叫中心全程掌控物流作业过程、利用物流信息系统有效管理信息流。针对每个项目模块,设计具体的学习目标和项目实训,以提高学生的动手实践能力。

本书特色体现在以下4个方面:

(1)作为精品在线开放课程增值物流业务运作与管理项目的配套用书,拥有丰富的线上资源,能满足移动式、碎片化、自由学习的需要。

(2)强调做中学、学中做,重视实践能力训练,设有小讨论、小思考、练一练、案例分析、项目实训、课后练习等栏目,引导学生动手动脑,培养专业技能。

(3)校企合作,将物流企业的新模式、新技术、新标准、新方法等引入教材,对接物流管理"1+X"证书标准,确保内容与时俱进。

(4)融入创新创业教育理念和思政元素,注重培养学生认真负责的劳动态度和精益求精的工匠精神,为其综合素质全面提升提供帮助。

在本书编写过程中,作者得到了校企合作单位广东本来网电子商务有限公司、京东物流华南区域分公司、百世物流科技(中国)有限公司广州分公司等企业的大力支持,也参阅了安能物流、德邦快递、深圳市怡亚通供应链股份有限公司、宝供物流企业集团有限公司等企业的网站资源和案例材料,在此一并表示诚挚的谢意!

由于作者水平有限,书中难免存在错误和不妥之处,敬请同行专家和广大读者批评指正。

付荣华
2020 年 12 月于广州

【资源索引】

目录 CONTENTS

项目1 初识增值物流业务 /1

任务1 增值物流业务认知 /2
一、增值物流业务的概念 /2
二、增值物流业务产生的背景 /2
三、常规物流业务发展面临的问题分析 /3
四、增值物流业务的特点 /4
五、增值物流业务的类型 /5
六、增值物流业务实现的途径分析 /6

任务2 增值物流业务运作新模式 /8
一、物流O2O模式 /8
二、众包物流模式 /11
三、一体化物流模式 /13

任务3 增值物流业务运作新技术 /15
一、智能分拣技术 /15
二、智能搬运技术 /16
三、物流信息技术 /17

任务4 增值物流业务新方法 /19
一、物流信息系统 /19
二、供应商管理库存(VMI) /21

三、准时制（JIT）物流　　　　　　　　　　　　　　　　　　　　　/ 24

　项目实训　　　　　　　　　　　　　　　　　　　　　　　　　　　　　/ 26
　课后练习　　　　　　　　　　　　　　　　　　　　　　　　　　　　　/ 27

项目 2　利用 EDI 技术快速响应客户需求　　　　　　　　　　　　/ 28

　任务 1　EDI 技术认知　　　　　　　　　　　　　　　　　　　　　　　/ 28
　　　　一、EDI 技术概述　　　　　　　　　　　　　　　　　　　　　　/ 28
　　　　二、EDI 系统概述　　　　　　　　　　　　　　　　　　　　　　/ 31

　任务 2　EDI 技术与订单处理　　　　　　　　　　　　　　　　　　　　/ 35
　　　　一、EDI 技术与订单处理概述　　　　　　　　　　　　　　　　　/ 35
　　　　二、EDI 技术在运输作业中的应用　　　　　　　　　　　　　　　/ 37
　　　　三、EDI 技术在采购业务中的应用　　　　　　　　　　　　　　　/ 38

　项目实训　　　　　　　　　　　　　　　　　　　　　　　　　　　　　/ 40
　课后练习　　　　　　　　　　　　　　　　　　　　　　　　　　　　　/ 40

项目 3　利用物流信息平台整合物流资源　　　　　　　　　　　　/ 41

　任务 1　物流信息平台认知　　　　　　　　　　　　　　　　　　　　　/ 41
　　　　一、物流信息平台的概念　　　　　　　　　　　　　　　　　　　/ 41
　　　　二、物流信息平台的分类　　　　　　　　　　　　　　　　　　　/ 43
　　　　三、物流信息平台构建的意义　　　　　　　　　　　　　　　　　/ 46

　任务 2　使用物流信息平台　　　　　　　　　　　　　　　　　　　　　/ 48
　　　　一、物流信息平台的运营模式　　　　　　　　　　　　　　　　　/ 48
　　　　二、物流信息平台的体系结构　　　　　　　　　　　　　　　　　/ 50
　　　　三、我国物流信息平台的发展现状　　　　　　　　　　　　　　　/ 51
　　　　四、国外的物流信息平台　　　　　　　　　　　　　　　　　　　/ 54
　　　　五、物流信息平台的构建　　　　　　　　　　　　　　　　　　　/ 55

　项目实训　　　　　　　　　　　　　　　　　　　　　　　　　　　　　/ 58
　课后练习　　　　　　　　　　　　　　　　　　　　　　　　　　　　　/ 59

项目 4　利用条形码技术快速准确采集物流信息 / 60

任务 1　条形码技术认知　/ 60
一、条形码技术概述　/ 60
二、条形码的分类与编码规则　/ 63
三、条形码识读设备　/ 71

任务 2　条形码技术与物流信息采集　/ 72
一、条形码的注册与制作　/ 72
二、条形码技术在信息采集中的应用　/ 78

项目实训　/ 81
课后练习　/ 81

项目 5　利用 RFID 技术全面升级业务运作水平 / 83

任务 1　RFID 技术认知　/ 83
一、RFID 技术概述　/ 83
二、RFID 技术的优势及面临的问题　/ 88

任务 2　RFID 技术在增值物流业务运作中的应用　/ 94
一、RFID 技术优化仓储作业管理　/ 94
二、RFID 技术在集装箱管理中的应用　/ 96
三、RFID 技术与条形码技术的应用比较　/ 97

任务 3　RFID 技术与物联网　/ 98
一、物联网的基本概念　/ 98
二、物联网的应用　/ 101

项目实训　/ 105
课后练习　/ 106

项目 6　利用数据库技术优化客户关系管理 / 107

任务 1　数据库技术认知　/ 107
一、基本概念　/ 107
二、数据库管理系统　/ 112

任务 2 数据仓库与数据集市 /114
一、数据仓库 /114
二、数据集市 /118
三、数据挖掘 /120
四、数据挖掘与数据仓库的关系 /122
五、数据挖掘在物流管理中的应用 /123

任务 3 客户关系管理 /124
一、基本概念 /124
二、数据挖掘与客户关系管理 /125

项目实训 /127
课后练习 /128

项目 7 利用 3S 技术实现跟踪定位 /129

任务 1 RS 技术及应用 /129
一、RS 技术概述 /129
二、RS 技术的应用 /134

任务 2 GIS 技术及应用 /138
一、GIS 技术概述 /138
二、GIS 技术的应用 /143

任务 3 GPS 技术及应用 /150
一、GPS 技术概述 /150
二、GPS 技术的应用 /155
三、北斗卫星导航系统 /157

项目实训 /160
课后练习 /161

项目 8 利用呼叫中心全程掌控物流作业过程 /162

任务 1 呼叫中心认知 /162
一、呼叫中心概述 /162
二、呼叫中心的建设 /167

任务 2　呼叫中心运作管理　　　　　　　　　　　　　　/ 168
　　一、呼叫中心人员管理　　　　　　　　　　　　　　/ 168
　　二、呼叫中心流程管理　　　　　　　　　　　　　　/ 173
　　三、呼叫中心行业标准　　　　　　　　　　　　　　/ 175
　　四、呼叫中心质量管理　　　　　　　　　　　　　　/ 177
项目实训　　　　　　　　　　　　　　　　　　　　　　/ 180
课后练习　　　　　　　　　　　　　　　　　　　　　　/ 181

项目 9　利用物流信息系统有效管理信息流　/ 182

任务 1　仓储管理信息系统的使用　　　　　　　　　　/ 183
　　一、仓储管理信息系统概述　　　　　　　　　　　　/ 183
　　二、仓储管理信息系统的建设　　　　　　　　　　　/ 185
　　三、仓储管理信息系统的使用　　　　　　　　　　　/ 190
　　四、仓储管理信息系统的选择　　　　　　　　　　　/ 198
　　五、我国仓储管理信息系统的发展趋势　　　　　　　/ 198

任务 2　运输管理信息系统的使用　　　　　　　　　　/ 199
　　一、运输管理信息系统概述　　　　　　　　　　　　/ 200
　　二、运输管理信息系统的建设　　　　　　　　　　　/ 201
　　三、运输管理信息系统的特点　　　　　　　　　　　/ 202

任务 3　货运代理管理信息系统的使用　　　　　　　　/ 203
　　一、货运代理管理信息系统概述　　　　　　　　　　/ 203
　　二、货运代理管理信息系统的应用　　　　　　　　　/ 206

项目实训　　　　　　　　　　　　　　　　　　　　　　/ 207
课后练习　　　　　　　　　　　　　　　　　　　　　　/ 208

参考文献　　　　　　　　　　　　　　　　　　　　　/ 209

项目 1
初识增值物流业务

【学习目标】

知识目标	能力目标	素养目标
（1）理解增值物流业务的特点及优势。 （2）掌握物流 O2O（Online to Offline 的缩写，即在线离线或线上到线下）模式、众包模式及一体化模式的运作流程。 （3）了解增值物流业务运作过程中采用的各种新技术。 （4）掌握增值物流业务管理方法的基本原理	（1）能正确引导客户，提供增值物流业务服务。 （2）能利用"互联网+物流"整合物流资源，降低客户经营成本。 （3）能根据业务的具体需要，找到合适的技术手段，提高物流运作效率。 （4）懂得利用 MIS（Management Information System 的缩写，即管理信息系统）、JIT（Just In Time 的缩写，即准时生产，又叫无库存生产方式、零库存等）、VMI（Vendor Managed Inventory 的缩写，即供应商管理库存）等先进管理方法，创新客户体验	（1）培育和践行社会主义核心价值观。 （2）养成认真负责的劳动态度和精益求精的工匠精神。 （3）激发创新创业意识，培养批判性思维能力。 （4）具备良好的团队合作与沟通交流能力

【情境导入】

X 物流公司董事长张某进入物流行业时，从一台车开始创业，发展到公司目前 300 多辆货车，网点遍布祖国大江南北，员工 400 多人。张某说，刚开始从事物流的时候，利润非常高。客户对物流企业的服务要求很低，只要货物安全送到目的地，他们就觉得很满意，对于货物的破损、晚到、不上门这些问题一般不太在意。所以，那时候物流企业的成本普遍较低，利润当然也是很高，部分业务利润甚至可以达到百分之百。

在这几十年间，张某的物流公司规模日益扩张，人员不断增加，管理也在持续提升，但公司经营形势却日渐艰难，现在平均利润率只有 3% 左右。举个例子，客户有批货从石家庄运到新疆运费收 3 万元，那么有 1.5 万元要付给大车司机，剩下 1.5 万元用于两头费用支出，公司要把货从客户那里取回来，装到车上，到了新疆以后，再把货物卸下，然后送给收货方。这趟业务最后结算费用情况是：这车货收 3 万元，只能挣到 1000 元，1000 元还是在货物没有破损和其他风险的情况下，才能挣到的。如果这一车货物中有一件货破损，那么这一趟业务就等于白做了，一分钱也赚不到，还可能亏损。

思考并讨论：

（1）传统物流业务面临哪些问题？
（2）你对 X 物流公司未来发展有何建议？

增值物流业务运作与管理

任务1 增值物流业务认知

随着我国经济发展步入新常态，物流行业的发展也日趋成熟，物流企业单纯依赖资产、设施设备、人际关系来维持竞争优势的时代已经一去不复返，物流企业迫切需要转型升级，由传统常规物流业务转向为客户提供增值物流业务服务，以此来提升企业的品牌知名度和核心竞争力。可以预计，在不久的将来，物流行业的竞争必将由单一的价格竞争走向服务质量和服务层次的竞争。因此，增值物流业务被形象地称为物流企业的"新奶酪"。

一、增值物流业务的概念

根据《中华人民共和国国家标准　物流术语（GB/T 18354—2006）》，增值物流业务是指在完成物流基本功能的基础上，根据客户需求提供的各种延伸业务活动。

增值物流业务是相对常规物流业务而言的，物流企业在现有资源的基础上，通过开展增值物流业务能获得比常规物流业务更高的收益。常规物流业务提供仓储、包装、运输、配送、装卸搬运等单一服务，而增值物流业务时刻强调想客户之所想、急客户之所急，不断创新客户体验，通过采用新模式、新技术和新方法等先进手段，提供快捷、便利、低成本、高质量、定制化的优质服务来满足客户个性化、差异化、多样化的需求。增值物流业务一般有以下3种表现形式：

（1）超出常规服务范围的延伸业务服务。

（2）采用超出常规作业方法提供的高附加值服务。

（3）采用合适的物流技术，以低于常规的服务成本提供的服务。

例如，在提供仓储业务的基础上，增值物流业务可以开展货物拆箱、拼箱、为商品重新贴标签、重新包装，产品测试、返修及产品退货管理等延伸业务服务；在开展运输、配送等常规物流业务基础上，可以向上游拓展采购业务，向下游开拓销售推广业务等。它通过采用新一代信息技术，有效整合全社会物流资源，大幅度降低物流成本，不仅可以创新客户体验，而且可以为客户节省费用支出。这方面可以大力拓展的增值物流业务有代收货款、签收回单、信息服务、金融服务、数据挖掘服务等。

> **小思考**
>
> X公司是一家第三方物流公司，专注城市配送业务。假如你是一家制造型企业的采购经理，X公司为你的企业提供原材料及零部件的配送服务，你所期望的最满意服务是怎样的？想一想，描述一下。
> 提示：
> （1）从安全、速度、成本等方面分别提出自己的想法。
> （2）大胆设想，不怕办不到就怕想不到，一切皆有可能。

二、增值物流业务产生的背景

目前来看，在我国增值物流业务的发展还处在初级阶段，该业务的产生主要受市场需求的推动，客户对物流服务的要求越来越高，不断追求那些既能降低成本又能增强物流服务功能的专业物流服务。近年来，我国的物流服务需求正在向更高水平的物流服务方向发展，具体呈现出如下发展趋势。

（一）市场竞争环境日益激烈

物流环境竞争激烈、日新月异，新模式、新做法层出不穷，很多物流企业都倾向于以更低的成本增强物流服务的功能。另外，制造企业和商贸流通企业等一大批客户都在持续不断地寻找能带来创新物流服务的提供商，来确保生产、仓储、运输和配送的成本都能降低下来。这种形势下，物流企业必须适应环境，创新发展，积极尝试使用新技术、新方法，特别是要重视新一代信息技术在物流业务设计、运作和管理中的应用，以更加复杂的互联网技术全面解决方案作为企业发展的坚强后盾。

（二）物流服务需求向优质化发展

随着人民生活水平的不断提升，以个性化、差异化、便利化等为特征的新消费需求对生产流通企业提出了新的挑战，进而对物流行业提出了优质化的发展需求。消费的多样化、生产的柔性化、流通的高效化都离不开物流的优质化，面对全社会对物流服务的高要求，传统常规物流业务显得力不从心，以低成本、高效率、可视化、一体化为特征的优质物流服务必将成为物流企业决胜市场的有力武器，极大地促进我国经济的高质量发展，是物流业今后发展的重要趋势。

（三）物流服务需求向全球化发展

企业与企业的竞争本质上就是企业供应链的竞争。在经济全球化的大背景下，在世界范围内整合优势资源是企业持续快速发展的关键，由此必然推动物流服务需求的全球化。如何适应物流需求的全球化，是目前我国物流企业面临的共性问题。

【德邦快递的整车运输】

> **小讨论**
>
> 请用微信扫一扫旁边的二维码，了解德邦快递在整车运输方面提供的增值物流服务有哪些。
> 分小组讨论：德邦快递还可以开展什么增值物流业务？

三、常规物流业务发展面临的问题分析

走进新时代，我国经济已由高速增长阶段转向高质量发展阶段，物流业也应该与时俱进，适应经济转型发展的需要。当前，传统常规物流业务主要面临以下几个问题。

（一）服务功能单一，市场意识不强，不能满足客户多方面的需求

我国物流业发展起步晚，第三方物流企业大部分都是由功能单一的运输企业、仓储企业转型而来，经营规模普遍较小，一体化、综合化程度较低，在经营管理水平、技术力量及服务范围上整体水平还不高。由于服务功能和运作经验的不足，大多数物流企业只是被动地按照用户的指令和要求，从事单一功能的运输和仓储服务，缺乏服务的主动性，很少能提供物流策划、组织及深入企业生产领域进行供应链全过程的管理，无法根据客户的需要，为客户提供超出常规的服务，或者采用超出常规的作业方法提供的高附加值服务。我国作为世界制造工厂，企业市场化运作程度不断提高，越来越多的企业通过物流外包来满足市场急剧扩张的需要，因此第三方物流需求量一定会大幅增长。然而，第三方物流企业由于服务意识、市场意识与客户要求相距甚远，缺少市场开拓的主动性，远不能有效地满足市场的需求，势必制约我国第三方物流产业的发展。

（二）服务水平低下，服务成本较高

技术投入不足导致大多数第三方物流企业技术装备和管理手段相对落后，物流服务网络和信息系统不健全，容易出现在途时间长、途中损耗大、运输费用高、便利程度差等问题，大大影响了物流服务的安全性与及时性，很难快速响应客户需求。另外，整个社会物流资源集中度低，不能有效整合利用并形成合理的网络，货源不稳定且结构单一，经营秩序不规范，造成我国物流企业服务效率低，服务成本居高不下，难以满足客户个性化、多样化的需求。

（三）物流运行体制不畅，政企职责不分

纵观世界各国第三方物流的发展历程，政府在促进第三方物流市场的发展中主要起推动作用。政府部门的规划与指导是影响第三方物流市场发展的重要因素。然而，我国在过去相当长的时期内，部门管理中存在政企不分、条块分割，以及融资、产权、人才使用、市场准入或退出等制度束缚，最明显的就是空运、铁路、公路等专业化物流系统分割运营、各自为政，造成我国物流业发展迟缓、物流集约化、专业化程度较低，在很大程度上肢解了物流资源社会化配置的综合效益。

（四）市场信用缺失，物流外包困难

在经济转型过程中，部分物流企业缺乏必要的职业精神，诚信不足。信息的不对称和市场信用的缺失，导致大量物流外包失败，限制了第三方物流的进一步发展。据相关数据统计，物流企业在提供外包服务时，合同的履约率堪忧。在被调查的企业中，有将近32%的企业遭遇合同纠纷，其中20%的企业遭遇的合同纠纷在3起以上。由于物流企业可信度不高，物流业务外包合作双方难以建立长期稳定的战略伙伴关系，一旦物流外包失败，货主企业更多倾向于采用自营物流，这势必严重制约第三方物流行业的发展。

（五）价格竞争出现白热化

降低价格参与竞争是占领市场的有力武器，但也是破坏市场的罪魁祸首，很可能搬起石头砸自己的脚，己于人都不利。由于我国第三方物流行业进入门槛低，绝大多数物流企业规模小，技术含量普遍较低。这些企业往往缺乏竞争优势，只能通过一些价格让步谋求发展，进而导致整个物流行业价格竞争趋于白热化。对于大型物流公司来说，本来拥有很好的物流服务体系，可以提供全程一体化物流服务，为客户节省开支，降低在途风险，但因客户大多看重小型物流公司的运价低廉而放弃与大型物流公司的合作，将货物交由小型物流公司承运，这使得大型物流公司失去大量客户，为了重新挽回这些客户不得不降低价格，导致利润下降、经营困难。

四、增值物流业务的特点

（一）增加便利性

一切能够简化手续、简化操作的服务都是增值性服务。简化是相对于消费者而言的，并不是说服务的内容简化了，而是指为了获得某种服务，以前需要消费者自己做的那些事情，现在操作更加方便了，甚至用不着消费者动手就可以完成，这样可以大大改善客户的体验，提升客户满意度。例如，在提供物流服务时，推行一条龙门到门服务、提供完备的操作或作业提示、免费培训、省力化设计或安装、代办业务、24h营业、自动订货、共享物流信息和物流全过程可视化、可追踪服务等，这些都是对客户非常有价值的增值物流业务。

（二）加快反应速度

速度制胜，物流行业尤其如此。增值物流业务快速响应客户需求，在"快鱼吃慢鱼"的年代为客户创造价值。快速反应是物流系统整体的快，包括全体人员的作业高效、整个系统的流程优化、全部环节顺畅交接，具体来看主要体现在以下几个方面：

（1）快速准确获取客户需求信息。
（2）快速整合调配合适的物流资源。
（3）物流设备高速运转。
（4）降低无效的等待时间。
（5）物流信息实时共享。

（三）降低成本

近年来，我国全社会物流费用占 GDP（Gross Domestic Product 的缩写，即国内生产总值）的比例一直居高不下，为客户降低成本费用是物流企业不懈的追求。物流企业开发增值物流业务，为客户降低成本的同时并不一定需要以减少物流企业利润为代价，恰恰相反，通过开展增值物流业务可以实现双赢。降低成本的途径包括以下几个方面：

（1）利用互联网降低物流资源的使用成本。例如，利用"省省回头车 App"，可以找到低成本的车辆资源。

（2）通过提高资源利用率来实现物流系统整体成本的降低。例如，共同配送提高了车辆利用率，可为多个客户同时节约物流成本。

（3）采用新的物流技术、新的商业模式或新的管理方法，提高物流的效率和效益，降低物流成本。例如，采用如立体仓库管理技术、车到人仓储作业技术、条形码技术和 RFID（Radio Frequency Identification 的缩写，即射频识别）技术等。

（四）延伸服务范围

增值物流业务的延伸服务是在常规物流业务基础上的"水到渠成"，是对现有物流资源价值的深度挖掘与应用。在新理念、新思想、创新思维指导下开发增值物流业务，拓展了物流服务的业务范围。从供应链整个系统来看，物流紧密联系商流、资金流、信息流，往供应链上游可以延伸开发市场调查、物流数据挖掘、市场预测、代理采购、库存控制、订单处理等增值物流业务，往供应链下游可以延伸开发销售推广、媒体广告、物流咨询、物流系统设计与建设、代收货款、代理保险、物流教育与培训、物流信息系统设计等。

> **小思考**
>
> 增值物流业务与常规物流业务的区别有哪些？
> 提示：从服务功能、核心优势、管理方式、盈利模式等方面进行比较。

五、增值物流业务的类型

（一）以顾客为核心的增值物流业务

以顾客为核心的增值物流业务是指由第三方物流企业提供的、以满足买卖双方达成交易为目的的物流业务。处理这种类型的增值物流业务既要快速准确地获取买方的订单需求信息，又要为卖方准备合适的存货及配送服务，买卖双方都是物流企业服务的对象，在整个交易过程中物流企业占据主导地位，延伸了服务范围，提升了交易的效率。例如，某物流公司通过设计先进的物流服务系统，专门为批发商配送一种快餐食品，这种增值物流业务模式不同于传统常规的快餐配送服务业务，其具体增值业务活动包括处理顾客向制造商的订货、直接送货到商店或顾客家、按照零售商的需要及时持续地补充送货。

（二）以促销为核心的增值物流业务

以促销为核心的增值物流业务是指为促进销售，设计制作商品展示台、配送并安装商品展示台，将促销商品合理摆放以利于促销，根据销售情况及时补货等一系列物流作业服务。

一般销售点的商品展示台包含来自多个不同供应商的多种产品，需要组合成一个多节点的展销单元，以适合特定的零售商品。在通常情况下，以促销为核心的增值物流业务还包括对储存产品提供特别介绍、直接邮寄促销、销售点广告宣传和促销材料的物流支持服务等。

（三）以制造为核心的增值物流业务

以制造为核心的增值物流业务是为了满足消费者多样化、差异化的需求，利用仓储设备和专用工具，对产品进行独特的分类、组装、简单加工、重新包装和配送，来支持客户个性化的制造活动。例如，有些商家将外科手术的成套器具按需要进行装配以满足不同医师的独特要求，有些仓储企业通过切割和安装各种规格尺寸的软管以适合个别顾客所使用的特定水泵，这些增值物流作业活动在物流系统中都由专业物流工作人员承担，这些专业人员能够在客户的订单发生时对产品进行按需定制，提升顾客服务水平。

（四）以时间为核心的增值物流业务

以时间为核心的增值物流业务是指根据客户的需求，在指定时间将约定数量的货物安全送到指定地点，不能早到更不能迟到，以此来帮助客户降低库存。这种类型的增值物流业务也叫准时制物流。在通常情况下，物流企业先把商品送到工厂附近的仓库，当工厂需求产生时，物流企业作业人员就会对由多家供应商提供的产品进行重新分类、排序，然后送到工厂指定地点，这样可以帮助客户减少不必要的仓库设施投入及重复性仓储作业活动，最大限度地提高物流服务速度。

六、增值物流业务实现的途径分析

（一）降低物流成本

降低物流业务成本是增值物流业务赢得顾客信赖最根本、最直接的方法，既能减少客户的费用支出，又能提高物流企业的业务收益。降低客户成本并不等于减少物流企业的收益，增值物流业务的优势就在于通过采用技术手段使得经营成本低于行业内常规物流业务成本。常用的策略方法包括以下几种：

（1）引进物流新技术，提高作业效率。走进新时代，创新驱动已成为行业发展的关键要素，物流业的发展也正得益于技术的创新应用。这些新技术通过提高作业效率、发挥资源优势来有效降低物流成本。纵观物流作业的各个环节，均有各种新技术不断出现，为开发增值物流业务，降低成本、提高公司竞争力提供了重要支撑。例如，在集装箱运输方面，考虑运输货物的特性，物流公司将通用干货集装箱改造成散货集装箱或开顶集装箱，这样可以大大提高集装箱的适货能力，从而减少空箱返运的成本。

（2）整合自有物流资源，挖掘资源优势。提高资源的利用率可以较大程度地降低物流经营成本，对自有物流资源进行合理整合有利于挖掘资源优势，可以提高自有资源的利用率。通过内部资源整合，将分散的资源统一管理、统一调度、统一分配，可以避免因资源分散而造成的效率低下和资源浪费，从而达到降低物流成本的目的。例如，中国重汽集团桥箱公司下辖多个分厂，以前每个分厂都分别自营仓库、自备配送车辆，车辆和仓库资源很多，但有时还是感觉不够用，当然有时候也会出现大量资源闲置的现象。经过内部资源整合，该公司集中仓库和配送车辆成立了内部物流公司，负责所有分厂的仓储和配送业务，很好地解决了物流资源不足的问题，同时也有效地降低了库存。国内物流行业内资源整合的成功案例还有很多，值得借鉴参考。

（3）合理利用社会资源，降低投资风险。传统常规物流业务主要依赖重资产投入来获得竞争优势，在互联网时代，新型科技物流企业开始崭露头角，其核心竞争力来源于对社会物流资源的整合。这些物流企业不拥有车辆和仓库，但可以承接运输、仓储和配送业务，不求所有、但求所用，极大地降低了投资风险。例如，合肥维天运通信息科技股份有限公司、深圳货拉拉科技有限公司等科技型物流企业是合理利用社会物流资源的典型代表，通过技术加管理可以实现货主、车主、物流企业三方共赢。这样的例子还有很多，如海尔物流让个体车辆加盟，实行统一管理，以较低的投资成本承担了大多数物流业务。又如，很多港区集装箱运输公司通过吸纳那些不再适宜长途运输的集装箱卡车加盟，专门承担从堆场至码头的短途运输，既充分挖掘了社会资源的优势，又降低了投资风险。

（二）增强创收能力

增强创收能力的关键在于让客户满意，增值物流业务创新客户体验，提供超出客户期望的服务，客户在获得价值的同时有更高的支付意愿，并且对价格不太敏感。在这方面，可以采取以下策略：

（1）提高服务质量，凭借品牌效应推广增值物流业务。常规物流业务以价格制胜，客户也最看重价格，处于主导地位。然而，客户并不专业，物流企业应该站在专业的角度，掌握主动权，真正为客户着想，引导客户选择增值物流业务。从物流统计年鉴近几年的数据来看，消费者开始注重以"安全、快捷、准时"为首要因素选物流服务，价格作为次要因素被排在后位。例如，中国邮政信函业务增量降序为特快专递、挂号信、平信，航空运输和动车周转量快速增加，都有力地证明了服务质量的重要性。质量战是比价格战更有力的制胜法宝，通过提升服务质量，形成强大的品牌效应，与客户建立互利互信的战略合作伙伴关系，从而不断提高物流企业的创收能力。

（2）加强延伸服务，全面整合上下游客户资源。物流企业在为客户提供物流服务的过程中，不仅要与客户打交道，而且必须同时与客户的供应商、客户的下游商家紧密联系，沟通合作。在供应链的各个环节，物流企业以信息作为桥梁纽带，掌握着大量客户资源，为开展延伸业务服务提供了天然的良好条件。随着互联网时代的到来，物流企业可以采用电子商务技术提高与客户上下游商家的沟通合作能力和信息共享能力，积极拓展延伸物流服务。从纵向来看，可以延伸到市场调查、需求预测、集中采购、数据分析与共享等各种业务领域；从横向来看，可以利用物流信息平台统筹企业内外物流资源，形成合力，共同满足客户需求。物流企业即使只拥有部分自有资源，甚至是少量自有资源，但只要有能力对全程物流服务掌控得当，通过整合社会物流资源，就能承接超过自身资源实力的物流业务，最大限度地延伸服务。例如，中国外运物流发展有限公司开发国际集装箱多式联运业务，就通过这种高端增值物流业务服务获得了高额收益。

（3）研发新业务，挖掘新需求，引导支付意愿。物流企业应该紧紧围绕客户需求，找准客户的痛点，创新物流运作方式，积极开发出能带给客户惊喜的新业务。例如，物流企业服务的一些小微企业，经常会面临资金短缺的难题，但苦于没有不动产，获取银行贷款的成本很高，有时甚至无法向银行申请贷款，这就是客户的痛点。针对这个痛点，近年来很多物流企业开始尝试一项新的业务——供应链金融。因为是合作伙伴关系，物流企业与这些客户之间共享信息，对于客户的经营数据，物流企业了如指掌，因而对风险可控。通过开展供应链金融这一新的业务，物流企业与客户可以实现双赢，可以进一步拓展双方的合作空间，寻找更多的新的增值物流业务。

对物流企业来说，新业务竞争对手较少，容易获得较高的垄断利润，并且因为可以满足客户便利化、个性化需求而赢得客户的忠诚和信赖，从而引导客户产生更多更高附加值的消费需求，提升客户的支付意愿。现在，越来越多的仓储型物流公司在获取银行资质许可后从事仓单质押、现货质押业务，可以在现有仓储资源条件下获取仓储服务费之外的收入。流通加工业务也是当前一项优质的增值物流业务，能够克服生产加工与客户需求之间的差异，促进资源的合理利用，提高原材料利用率，提高业务运作效率，为客户降低物流费用。

（4）打造专业物流，稳固市场。随着社会分工越来越细，专业化是物流行业发展的必然趋势。近几十年来，我国物流业快速发展，但多数物流企业经营的是常规物流业务，市场竞争激烈，利润微薄，实力较弱的中小企业正逐渐被淘汰出局。同时，专业化物流业务的开展使得不少物流公司独辟蹊径,寻找快速发展的创新通道。目前,这类专业物流业务仍处于成长期和成熟期,竞争对手少,它们在供应链市场中逐渐成为链上的核心企业,具有很强的市场竞争力。专业的人做专业的事,提高了市场进入门槛,可以很好地稳固市场。例如,近年来出现的会展物流就是一种典型的专业物流,可以为世界各地举办的各种类型的展览会、博览会、运动会及大型竞赛活动等提供专门的物流服务。类似的还有专门服务于水电站建设服务的运输物流,服务于汽车制造企业的准时制生产物流,服务于连锁超市的品种多、数量少、频率高的零售型配送物流等,都有相对稳定的市场。总之,物流企业准确把握市场需求,结合自身资源实力,找对切入点,选择某项专业化的物流业务,可以脱颖而出、快速发展壮大。

案例分析

【安能物流的金融业务】

上海安能聚创供应链管理有限公司(简称"安能")是国家 AAAAA 级综合服务型物流企业,服务范围覆盖全国绝大多数区域。安能坚持"传递信任,成就梦想"的企业使命,以"准时、安全、服务、经济"的理念,专注为客户提供高性价比、更好体验的物流服务。在市场竞争日益激烈的背景下,安能一直在探索开发增值物流业务,为客户提供金融服务是安能转型升级的一个重要举措。

请用微信扫一扫旁边的二维码,观看有关安能金融业务的视频资料,分析并讨论:相比商业银行,安能开展金融业务有何优势?

任务2 增值物流业务运作新模式

一、物流 O2O 模式

(一)物流 O2O 模式的概念

O2O 通过信息技术将线下实体的商业活动与互联网结合起来,把互联网当成线下交易的前台,突破时空的界限,为商家创造更多交易机会。O2O 模式应用非常广泛,在"互联网+"的大背景下如果产业链涉及线上和线下,就可以采用 O2O 模式。

物流 O2O 模式是基于物流行业的运作特点,利用互联网在物流资源的需求方和供应方之间搭建沟通的桥梁,线上进行信息交流并达成交易,线下完成物流服务。可以说,物流行业与 O2O 模式有着天然的良好契合点,展望未来,物流行业的变革和发展趋势将会是由 O2O 模式代替传统常规物流运作模式。

一般来说,如果能利用网络(特别是移动互联网)把用户在线下的、实体的需求从线下传递到线上,同时又能把传递到线上的需求再返回到线下提供具体服务的方式,就实现了 O2O 应用模式。图 1.1 形象地描述了消费领域的 O2O 模式,图 1.2 展示了物流领域的 O2O 模式。

图 1.1 消费领域的 O2O 模式　　　　　图 1.2 物流领域的 O2O 模式

物流O2O模式的运用极大地促进了物流行业的转型升级，物流企业纷纷借此从重资产企业向科技型轻资产企业转型。一方面，可以更好地适应客户多品种、小批量、多频次、长周期的物流服务需求；另一方面，可以在更大范围内整合物流资源，不必自营投资建设分拨中心、干线资源、仓储资源、落地配资源等线下物流资源。

由于物流企业的员工越来越趋向年轻化，更能接受互联网和移动互联网，物流企业推广O2O模式有着良好的基础，并且O2O模式大多是基于智能手机端的应用，结合物流领域的应用特点，无论是货主还是司机、物流企业员工，基本都是在移动中处理业务，所以物流O2O模式未来一定具有非常好的发展前景。

小思考

北京云鸟科技有限公司（简称"云鸟科技"）是一家供应链配送服务商，整合海量社会运力资源，以信息技术为支撑，实现运力与企业配送需求精确、高效匹配，为各类客户提供同城及区域配送服务。云鸟科技重新定义了城配服务标准体系，建立了工业级现场管理，输出良好的服务体验。云鸟科技已在全国很多一线城市开展业务，服务各类供应链客户万余家。

通过网络了解云鸟科技的业务模式，列举一个消费领域O2O模式的应用实例，思考并回答：物流O2O模式为什么可以降低物流成本？

（二）物流O2O模式的优点

（1）基于移动互联网的O2O模式，可以让物流公司的车辆定位不再依赖车载终端，能够灵活实现货物的跟踪监控管理，为司机的管理及调度等内部管控工作带来了很大的便利，既可以提高工作的效率，又可以减低管理成本。

（2）O2O运营模式，能够提前让线下的服务在线上得到展示，为物流业务运作做好充分准备，减少多个交接环节的时间浪费，可以大幅度提高供应链整体的协调性。

（3）O2O模式能够加强货主与物流公司之间的互动，直接提高货主的消费体验。基于智能手机的移动互联网，货主能够随时联络到物流公司的工作人员，及时沟通业务需求，及时反馈业务信息，有效提升货主的满意度。

（4）在整个物流业务运作过程中，逐渐摆脱了传统常规物流传真、电话、邮件的沟通方式，取而代之的是微信、app客户端、物流群等以自媒体为主的交流方式，每时每刻都可以进行交流和业务的协作处理。

（5）O2O模式充分发挥了智能手机的优势，很多司机都使用了智能手机，也基本安装有配货的手机app软件，可以随时了解物流公司的用车信息，而物流公司可以实时掌握司机和车辆的运输或闲置状态。以往传统物流模式都是物流公司通过电话找司机，司机打电话问物流公司要不要车辆，效率极低。

（6）O2O模式能够实现物流企业之间的业务协作和资源共享，针对某项业务，能够快速地组织多家物流企业的资源共同协作完成。物流公司之间通过手机app软件或微信平台，随时保持信息的沟通和交流，通常可以在极短的时间之内建立起业务协作关系，互相配货、互相支援，发挥各自优势，以经济、便捷的方式形成战略联盟。

（三）物流O2O模式的应用

在物流行业的实际运营过程中，O2O模式并没有固定的范式，不同的物流企业根据自身的客户需求特点及自身资源优势，可以采取多种不同的操作方法。下面介绍几种常见的物流O2O应用模式。

（1）线上突围。线上突围是指线下的传统物流企业利用互联网向线上突围，线下是物流企业生存的基础，线下的仓库、分拨中心、车辆资源、装卸搬运设备、网点门店等都是可利用的资源，从而形成物流公司独一无二的经营与服务网络。这也正是物流公司O2O模式最能利用的基础，通过突围，可以更大程度地将物流公司的线下资源进行整合与优化，将自身线下的资源发挥到极致，并在后续的发展过程中通过合作、加盟等借力平台或自建平台的方式，逐步完成物流公司的O2O模式布局。这种方式能最大限度利用自身在线下的优势，实现差异化经营。例如，这种模式的典型代表是广东一站网络科技有限公司。该公司是宝供物流企业集团核心子公司之一，是具有行业领先水平的物流+互联网公路运输服务平台。该平台以线下标准化运营为基点，以互联网和信息技术为支撑，凭借自身丰富的物流服务经验，整合社会优势资源，为用户提供便捷、可靠、高效、透明的门到门一体化公路运输服务。

（2）线下渗透。线下渗透是指物流公司通过产品、服务、网络或关系等多种手段将自身在线上的整合能力、控制能力及营销能力向线下渗透，通过联合线下物流服务实体进行线下资源整合的方式，实现对物流业务由线上到线下的一体化布局。这种模式是网络货运平台企业主要的运营方式。管理能力和科技实力是企业核心竞争力，未来具有相当大的发展潜力，但面临的问题主要包括如何分配利益、与线下企业如何强化合作、如何建立协同机制共同服务客户等。

（3）反攻线上。反攻线上是指线下物流实体企业通过对线下的资源的强化与管理，推出多种合作方式（如加盟、直营、战略合作等），实现在对线下资源进行整合的基础上完成对线上平台的渗透，甚至是整合，最后完成反攻网络货运平台，实现对线上线下资源的全面整合。这种模式目前操作起来困难比较大，要求实体物流公司拥有强大的线下经营能力和资源整合能力，更需要具备互联网思维。

（4）线上互通。线上互通是指平台型物流企业具备一定的线上运营及管理能力，通过云计算、大数据、物联网等新一代信息技术，完成对线上多种平台资源的整合，做到线上一体化，同时结合企业本身在线下的经营能力优势，完成多领域物流业务的O2O布局。涉及的平台型物流模式有B2B（Business to Business 的缩写，即企业与企业之间通过网络进行数据信息的交换、传递，开展交易活动的商业模式）、B2C（Business to Customer 的缩写，即直接面向消费者销售产品和服务的商业模式）、C2C（Customer to Customer 的缩写，即个人与个人之间的商业模式）平台，这种类型的O2O模式难度较大，合作各方需要很强的意愿、开放的态度、互惠共赢的经营理念。

（5）两线开工。两线开工是指那些实力较强的物流企业同时在线下与线上加大投入，完成线下与线上的互通，通过两线的资源整合与文化融合，构建自营的物流O2O体系。这种模式的典型代表是苏宁的物流云商模式。该模式在具体实施过程中可以借助一些零售领域的促销手段，如用户点评、免费发放优惠券、限时促销、二维码运单、推广会员卡等。当然，这种模式也存在一定的风险，两线开工、两线作战对物流资源的要求较高，虽然面临一些困难，但这是物流行业未来的发展趋势。

案例分析

天地汇是一家引领行业创新的公路港第四方物流平台集成服务商，是物流企业集群发展平台，也是服务公路物流的综合性、平台型、创新型企业。

天地汇公路港作为中国首个"物流淘宝"平台，将物流区连锁、物流淘宝交易、打车模式3种形式融为一体，旨在建立物流行业的信用基础体系，促进传统物流企业向网络化、信息化、标准化和集约化方向转型升级，提升社会整体物流效率，降低物流成本，助力经济发展。

天地汇公路港的特点：一是整合全国多个物流园区形成加盟连锁平台；二是以"天网"+"地网"架构实现"物流淘宝"交易；三是打车模式融入物流，实现O2O的"i配货"交易。

天地汇用物流平台创新模式和互联网方式改造原来的传统货运停车场，通过线下物流信息交易大厅、线上互联网和移动互联网方式，参与物流交易过程，实现交易过程可控、运输在途可控、服务风险可控，力求打造公路货运业最佳O2O商业实践模式。

> 天地汇计划通过线下物流园区和公路港加盟和委托管理模式打造全国物流园区连锁，即地网平台，并通过线上信息化系统和天网平台建成全国最大物流平台，打造全国干线运输网络和全国整车信息交易平台。
> 通过网络了解天地汇的产品与服务，总结一下天地汇的盈利模式，分析并讨论：物流O2O模式发展面临的困难有哪些？

二、众包物流模式

（一）认识众包

众包是指公司或组织把过去由员工执行的工作任务，以自由自愿的形式外包给非特定的大众去完成的一种创新服务模式。一般来说，众包的任务都是交给普通大众个人来承担，如果任务复杂、涉及多人协作才能完成的任务，也可能以依靠开源的个体生产的形式出现。

众包模式的出现源于社会分工越来越细和互联网技术的飞速发展，特别是在移动互联时代，人与人之间、人与物之间的联系方便快捷，自由自愿参与任务的原则重新定义了企业员工的概念，在提高工作效率的同时大大地降低了企业的运营成本。企业只需要为完成任务者支付少量报酬，有时甚至完全免费，参与者纯粹出于喜欢好玩的目的。

在国外，众包模式已经给一些产业带来了颠覆性的改变，如某些跨国公司耗费几十亿美元也没能解决的研发难题，被某个外行普通大众在两周的时间内圆满完成；过去要花数百美元才能买到一张专业水准的图片，现在只要1美元就可以从非专业的普通大众手里买到。众包模式从创新设计领域开始切入，现如今已悄然进入各个领域，给传统产业带来翻天覆地的变革。在国内，众包模式也已经开始受到越来越多的企业和大众欢迎，如通过唾手可得的自媒体，普通人可以成为兼职新闻发布者或评论员；外出的路上顺手送个快递赚个零花钱，普通人也能成为兼职快递员，甚至还能在闲暇时间去"微差事"这样的众包平台里接任务，成为兼职的零售店调查员或指定地点促销员等。

（二）众包的优点

（1）扩大了组织的边界。众包的各项业务都不是在组织机构内部完成的。一家公司通过众包这种模式使组织外延扩大到所有接包的合作伙伴，以此形成以公司为主体的庞大众包队伍的虚拟组织。一家公司一旦将研发任务众包，其专家队伍就可以来自世界各地的各行各业。可以肯定，企业将业务众包后，其组织边界大大超越了组织本身。

（2）充分利用了外部资源。不求所有、但求所用，众包模式妥善地利用外部资源来弥补自身资源的不足。资源总是有限的，拥有资源需要付出成本和承担风险，如果能利用外部资源来解决公司内部问题无疑是高明之举。公司将某些原本应由自己员工完成的任务外包给非公司员工处理，既利用了外部专业公司的长处，又使本公司减少了在这方面不必要的投入，使得公司有足够的精力专心从事企业最擅长的业务。因此，公司将一些内部难以完成的业务工作外包给不特定的大众，可以广泛地利用外部资源。

（3）降低成本、提高效率。降本增效是物流企业不懈的追求，降低成本是企业外包最重要的动力。通过采用众包模式，经营成本也会大大低于组织内部从事相应活动的成本。在互联网时代，网络信息技术帮助公司突破时空的限制，使得人与人之间的沟通更便捷、成本更低，公司可以在全球范围内整合资源，网络是众包模式实现的重要保证。

（三）众包物流模式

（1）众包物流模式的含义。所谓众包物流，是指把原来由物流企业员工承担的物流业务工作，转交给物流企业以外的大众群体来完成。

图 1.3 国内领先的众包平台——闪送

当前,众包物流模式在国内十分流行,如人人快递、达达、闪送等。与众包物流公司合作也是一种方式,例如,国内领先的众包平台——闪送(图 1.3)隶属北京同城必应科技有限公司旗下品牌,聚焦共享经济,以"互联网+"、大数据为依托,专注于即时专人直送,为用户提供 7×24h,平均 1min 响应、10min 上门、同城 1h 速递服务。目前,闪送已开通 222 个城市,汇集 100 万闪送员,累计 1 亿+忠实用户,以高效、快捷、贴心的服务,为众多用户的生活带去更多美好的体验。

(2)众包物流模式的意义。在一般情况下,由于人的流动会带来 30 倍以上物的流动,所以在我国物流行业之外,有大量闲置的人力资源、车辆资源和仓储资源等,充分整合利用这些资源,就是众包物流模式存在的重要意义,具体表现在以下方面:

① 最大化利用社会闲置资源,提高了物流运作的效率。众包模式能够很大程度地提高工作效率,未来还可以将同城配送时间缩到更短,特别是可以给最后 100m 的物流痛点找到合适的解决办法。

② 减少库存占用。众包物流模式让仓储物资转移到货运车上,可以基于整个城市交通路线及货源需求进行动态配送,一方面降低了成本,另一方面也提高了效率。

案例分析

人人快递应用上线后迅速积累了一批用户,其创新性地运用众包平台模式改造传统物流行业。据其官网描述,人人快递是基于移动互联网技术建立的智能快递管理平台,号称节能环保、省时省力的同城快递方式。人人快递创始人对这款应用抱有很高期望,希望通过这款应用为试验,再推出"信仁宝"平台,打造出一套社会化的诚信体系。

如今,传统的交通运输配送已经满足不了顾客的需求了,越来越多的物流企业开始探索新型的发展模式,而这种发展模式很大程度与互联网挂钩。大部分物流公司都会选择线上线下业务融合,与电商达成合作协议这种模式,而在这其中,人人快递开辟的是另外一种新型的商业模式,通过众包平台与传统物流行业相结合建立全民物流服务平台。客户只要下载应用,填写相关信息完成注册手续,就可以当快递员,顺路给人捎东西赚取快递费,也可以通过平台寄送货品。作为中介平台,人人快递从中收取 10% 左右的提成。

人人快递手机端应用推出没多久,就积累了不少用户,人人快递网全国平台上的会员已超过千万规模,自由快递员近千万人,每日产生几万订单,覆盖百余座城市。

某物流业内人士表示,大众之所以快速接受人人快递,也许是因为其满足了大家对于快递速度的要求。目前,还没有哪家快递公司可以保证货品当天送达,即使是顺丰,也不能保证 24h 一定送达。人人快递则利用大众资源做到同城当天送达,而且满足了普通民众对于快递行业的猎奇心理,其"顺路捎带,随手赚钱"的理念也符合现代人的生活节奏。

人人快递手机端应用里面可分为三大功能:商品代购、发货和接单送货。作为一款大众化的应用软件,其整个应用页面设计简洁,使用起来非常方便。一旦注册成为自由快递人,更新行程后,系统就会自动推送附近的订单,用户可以自行选择抢单,这类似于"滴滴"等应用软件。而且,由于"滴滴"的流行,大众对于这种模式的操作已经非常熟悉,因此用起来也不会有任何难度。商品代购算是人人快递提供的升级服务,是对常规快递服务的一种补充。

应当说,物流与众包、互联网结合的创新让人眼前一亮。不过,我们也应该注意众包物流模式所面临的以下问题:

（1）规模上不去，成本下不来。众包物流模式利用社会闲散的非专业资源来完成物流专业任务，其运作方式与常规物流相比缺乏规模优势。众包物流配送员3km行程往往只能送一个单件，而快递企业的配送员3km往往能送30多个单件。众包物流3km以内支付给兼职配送员的单件报酬至少6元，也就是说成本至少6元。然而，"三通一达"（圆通、申通、中通和韵达）等快递企业能够将1000km以内的单件成本控制在4元左右。物流是相对专业的行业，从效率方面来说，众包物流兼职配送员的工作效率并不比快递企业的全职配送员工作效率高。与拼车、顺风车模式类似，众包物流最多可视为能充分地利用社会闲散运力的一种创新，从配送效率上来说很难实现高效率、低成本。

（2）安全问题不容忽视。在众包物流模式下，兼职配送员来去自由，还可以同时接多个平台的订单，所用的app也可以随时转换。与顺丰、德邦等企业的正式员工不一样，众包物流兼职配送员对企业的忠诚度不高，对企业的管理和文化认同度不够。兼职配送员越多，众包物流企业的服务质量就越参差不齐，管控难度就越大。另外，众包物流模式还可能增加社会治安问题，甚至涉及公共安全问题，这也将成为众包物流面临的巨大挑战。

（3）存在违规违法的风险。众包物流除了暂无分拣环节，基本涵盖快递服务定义的收寄、运输、投递等环节。但按法律规定，未经许可，任何单位和个人不得经营快递业务。只要从事快递配送，法律就是底线，必须遵守，否则就涉嫌非法经营。众包物流模式是否属于快递服务，尚待相关管理部门确认，但的确存在法律风险。当消费者权益受到损害的时候，消费者是向众包物流企业追责还是向兼职配送员追责呢？当兼职配送员在工作过程中发生事故或产生工伤时，众包物流企业是否需要承担责任呢？当兼职配送员待业且主要服务众包物流企业时，企业是否需要为其缴纳社会保险呢？这些问题都是众包物流企业面临的巨大挑战。

通过网络了解众包物流模式的运作特点，分析并讨论：
（1）众包解决了物流的什么痛点？
（2）如何管理承接众包任务的普通大众？

三、一体化物流模式

（一）一体化物流模式的定义

一体化物流模式是指站在全局的高度，从系统的视角，把从原材料供应到产成品分发的整个供应链作为统一的业务流程，对物流的所有功能进行统一协调管理和控制，最终为客户提供包含多种物流服务的全面解决方案。

一体化物流模式是新时代最有影响的商业发展模式之一，传统物流把产品的流动视为一系列独立的活动。一体化物流模式是物流管理系统化的最直接体现，充分考虑整个物流过程及影响此过程的各种环境因素，对商品的实物流动进行整体规划和系统控制。可以说，一体化物流模式将市场开拓、分销网络、制造过程和采购活动紧密联系起来，同时兼顾顾客服务水平的提升与物流成本的降低，从而赢取供应链整体竞争优势。

（二）一体化物流模式的优点

（1）有利于重构产销关系，把生产与流通结合起来，成为一个利益共同体，彻底扭转生产与流通行业的利益对立状况，从经济上激发商品流通部门主动加强与生产部门合作的积极性，通过市场开发引导产品生产，以流通的规模化促进生产的规模化，建立流通对生产的引导地位，改善产供销合作关系。

（2）充分发挥物流"蓄水池"作用，通过旺收淡放、滞储畅销来实现物流的时间效用和空间效用，供应链各个节点不仅要考虑自身的库存水平，而且要考虑其他环节的库存水平，从而有利于在更大程度上降低整个供应链的库存水平。

（3）优化社会资源配置，使物流资源整合有了更大的空间。一体化物流模式可以有效地扩大物流需求，为实现共同配送、减少空载创造了有利条件，提高了资源整合的效率，减少了资源浪费，激活了市场，形成一个良性的生态系统，可以在很大程度上优化社会整体经济运作环境，使得宏观调控更加有效。

（三）一体化物流模式的类型

（1）垂直一体化物流模式。垂直一体化物流模式（图1.4）要求物流企业将提供产品的供应商和消费者纳入统一的管理范围，并全部作为物流管理服务的对象。从原材料零部件供应物流到生产工厂的制造物流，从产成品分销到零售终端销售及售后的回收物流，形成闭环物流，闭环上各个节点企业与物流公司信息共享、协同运作，结成战略合作关系。垂直一体化物流模式为解决复杂的物流问题提供了方便，而雄厚的物质技术基础、先进的管理方法和通信技术又使这一设想成为现实，并在此基础上继续发展。

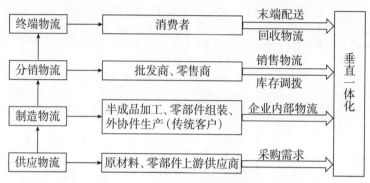

图1.4　垂直一体化物流模式

（2）水平一体化物流模式。水平一体化物流模式（图1.5）是通过同一行业中多个企业在物流方面的合作而获得规模效益，从而实现整体物流水平的高效率与低成本。例如，不同的企业可以用同样的装运方式进行不同类型商品的共同运输。当物流范围相近且某段时间内物流量较少时，几家企业同时分别进行物流操作显然不经济，于是就出现了一家企业在装运商品的同时，也装运其他企业的商品。这样不仅降低了企业物流成本，从整个社会效益来看，也减少了物流资源的浪费。要实现水平一体化物流模式，必须掌握大量物流需求和物流资源信息。此外，实现水平一体化的另一个重要条件就是要有大量的企业参与。当然，水平一体化物流模式不是简单的配装配载，需要协调多方的计划安排、库存控制、物流成本等。

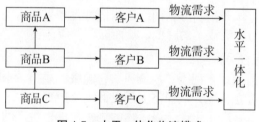

图1.5　水平一体化物流模式

（3）物流网络。物流网络（图1.6）是垂直一体化物流模式与水平一体化物流模式的综合体。当一体化物流每个环节同时又是其他一体化物流系统的组成部分时，以物流为联系的企业关系就会形成一个网络关系，即物流网络。物流网络是一个开放系统，以利益为驱动，以合作为目标，相关企业可自由加入或退出，一般在业务繁忙的季节最可能利用这个系统。物流网络能发挥规模经济作用的关键在于物流一体化、标准化、模块化。实现物流网络首先要有一批优秀龙头物流企业率先与生产企业、销售企业结成利益共享市场同盟，同时与社会上各种类型的中小型物流企业结成物流资源同盟，利用相对稳定和完整的供应链体系，帮助客户创造价值。这样一来，竞争对手成了同盟军，物流网络就成为一个生产企业、流通商贸企业和物流企业多方位、纵横交叉、互相渗透的协作有机体。而且，由于先进信息技术的应用，当加入物流网络的企业增多时，物流网络的规模效益就会更加显现出来，这也促使了社会分工的不断细化，"第三方物流"的发展也就有了强大动力，整个社会的物流成本会因此大幅度下降。

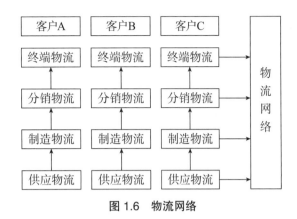

图 1.6　物流网络

任务 3　增值物流业务运作新技术

一、智能分拣技术

传统配送中心依赖工人手动称重、分拣、配货，费时费力，特别是在互联网时代，面对各大电商网购节爆发式增长的包裹数量，货品积压、丢失的现象时常发生，严重影响包裹发运的速度及质量。智能分拣技术采用机器人代替工人手工操作。机器人针对配送商品，提供智能分拣解决方案，可以调度数百台分拣机器人，以翻盖／皮带等移载方式，快速精准地实现商品分拣，准确率较高，可以大大减少工人数量。智能分拣系统主要由分拣机器人、机器人调度系统、机器视觉系统等组成，如图 1.7 所示。

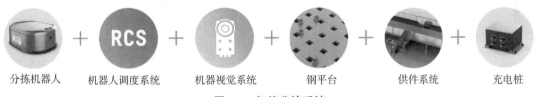

图 1.7　智能分拣系统

（一）智能分拣技术的主要特点

（1）读码、称重、分拣多个环节实现连续不停顿作业。

（2）快速扫描客户包裹上的面单，精准读取面单条形码信息（读码准确率较高，读码时间不到 1s）。

（3）快速获取包裹重量，准确分拣，全程连续作业，大幅缩短整体分拣时间。

（4）完成包裹称重后，系统根据包裹目的地合理分配任务，规划机器人最优路径。

（5）可实时监管分拣机器人作业过程，调度机器人主动避障并调整最优路径，以最优路径将包裹快速送达指定位置。

（6）实现自动分拣，温柔投递，避免野蛮操作，确保商品安全。

（7）智能识别包裹条形码信息，自主判断包裹需投递的卸货口。

（8）设计卸货口下方倾斜滑槽，保证包裹平稳滑下，包裹投递精准、安全。

（9）支持路由信息记录、跟踪等功能，大幅提升分拣中心订单管理能力和分拣效率。

（二）智能分拣技术效益分析

（1）运营维护方便快捷，配送中心智能分拣技术的应用采用系统模块化设计，实施周期短，系统柔性程度高，场地扩容或调整时可快速部署。

（2）分拣流程安全高效，包裹分拣过程平稳快速，投递精准。

（3）设施设备利用率高，有效降低人力成本，人工减少50%~80%。

（4）扩展性和适应性好，满足不同类型的包裹分拣需求，一次性投资少，后期运营维护便捷。

二、智能搬运技术

装卸搬运是物流七大功能要素之一，却被认为是脏活累活。特别是在工厂车间，要求原材料、半成品、在制品、成品等在各个生产环节高效流转，给搬运工作带来了很大挑战，智能搬运技术可以很好地解决这一问题。

采用智能搬运机器人提供适用于生产线各上、下料点间的智能搬运方案，涉及搬运机器人和机器人调度系统（Reversion Control System，RCS）两大核心模块，可高效完成原材料、零部件或半成品从仓库到生产线线头、线尾，直到在制品或成品仓库及物料分拣出库过程中的快速搬运、跨楼层跨厂房运输等工作，显著提高工厂车间的生产效率，大幅降低人工成本。智能搬运系统的组成如图1.8所示。

图1.8　智能搬运系统的组成

（一）智能搬运技术的主要特点

（1）路径灵活，柔性强。智能搬运机器人采用视觉+惯性双导航，支持前进、后退、原地旋转等，可根据产线需求灵活规划、调整机器人路径，确保最佳作业效率。

（2）协调作业，无干扰。根据产线需求为机器人合理分配订单任务，并调度机器人以最优路径协调作业、互不干扰。

（3）可视化管理，更直观。系统可实时监控搬运机器人运行状态，知悉机器人当前位置，真正实现智能运维维护。

（4）自动派单，更快捷。系统提供Web Service接口，可与企业物料信息系统无缝对接，自动将任务下发至机器人，实现全厂级工位间的精确输送。

（5）可按客户需要柔性定制。支持滚筒、皮带、链条等多种执行机构，无缝对接工厂生产线现有输送设备。

【欧铠双滚筒AGV的应用】

小思考

智能搬运机器人（Automated Guided Vehicle，AGV）已经在物流行业得到广泛应用，请用微信扫一扫旁边的二维码，或登录深圳市欧铠智能机器人股份有限公司官网，查看欧铠双滚筒AGV的应用视频，思考AGV运作的特点有哪些。

（二）智能搬运技术效益分析

（1）提升效率。原材料、半成品、成品物流路径精确，灵活、高效、准确地执行搬运任务，提升生产线工作效率30%以上。

（2）降低人工成本。快速部署智能搬运系统，有利于传统制造业企业实现高效、经济、灵活的无人化生产，节省人力50%以上。

（3）安全灵活便捷。智能搬运系统自动对接产线，根据工艺灵活调整路径，实现柔性生产线，提高场地利用率。

三、物流信息技术

物流信息技术是指在物流各环节中应用的信息技术，包括计算机、网络、信息分类编码、自动识别、电子数据交换（Electronic data interchange，EDI）、全球定位系统（Global Positioning System，GPS）、地理信息系统（Geographic Information System，GIS）等技术等。

物流信息技术是现代信息技术在物流各个环节中的应用，是现代物流区别传统物流的显著标志。从物流数据自动识别与采集的条形码系统到物流运输设备的自动跟踪，从企业资源的计划优化到各企业、单位间的电子数据交换，从办公自动化系统中的微型计算机、互联网、各种终端设备等硬件到各种物流信息系统软件，都在日新月异地发展，随之产生了一系列先进和崭新的物流经营方式和新的物流理念，从而推进了增值物流业务的迅猛发展。

（一）物流信息技术的组成

物流信息技术作为现代信息技术的重要组成部分，是提升物流作业效率和服务水平的重要保证。在物流活动各个环节中，物流信息先后经过以下处理过程：信息的识别与采集、信息的储存、信息的传递与交换、信息的跟踪定位及信息的综合处理等。物流信息技术的组成主要包括以下几个方面：

（1）条形码技术。条形码技术是在计算机的应用实践中产生和发展起来的一种自动识别技术，为人们提供了一种对物流中的货物进行标识和描述的方法。条形码是实现销售点（Point of Sales，POS）系统、电子商务、供应链管理的技术基础，是物流管理现代化、提高企业管理水平和竞争能力的重要技术手段。

（2）射频识别技术。射频识别技术是一种非接触式的自动识别技术，通过射频信号自动识别目标对象来获取相关数据。其识别工作无须人工干预，可工作于各种恶劣环境，短距离射频产品不怕油渍、灰尘污染等恶劣的环境，可以替代条形码，如用在工厂的流水线上跟踪物体等；长距射频产品多用于交通上，识别距离可达几十米，如自动收费或识别车辆身份等。

（3）数据库技术。数据库是按照数据结构来组织、存储和管理数据的仓库。它产生于几十年前，随着信息技术和市场的发展，特别是20世纪90年代以后，数据管理不再仅仅存储和管理数据，而转变成用户所需要的各种数据管理的方式。数据库有很多种类型，从最简单的存储各种数据的表格到能够进行海量数据存储的大型数据库系统，都在各个方面得到了广泛的应用。

（4）EDI技术。EDI是指通过电子方式，采用标准化的格式，利用计算机网络进行结构化数据的传输和交换。它在传输订单、发票等作业文件时，可以减少甚至消除贸易过程中的纸面文件，因此也称为"无纸贸易"。

（5）GIS技术。GIS是多种学科交叉的产物，它以地理空间数据为基础，采用地理模型分析方法，适时地提供多种空间和动态的地理信息，是一种为地理研究和地理决策服务的计算机技术系统。其基本功能是将表格型数据（无论来自数据库、电子表格文件还是直接在程序中输入）转换为地理图形显示，然后对显示结果浏览、操作和分析，显示范围可以从洲际地图到非常详细的街区地图，显示对象包括人口、销售情况、运输线路和其他内容。

（6）跟踪定位技术。跟踪定位技术是指利用GPS定位卫星、北斗导航卫星系统等技术，在全球范围内实时进行定位、导航的系统技术。跟踪定位系统具有在海、陆、空进行全方位实时三维导航与定位的能力，跟踪定位技术在物流领域可以应用于汽车自定位、跟踪调度、铁路运输管理及军事物流等。

（7）呼叫中心技术。呼叫中心是在一个相对集中的场所，由一批服务人员组成的服务机构，通常利用计算机通信技术，处理来自企业、顾客的垂询与咨询需求。以电话咨询为例，其具备同时处理大量来话的能力，还具备主叫号码显示，可将来电自动分配给具备相应技能的人员处理，并能记录和储存所有来电信息。一个典型的以客户服务为主的呼叫中心兼具呼入与呼出功能，当处理顾客的信息查询、咨询、投诉等业务的同时，可以进行顾客回访、满意度调查等呼出业务。

（二）物流信息技术在我国物流行业的应用现状

（1）物流信息技术应用普及程度越来越高。绝大部分物流企业能意识到物流信息化的重要意义，物流现代化离不开物流信息化。物流信息技术的创新应用是推进物流信息化发展的重要手段，可以看到条形码和电子标签等技术在物流业务中的应用程度继续提升。在物流企业与外部主体业务信息交换中，以EDI和互联网为代表的信息化交换方式逐渐成为市场主导，信息交换方式的变革直接影响物流业务进行中信息交换速率和准确度的提升。随着移动互联网的快速普及，近年来物流软件应用率逐渐提升，应用种类更加丰富，不同软件间的均衡性更加明显，更加注重软件与业务的切合度及与企业未来发展的相关性。

（2）物流信息平台快速发展极大地促进企业降本增效。物流企业的信息平台/门户网站的作用由单纯的信息发布逐渐向电子交易等多种形式拓展，如中国外运综合物流业务订单管理系统主要通过互联网服务于仓储、运输、货代等各类综合性物流公司和货主。针对这些服务对象，系统提供了统一的接单服务窗口，通过线上和线下集中接受货主的物流订单委托，并根据货主的要求，将订单进行分拆分发给仓储信息系统、运输信息系统、货运代理系统等各作业层面的物流信息系统；同时，接收各操作系统的操作状态反馈，并通过与应用门户集成、短信消息服务等方式，为其提供快捷、透明的"一站式"服务。例如，基于北斗技术的电商快递运输过程透明管理云服务平台是易流专门针对电商快递企业的物流运输环节而搭建的物流信息化管理系统，通过应用"运输过程透明管理"的现代物流管理理念，旨在为传统物流行业提供全新的物流管理理念和操作方法。该系统通过现代信息技术手段，把物流运输过程中的"人、车、货"信息展现在互联网上，做到运输过程信息"实时、在线、透明、可控"，真正达到优化物流运输过程、提高物流运输效率的目的。

（3）物联网等新技术推动物流信息化快速发展。在物联网技术推动中，出现了两类智能终端，一类是跟着物走的，叫车载终端，记录对货物管理的种种要求；另一类叫手持终端，记录其中涉及人的部分。这两类终端都具有4种基本功能：识别功能、定位功能、传感功能、无线通信功能。这些功能渐渐成为所有智能终端的底层编配，促进基础信息标准的建设，也推动物流信息化的快速发展。

（4）物流信息标准化水平不高，上下游企业信息共享难。企业为了实现信息化，有些自建信息系统，有些企业外包给第三方软件公司建设，还有些企业纯粹是一种跟风行为，只建立企业网站，真正起到的信息化的作用有限。因此，行业内供应链上企业信息化程度差异大，会导致信息流动不通畅，行业整合难度大，上下游的对接比例低，制约了物流的效率。

（5）物流数据的价值发挥不够，数据挖掘亟待深入。经过多年的发展，物流企业都积累了海量的财务数据和物流业务数据资源,同时还有上下游企业的共享数据。这些数据都是物流企业的宝贵财富,然而它们的价值往往被忽略。如何整合数据并进行深入的数据挖掘,为领导经营决策提供支持,为经济运行提供分析与预警,与供应链上下游企业共享数据,从而实现相互协同呢?这就需要对杂乱无章的原始数据进行分类整理,运用数据挖掘技术分析出有规律、有意义的有用信息,为物流决策提供依据,切实提升企业物流信息化发展水平。

> **小讨论**
>
> 家住广州的 X 先生通过某电商网站从浙江的卖家那里购买了一个塑料衣柜,订单成交时间是:2020-04-07 18:17。由于货款已经通过第三方公司进行了支付,X 先生有些担心,卖家是否会收了钱不发货?经过联系,卖家的客服人员告诉 X 先生可以在网上清楚地跟踪了解到所购商品的发运全过程。
>
> 以下是塑料衣柜的物流状态:
> - 2020-04-09 10:43:55 卖家已发货
> - 2020-04-09 15:29:10【浙江丽水Y公司】的收件员【小叶】已收件
> - 2020-04-09 15:42:04 由【浙江丽水Y公司】发往【浙江杭州中转部】
> - 2020-04-09 22:58:52 快件已到达【浙江杭州航空部】扫描员是【小花】上一站是【浙江杭州中转部】
> - 2020-04-09 22:59:12【浙江杭州航空部】正在进行【装车】扫描
> - 2020-04-10 20:21:10 快件已到达【广东广州公司】扫描员是【小林】上一站是【浙江杭州航空部】
> - 2020-04-10 20:58:56 快件已到达【广东广州公司】扫描员是【小丽】上一站是【广东广州公司】
> - 2020-04-11 07:03:11 由【广东广州公司】发往【广东广州公司】
> - 2020-04-11 07:52:42【广东广州公司】的派件员【小家】正在派件
> - 2020-04-11 14:58:58 已签收,签收人是草签
>
> 结合材料,思考并讨论:物流状态的可视化是提升客户满意度的关键,张先生能享受到满意的购物体验,是因为在哪些环节使用了什么样的物流信息技术?

任务 4　增值物流业务新方法

一、物流信息系统

(一)物流信息系统的概念

物流信息系统是增值物流业务运作管理创新的重要工具,一般是由人员、计算机硬件、软件、网络通信设备及其他办公设备组成的人机交互系统。该系统可以进行物流信息的收集、存储、传输、加工整理、维护和输出,为物流管理者及其他业务运作人员提供战略、战术及经营决策的支持,以达到组织的战略最优,提高物流运作的效率与效益。典型的物流信息系统有运输管理系统(Transportation Management System,TMS)、仓储管理系统(Warehouse Management System,WMS)、货代管理系统、快递业务系统等。

(二)物流信息系统的功能

物流信息系统是物流系统的神经中枢,它作为整个物流系统的指挥和控制核心,具备多种功能,可以归纳为以下几个方面:

(1)数据收集。物流数据的收集首先是将数据通过收集子系统从系统内部或者外部收集到预处理系统中,并整理成为系统要求的格式和形式,然后通过输入子系统输入物流信

息系统中。这一过程是其他功能发挥作用的前提和基础，如果一开始收集和输入的信息不完全或不正确，在接下来的过程中得到的结果就可能与实际情况完全相左，会导致严重的后果。因此，在衡量一个物流信息系统性能时，应注意它收集数据的完整性、准确性，以及校验能力、预防和抵抗破坏能力等。

（2）信息存储。物流数据经过收集和输入阶段后，在其得到处理之前，必须在系统中存储下来。即使在处理之后，若信息还有利用价值，也要将其保存下来，以供后续使用。物流信息系统的存储功能就是要保证已获取的物流信息不丢失、不走样、不外泄、整理得当、随时可用。无论哪一种物流信息系统，在涉及信息的存储问题时，都要考虑存储量、信息格式、存储方式、使用方式、存储时间、安全保密等问题。如果这些问题没有得到妥善的解决，信息系统是不可能投入使用的。

（3）信息传输。物流信息在物流系统中，一定要准确、及时地传输到各个职能环节，否则信息就会失去其使用价值。这就需要物流信息系统具有克服空间障碍的功能。物流信息系统在实际运行前，必须充分考虑所要传递的信息种类、数量、频率、可靠性要求等因素。只有这些因素符合物流系统的实际需要时，物流信息系统才具有实际使用价值。

（4）信息处理。物流信息系统的最根本目的就是要将输入的数据加工处理成物流系统所需要的有价值的信息。数据和信息是有所不同的，数据是得到信息的基础，但数据往往不能直接利用，而信息是从数据加工得到的，可以直接利用。只有获取了具有实际使用价值的物流信息，物流信息系统的功能才算真正得到发挥。

（5）信息输出。信息的输出是物流信息系统的最后一项功能，也只有实现了这个功能后，物流信息系统的任务才算完成。信息的输出必须采取便于人或计算机理解的形式，在输出形式上力求易读易懂、直观醒目。

这5项功能是物流信息系统的基本功能，缺一不可；而且，只有这5项功能都没有出错，最后得到的物流信息才具有实际使用价值，否则会造成严重的后果。

（三）物流信息系统的特征

尽管物流信息系统是企业经营管理系统的一部分，与企业其他的管理信息系统在基本面上没有太大的区别，如集成化加模块化、网络化加智能化的特征，但物流活动本身具有的时空上的特点决定了物流信息系统具有自身的特征，主要表现在以下几个方面：

（1）跨地域连接。在物流活动中，由于订货方和接受订货方一般不在同一场所，如处理订货信息的营业部门和承担货物出库的仓库一般在地理上是分离的、发货人和收货人不在同一个区域等，这种在场所上相分离的企业或人之间的信息传送需要借助于数据通信手段来完成。在传统常规的物流业务运作系统中，信息需要使用信函、电话、传真等传统手段实现传递，随着信息技术进步，利用现代电子数据交换技术可以实现异地间数据实时、无缝的传递和处理。

（2）跨企业连接。物流信息系统不仅涉及企业内部的生产、销售、运输、仓储等部门，而且与供应商、业务委托企业、送货对象、销售客户等交易对象，以及在物流活动上发生业务关系的仓储企业、运输企业和货代企业等众多的独立企业之间有着密切关系，可以将这些企业内外的相关信息实现资源共享。

（3）信息的实时传送和处理。物流信息系统一方面需要快速地将收集的大量形式各异的信息进行查询、分类、计算、储存、使之有序化、系统化、规范化，成为能综合反映某一特征的真实、可靠、适用而有使用价值的信息；另一方面，物流现场作业需要从物流信息系统获取信息，用以指导作业活动，即只有实时的信息传递、使信息系统和作业系统紧密结合，才能有效克服传统的借助打印的纸质载体信息作业的低效作业模式。

> **小思考**
>
> 登录在线精品开放课程，查看智能物流的相关资料，思考并回答：
> （1）智能物流小小的改变，为什么能大大节省物流成本？
> （2）物流信息系统会给增值物流业务运营带来哪些好处？

二、供应商管理库存（VMI）

（一）VMI的基本概念

（1）VMI的定义。VMI是一种以用户和供应商双方都获得最低成本为目的，在一个共同的协议下由供应商管理库存，并不断监督协议执行情况和修正协议内容，使用户和供应商的库存管理得到持续的改进的一种合作性策略。

供应商管理的库存是供应商和用户协同对供应链库存进行优化管理的重要策略，基本实现形式为：供应商和用户企业按一定的方式共享企业的库存和耗用数据（对制造企业来说，一般指生产领用；对商业渠道来说，一般指销售出货），按照一定的补货策略（如动态或静态的安全库存、订货点、再订货量等控制参数），自主决定供货计划，对用户企业进行快速有效的补货。

VMI管理模式从QR（Quick Response的缩写，即快速响应）和ECR（Efficient Customer Response的缩写，即高效客户响应）的基础上发展而来，其核心思想是供应商通过共享用户企业的当前库存和实际耗用数据，按照实际的消耗模型、消耗趋势和补货策略进行有实际根据的补货。由此，交易双方都要变革传统的独立预测模式，尽最大可能地减少由于独立预测的不确定性导致的商流、物流和信息流的不一致，从而降低供应链的总成本。

这种库存管理策略打破了传统的各自为政的库存管理模式，体现了供应链的集成化管理思想，适应了市场变化的要求，是一种新的、有代表性的库存管理思想。目前，VMI在增值物流业务开发过程中的作用十分重要，受到越来越多的企业重视。

> **小思考**
>
> 传统库存管理是怎样操作的？传统库存管理存在哪些不足？

（2）VMI遵循的基本原则。在实施VMI的过程中，应该遵循以下几个方面的原则，从而确保整个物流系统增值：

① 合作性原则。实施VMI策略时，相互信任和信息透明是很重要的，供应商与零售商都要有良好的合作精神。

② 互惠原则。VMI策略的主要目标是通过信息共享和深层合作，减少双方的成本，而不是成本如何分担的问题。

③ 目标一致性原则。实施VMI策略的双方需要建立一定的合作框架协议，每一方都明白各自的责任，达成一致的目标，如库存商品放在哪里、什么时候支付、是否需要管理费用及花费多少等问题都要解决，并体现在框架协议中。

④ 持续改进原则。由于供应链内外部环境是不断发生变化的，需要经常根据这些变化，修改合作策略，使VMI能迅速适应新的环境。

在供应商管理库存系统中，通过库存控制权向上游供应商的转移，能够实现供应商和零售商之间实时销售数据的有效沟通，建立利益共享、风险共担的合作联盟，提高整个供应链的响应速度及服务水平，最终为每位成员带来收益。供应商管理库存能有效抑制传统供应链中多重决策、信息扭曲等所导致的牛鞭效应，增强供应链在同行业中的竞争能力。

（3）实施 VMI 的好处。实施 VMI 后，对整个物流系统的增值作用非常明显，至少可以带来以下收益：

① 降低存货。
② 加快合作双方业务实施进程。
③ 通过集体采购降低采购单价。
④ 通过需求合作关系的建立减少总采购量。
⑤ 减少供应商的数目。
⑥ 通过改进供应商之间、供应商与用户之间的流程节约采购时间。
⑦ 提高供应链的持续改进能力。
⑧ 加强供应商的伙伴关系。
⑨ 降低存货过期的风险。
⑩ 与供应商合作改进产品性能，提高产品质量。
⑪ 通过用户对供应商的授权，促进供应商与用户之间的高效交流。
⑫ 降低采购订单、发票、付款、运输、收货等交易成本。

（二）供应商管理库存的产生与发展

VMI 的历史可以追溯到快速响应的早期阶段，它是针对零售商和供应商的有效合作提出来的。1984 年，美国纺织品行业竞争日益加剧，为了缩短提前期并减少库存成本，人们提出了 QR 战略，供应商从零售商那里获得实时销售 POS 数据，并根据这些实际数据及时调节生产与控制库存，零售商则根据自己的销售和库存情况来订货，从而提高了供应商需求预测的准确性，使生产计划得到改善。于是，有公司开始实施 VMI 战略，明显改善了准时交货和销售情况，库存周转率和顾客满意度均得到了大幅度的提高。随后，一些公司也采用 VMI 系统来降低库存成本。

VMI 之所以能够为供应链中所有成员带来收益，是因为生产商可以直接得到最终用户的需求信息，并以此为根据进行预测，使需求放大效应得到了控制，节约了零售商和供应商的库存成本，提高了供应商生产的稳定性。从长期来看，VMI 可以增加供应商和零售商的利润，零售商不仅可以节约大量库存成本，而且能够提供降价促销、增加销售量，从而提高双方的收益。

迄今为止，VMI 系统已经在很多行业得到了广泛应用，其概念及具体形式也在不断发展，最初的 VMI 可以全额退款，下游企业与上游企业共享需求信息，上游企业则负责确定自己及下游的库存水平。但很多人认为，当 VMI 中的下游企业自己承担库存费用时，上游企业会尽量将库存转移到下游。为克服这一缺点，人们提出一种改进的 VMI，它允许下游企业将过剩的商品退给上游企业，有效地将持有库存的责任转嫁到上游。

VMI 有时也指连续补货计划（Continuous Replenishment Program，CRP；Continuous Product Replenishment Program，CPR）。CRP 是在 ECR 的基础上发展起来的，是从把产品推出库存区域到根据顾客的需求把产品拉到零售店货架上的一个进步，包括一些频率更快、批量更小的交货方式。在 CRP 战略中，供应商运用从零售商处得到的 POS 数据，根据事先约好的时间间隔来安排出货，以保持一定的库存水平。随着 CRP 战略的实施，供应商可以在满足一定顾客服务水平的情况下，逐渐降低零售商和分销商的库存。

另一种改进的 VMI 称为发货商管理库存，由供应商确定库存水平，并拥有所有商品直到商品售出。VMI 的先行者沃尔玛已经采用了这种方案，它在出售货物时，扫描商品的条形码，短暂地"拥有"商品直到商品售出。

近年来，VMI 的发展更强调系统中各成员的相互合作，如协同库存管理（Co-Managed Inventory，CMI），合作、预测、计划和补货（Collaborative，Forecasting Planning and

Replenishment，CPFR），而不仅仅是由哪一方来掌握库存控制权。CPFR 指价值链上各成员通过协同计划的过程，以减小供应和需求之间的差异，它与 VMI 中供应商承担的大部分责任不同，是业务处理和问题解决过程中的相互合作。

（三）VMI 的实施流程

管理专家说，库存是万恶之首，库存占用了大量的流动资金，影响企业的资金运转效率。在 VMI 模式下，客户允许供应商以互联网为工具远距离管理他们的库存，完成循环补货。供应商通过获取客户的库存信息，根据市场需求预测、补货方法和安全库存模式，可以有计划、快速地反映市场变化和满足客户需求。VMI 模式可分成两个模块，一个是需求预测计划模块，可以产生准确的需求预测；另外一个是配送计划模块，可以根据客户实际订单、运送方式，产生顾客满意度高和成本低的配送。VMI 的实施流程图如图 1.9 所示。

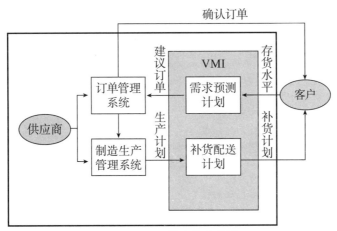

图 1.9　VMI 的实施流程图

其中，配送是衡量 VMI 供应商表现优劣的标准。对于制造企业的客户来说，对 VMI 配送的时效性要求非常高，甚至达到苛刻的地步，这是因为 VMI 配送的货物会被直接送上客户的生产线，一旦无法满足对生产线的供货，后果将不堪设想。

影响配送的因素有很多，包括库位设置、库房内的取货路径、发货的准备工作等，一系列因素都直接影响配送的结果。为了保证配送的顺利进行，可以对库位进行 ABC 分类、优化库房内取货路径、根据需求的预测在发货区提前做好补货工作等。其中，库位的设置应该尽可能把客户需求最大、运用最频繁的货物，放在最容易取得的位置；库房内的取货路进优化和需求的预测是要依靠先进的信息系统来完成的，先进的执行系统自动考虑不同货物在仓库中的库位分布情况，确定一条最佳取货路线，工人只需要按照系统给出的取货路线完成取货单上的任务；在每一次的配送结束后，信息系统都会总结一定时期内客户的要货情况并进行预测，判断出客户下一次所需货物的大致情况。这样，操作人员就可以在下次送货要求到达之前，把货物移到发货区的临时库位。

例如，某 VMI 供应商为 DELL 提供 VMI 服务，管理着超过 8000m^2 的仓库和近 5000 种货物，每隔 3h 都会收到客户的送货通知，而且每次送货通知所要求的卡车数量平均达到 30 辆，涉及 200 多种品种。根据与客户的协议，该供应商必须在收到送货通知的那一刻起，在 1.5h 以内将全部货物送达客户的生产线，否则就被视为配送失败。尽管面对如此严格的要求，该供应商多年来的整体配送成功率依然达到 99%，关键的因素就是执行信息系统。该供应商将执行信息系统与流程相结合，并持续改进，信息系统可以直接对操作下达经过优化的指令，从而极大地提升操作效率和准确率。

案例分析

　　VMI 是 ECR 系统的一种重要物流运作模式，也是 ECR 走向高级阶段的重要标志。VMI 的核心思想在于零售商放弃商品库存控制权，而由供应商掌握供应链上的商品库存动向，即由供应商依据零售商提供的每日商品销售资料和库存情况来集中管理库存，替零售商下订单或连续补货，从而实现对顾客需求变化的快速反应。VMI 不仅可以大幅改进 ECR 系统的运作效率，即加快整个供应链面对市场的回应时间，较早地得知市场准确的销售信息，而且可以最大限度地降低整个供应链的物流运作成本，即降低供应商与零售商因市场变化带来的不必要库存，达到挖潜增效、开源节流的目的。

　　正是看到了 VMI 的这些特殊功效，家乐福在引进 ECR 系统后，一直努力寻找合适的战略伙伴以实施 VMI 计划。经过慎重挑选，家乐福最后选择了其供应商雀巢公司。就家乐福与雀巢公司的既有关系而言，双方只是单纯的买卖关系，唯一特殊的是，家乐福对雀巢来说是一个重要的零售商客户。在双方的业务往来中，家乐福握有决定权，决定购买哪些产品及产品数量。

　　两家公司通过协商，决定由雀巢公司建立整个 VMI 计划的机制，总目标是增加商品的供应效率、降低家乐福的库存天数、缩短订货前置时间、降低双方物流作业的成本等。由于双方各自有独立的内部 ERP 系统，彼此并不相容，因此家乐福决定与雀巢公司以 EDI 连线方式来实施 VMI 计划。在 VMI 系统的经费投入上，家乐福主要承担 EDI 系统建设的花费，没有其他额外的投入；雀巢公司除了 EDI 建设外，还引进了一套 VMI 系统。经过近半年的 VMI 实际运作后，雀巢公司对家乐福配送中心产品的到货率由 80% 左右提升至 95%（超越了目标值）。家乐福配送中心对零售店铺产品到货率也由 70% 提升至 90% 左右，并仍在持续改善中；在库存天数方面，由 25d 左右下降至 15d 以下；在订单修改方面，也由 60%～70% 下降至 10% 以下，每日商品销售额则上升了 20% 左右。

　　总体而言，VMI 使家乐福受益无穷，极大地提升了其市场反应能力和市场竞争能力。同时，雀巢公司也受益匪浅，其最大的收获便是与家乐福的关系得到改善。过去，雀巢公司与家乐福只是单向买卖关系，所以家乐福要什么就给他什么，甚至只是尽可能地推销产品，彼此都忽略了真正的市场需求，导致好卖的商品经常缺货，而不畅销的商品却有很多存货。这次合作使双方愿意共同解决问题，从而有利于从根本上改进供应链的整体运作效率，并使雀巢公司容易掌握家乐福的销售资料和库存动态，以便更好地进行市场需求预测和制订有效的库存补货计划。

　　分析并讨论：
　　（1）实施 VMI 会带来什么风险？
　　（2）如何避免 VMI 实施的风险？你有什么对策？

三、准时制（JIT）物流

（一）JIT 物流的基本概念

　　JIT 物流是一种建立在 JIT 管理理念基础上的现代物流管理方式，是实现物流增值的重要管理方法。准时制物流是伴随制造业准时生产而产生的，随着准时生产的发展与普及，准时制物流得到了迅速发展和广泛应用。

　　JIT 物流是精益思想的表现，是一组活动的集合，其目的在于原材料、在制品及产成品保持最小库存的情况下，能保持连续、高节奏的大批量生产。零件从上道工序准时到达下道工序，并被下道工序迅速加工和转移。"准时制"是基于任何工序只在需要时才生产必要制品的逻辑。

（二）JIT 物流的特点

　　（1）始终强调以客户需求为中心。在准时制物流系统中，顾客需求是驱动增值物流业务运作的动力源泉，是价值流的出发点。价值流的动力来源于下游顾客的需求拉动，当顾客没有发出需求指令时，物流企业不提供任何服务，而一旦顾客需求指令产生，则快速响应，提供精准的优质服务。

　　（2）准确把握对时间的理解。传统物流业务往往把"时间"看作一个"时段"，在一个时间范围内将货物送到指定地点，客户就能满意。准时制物流强调的是"时点"的概念，晚到不行，早到也不行，必须准确把控时间，"刚刚好"是准时制的显著特点。物品在流通中顺畅、有节奏地流动是物流系统的目标，而准时就是关键的措施，物品在流动中的各个环节按计划、按时完成，包括交货、运输、中转、分拣、配送等各个环节都必须准时。

（3）服务质量安全可靠。准时制物流重视服务质量，实施全面质量管理，确保每个环节的质量安全。"准确"是最基本的要求，包括准确的信息传递、准确的库存、准确的客户需求预测、准确的送货数量和质量等。商品一旦发错，或者运输途中损坏，导致换货或重新发货，势必将影响准时到达目的地。准确是保证物流准时化的重要条件。

（4）快速反应客户需求。准时化物流系统的快速包括两方面含义：一是物流系统对客户需求的反应速度；二是物品在流通过程中的速度。准时化物流系统对客户个性需求的反应速度取决于系统的功能和流程。当客户提出需求时，系统应能对客户的需求进行快速识别和分类，并制订出与客户要求相适应的物流方案。物品在物流中的快速性包括货物停留的节点最少、流通所经路径最短和仓储时间最合理，并达到物流整体的快速。

（5）降低成本，追求零库存。准时制物流认为任何形式的库存都是浪费，准时制物流追求的终极目标就是没有库存，顾客什么时候需求，物流企业就什么时候送到，客户不需要库存。生产企业按订单生产、按需采购，物流企业按需供应，因此生产制造企业也不需要原材料、零部件库存，但前提条件是准时制物流得以实施。在零库存目标驱动下，准时制物流系统通过合理配置基本资源，充分合理地运用优势和实力进行快速反应，消除诸如设施设备空耗、人员冗余、操作延迟和资源浪费等，保证物流系统的低成本运作。

（三）JIT 物流的类型

目前，在我国物流行业，JIT 物流的应用形式包括 3 种，即计划管理、看板式管理、同步管理。

（1）计划管理。计划管理就是按生产计划组织生产供货，实际是以计划消耗来计算的一种订货方式。它遵循的原则是：在第 M 天的需求基础上进行预测，并计算出 $M+N$ 天的供应量，依次循环滚动。实际上，它比较接近于传统的计划供应方式，之所以也被列入准时制物流管理范围，是因为其预测和计划周期较短。计划管理模式适用于零件品种需求变化较小且消耗连续的汽车零部件行业。计划管理的不足在于：当生产计划调整时，不能做出快速反应，易造成产品库存积压。

（2）看板式管理。看板式管理是电子技术与现代物流的完美结合，同时也是一种需求拉动型的管理模式。它采用条形码技术、网络技术进行生产物流管理，是一种反应速度较快、信息较为准确的新型管理模式。信息的主要载体是看板，在看板上记录零件号、要货时间、零件名称、零件的储存地点、零件数量、所用工位器具的型号等，以此作为各工序进货、出库、运输、生产、验收的凭证。在看板式管理模式下，每一次物料的供应都是对实际消耗的合理补充，充分体现了准时制物流的原则。

（3）同步管理。同步管理是 JIT 物流的高级形式，适用于单位价值较高、变化形式多样的总成零部件。它要求供应商与主机厂商共享同一软件平台，单一零件按明确的方式备货，通过取样点对整车数据下载分析，按装配车间装配工位上零件的准确要求实现供货。信息共享是实现同步管理的前提条件，同步管理需要根据生产线运行情况进行同步供应，以满足工艺需要，减少库存费用和对场地面积的占用。在流水线上，当车身通过某一工序时，它立即向下游工序发出所需装配某种零件的需求信息。同样，当生产商收到要货信息后，就会根据要货指令将所需的品种、数量按要求的时间准时地送达，不会产生多余的库存。"同步管理"在企业的应用，标志着准时制物流方式已经进入了较高级阶段。

（四）JIT 物流的实施

JIT 物流的基本思想是"只在需要的时候，按需要的数量，提供所需的产品"，其的基本思想是通过控制库存实现物流系统的增值。要实现增值的目标，关键在于落实以下几点：

（1）建立看板体系。重新改造优化作业流程，改变传统的由前端经营者主导生产数量的方式，重视后端顾客需求，后面的工程人员可以通过看板告诉前面的工程人员需求，如零件需要多少、何时补货等，也即"逆向"去控制生产数量的供应链模式，这种方式不仅仅能节省库存成本（直至达到零库存），更重要的是提升流程效率。

（2）按需供应，准时送达。依据顾客需求，供应必要的合适商品，采用小批量、多频次的送货方式。通过小批量、多频次的供应，可以有效地减少在制品的数量，提高需求变化应变能力，从而为准时化物流创造有利条件。

（3）制定并贯彻作业标准。对供应链上每个活动、内容、顺序、时间控制和结果等所有工作细节都制定严格的规范，如装 30 箱货物需要几分钟、运输车辆规格标准化、包装箱规格统一化。这并不是说作业标准是一成不变的，只要工作人员发现更好、更有效率的方法，就可以变更作业标准，目的在于持续不断地提高运作效率。

（4）排除一切不必要的浪费。排除任何造成浪费的隐患，全面排查物流系统中任何有关材料、人力、时间、能量、空间、程序、搬运或其他资源是否存在浪费现象。提高物流资源的利用率，也是排除浪费的重要措施，如提高运输车辆高积载率。由于采用小批量、多频次供货，若供货方单独供货的话，成本明显上升，因此有必要采用混载和中继物流形式提高运输车辆积载率。

【JIT 物流运作练习】

（5）信息共享协调一致。物流系统环节多，牵涉的合作企业多，上游企业信息共享、步调一致，有利于准时制物流的实现。为此需要充分利用新时代快速发展的信息技术，加大信息化投入，提升整个物流系统的信息化水平，确保商流、物流、资金流、信息流四流合一；同时，建立广泛的合作协调机制，互惠互利，相互信任。

练一练

请用微信扫一扫旁边的二维码，或登录在线精品开放课程，查看 JIT 物流运作练习，通过计算体验一下 JIT 物流的运作思路和操作办法。

项目实训

中国物流与供应链信息化大会每年召开一次，2019（第十一届）中国物流与供应链信息化大会于 2019 年 7 月 11—13 日在安徽省合肥市举办。此次会议以"智能经济时代下的新制造与新物流"为主题，为各方搭建一个交流的平台，广泛交流物流信息化的有关政策、技术、典型案例和成功经验。

1. 实训内容

（1）通过网络（如 www.chinawuliu.com.cn）收集这一年中国物流与供应链信息化大会的相关资料，可以是国家近期出台的物流政策、物流信息技术的新发展或者物流信息技术实施的典型案例等。

（2）整理并分析资料，从某一个角度选择一个专题，制作 PPT，向全班同学介绍会议情况。

2. 实训要求

（1）以小组为单位，分工合作，协商讨论，在规定时间内共同完成实训任务。

（2）大会资料很多，应避免面面俱到、泛泛而谈，找到自己感兴趣的主题，进行深入分析、重点介绍。

（3）结合课程知识，谈谈自己对本次大会的感想。

3. 评价标准

报告内容 （40 分）	汇报表现 （30 分）	PPT 制作 （20 分）	团队合作 （10 分）	总分 （100 分）

课后练习

一、单选题

1. 一体化物流的类型不包括（　　）。
 A. 垂直一体化　　　　B. 水平一体化　　　C. 前后一体化　　　　D. 物流网络
2. 开展增值物流业务可采用的创新管理办法很多，但不包括（　　）。
 A. MIS　　　　　　　B. DOC　　　　　　C. JIT　　　　　　　D. VMI
3. 以下（　　）不属于常规物流业务发展面临的问题。
 A. 服务功能单一　　　B. 价格竞争程度低　C. 服务水平低下　　　D. 服务成本较高

【参考答案】

二、多选题

1. 增值物流业务的特点可以概括为（　　）。
 A. 增加便利性　　　　B. 加快反应速度　　C. 降低成本　　　　　D. 延伸服务范围
2. 增值物流业务实现的途径包括（　　）。
 A. 引进物流新技术，提高作业效率　　　B. 整合自有物流资源，挖掘资源优势
 C. 合理利用社会资源，降低投资风险　　D. 大幅度降价
3. 物流信息的处理过程包括（　　）。
 A. 信息的识别与采集　B. 信息的储存　　　C. 信息的传递与交换　D. 信息的跟踪定位

三、判断题

1. 未来物流企业的变革之路和发展方向将会是由O2O运营模式代替传统的物流运作模式。（　　）
2. 众包物流就是把原来由物流企业员工承担的物流业务工作，转交给物流企业外的大众群体来完成。
（　　）
3. 物流服务水平的高低主要取决于物流从业人员的工作态度，与物流技术的应用关系不大。（　　）

四、简答题

1. 简述众包的好处有哪些。
2. VMI 遵循的基本原则包括哪些？

项目 2
利用 EDI 技术快速响应客户需求

【学习目标】

知识目标	能力目标	素养目标
(1) 掌握 EDI 技术的定义、特点及其标准。 (2) 掌握 EDI 系统的基本结构及其工作过程。 (3) 掌握 EDI 技术的使用方法。 (4) 了解 EDI 在物流领域中的应用现状。	(1) 能准确了解并引导客户需求。 (2) 能利用 EDI 技术传递客户需求信息。 (3) 能快速准确地与客户确认订单信息。 (4) 能将客户订单按规定要求转换成内部业务单据。 (5) 能跟踪订单处理进度并反馈给客户。	(1) 养成认真负责的劳动态度和精益求精的工匠精神。 (2) 培养严谨务实、一丝不苟的工作作风。 (3) 培养遵守法纪和行业企业标准的习惯。 (4) 具有良好的沟通交流能力和团队合作精神。

【情境导入】

X 公司是一家仓储型第三方物流企业，每天在公司仓库门前等待装货卸货的车辆排成长龙，司机不耐烦，客户更是着急，不断打电话询问发货情况。在公司作业现场，每位员工都是非常积极忙碌地工作，但工作效率丝毫没有提高。仓库经理很困惑，人员增加了不少，为什么工作效果还是不好？

经过深入调查，仓库经理发现瓶颈出现在客户订单信息的处理上。仓库作业人员的工作指令来源于出库单、入库单，而出入库单是根据客户订单转换而来的。但客户订单的格式五花八门，商品名称、规格、型号也千差万别，有的订单还是手写的，由送货司机现场交给仓管员。

思考并讨论：

(1) 客户订单信息如何才能及时、准确地转换成公司内部的作业单据？
(2) 想要提升仓库作业效率，还有什么新的办法？

任务 1 EDI 技术认知

EDI 技术是随着现代计算机技术和远程通信技术的发展而产生的一种新的信息管理方法，它是企业之间实现数据交换、信息资源共享的基础。目前，该技术已被企业广泛采用，成为企业之间传递信息的重要手段。

一、EDI 技术概述

(一) EDI 技术的定义

EDI 技术是指使用电子化手段，采用标准化格式，利用计算机网络的通信环境在企业之间传输和交换数据的技术。它在传输订单、发票等作业文件时，可以减少甚至消除贸易过程中的纸面文件，因此也称"无纸贸易"。

国际标准化组织（International Organization for Standardization，ISO）将EDI技术描述成"为贸易（商业）或行政事务处理，按照一个公认的标准，形成结构化的事务处理或报文数据格式，从计算机到计算机的数据传输方法"。

近些年来，EDI技术广泛应用于物流行业中，被称为物流EDI技术。物流EDI技术是指托运方、承运方及与其相关的企业之间，通过EDI技术系统进行物流数据交换，并以此为依据开展物流活动的方式。

（二）传统物流业务运作中存在的信息交换问题

1. 信息安全无保障

在EDI技术应用以前，物流业务往往是采用信件、传真或电子邮件等方式来传递双方所需要的物流信息，包括货物的数量、体积和重量等相关信息。公司在收到这些物流数据之后，必须手工将这些物流信息输入公司内部的ERP系统，这样就增加了信息处理的环节和劳动强度。随着物流信息越来越多，这一过程变得越来越复杂，使得大量的劳动被重复，增加了公司的成本，还会导致大量错误发生，甚至引起商业纠纷，给公司带来不必要的麻烦和经济上的损失。因此，传统的物流业务操作方式在物流信息的效率和安全方面得不到保障。

2. 信息反馈不及时

采用传统信息交换模式开展物流业务，无法做到及时跟踪运输物资，因为货物所处的位置、数量、质量等信息是随时变化的，传统的信息传递依靠手工操作，环节多且操作非常繁杂，从而导致运输物资的信息反馈速度很慢。有时因为工作人员的失误和粗心，在途货物的信息更新不及时或无法找到货物的情况常常发生，这就会使得货物的追踪非常困难，也会使得客户不能准确获取在途货物的信息，从而影响客户其他各项工作的开展，进而降低客户满意度，影响公司业务的发展。

3. 重复作业不经济

物流作业环节多，每个环节都需要采集物流作业对象的信息，如商品的品名、规格型号、商品包装尺寸、重量、产地、生产日期等。即使是同样的信息，每个节点都需要采集，都需要输入节点企业的信息系统，因而重复作业现象严重，从整个物流运作系统来看非常不经济。特别是在经济全球化背景下，企业在世界范围内整合资源，物流作业环节更多，重复采集物流信息使得物流作业浪费更加严重。

> **案例分析**
>
> Z公司专注于单片机分销业务与增值服务，是国际半导体厂商中国区首选分销商。Z公司是N公司全球最大的单片机代理商，而N公司是全球顶尖的半导体产品领导厂商，也是Z公司最重要的原厂客户之一。双方需要交换大量且繁杂的业务数据，那么这些数据文件都是如何传输的呢？
>
> 在业务初期，N公司为Z公司提供了一个Web订单系统，Z公司的业务人员需要在线登录，在系统表单中填写业务数据并上传。由于Web订单系统没有和Z公司的ERP（Enterprise Resource Planning的缩写，即企业资源计划）系统集成，所以Z公司的业务人员需要将之前上传的表单数据下载下来，再手动录入公司的ERP系统中，导致工作量很大。这种手动上传的方式在业务初期尚可满足需求，但随着业务规模的扩大，手动上传的方式不仅会消耗大量的时间和人力，而且会造成双方信息处理的延迟，已无法满足日益增长的业务需求。每次下单后，Z公司都需要和N公司反复确认，为了及时下单，不得不雇大量的业务人员做重复性的上传工作，大大增加了成本。

> Z公司急需一个高效可靠的数据交换方式，来替换手动上传的方式。为了解决这个问题，企业之间需要以统一的格式传输文件，而通过EDI的方式对接上下游企业，能使整个供应链上的业务流程自动化，可以节省人力成本，提高效率并降低错误率。收到N公司建立EDI直连的优化提议时，还是Z公司第一次接触EDI技术。N公司希望用EDI这种高效且安全的数据交换方式，提升Z公司的业务文件处理效率，为双方合作创造更多利润。
>
> 建立EDI直连，会为双方带来一些附加价值：一是缩短处理时间，即短时间大批量处理业务数据，缩短每个文件处理周期；二是提升数据精准性，即使数据精准抵达客户，内容完整无篡改；三是减少人工误差，即自动化EDI取代手动上传，降低人工录入误差；四是节省业务成本，即提高供应链效率，减少人力成本；五是增大双方利润，即减少库存积压，提高业务利润率；六是促进客户关系，即系统回执明确业务进程，避免纠纷。
>
> 通过EDI系统的翻译和集成功能，业务数据可批量自动导入Z公司的ERP系统，大大简化了信息处理过程。Z公司在ERP系统中可以直接下单，还可以从EDI系统监控到业务处理状态，再也不用每次通过邮件确认了，省去了很多麻烦。
>
> （资料来源：https://www.kasoftware.com/kb/2018/12/28/zlg_nxp.html，有改动）
>
> 根据案例，请分析EDI技术解决了Z公司的什么痛点。

（三）EDI技术的特点

（1）EDI是计算机系统之间所进行的电子信息传输。

（2）EDI是标准格式和结构化电子数据的交换。

（3）EDI是由发送者和接收者达成一致的标准和结构。

（4）EDI数据的传输是从计算机到计算机的自动传输，无须人工介入操作。

（5）EDI是为了满足商业或行政事务用途。

（四）EDI技术的优点

EDI作为一种电子数据交换模式，发挥着巨大的商业价值。EDI技术的实现带来了很多好处，具体表现如下所述。

1. 节约成本

（1）使用EDI技术进行交易时，印刷、复制、存储、归档和文献检索的相关费用都会减少，甚至消除。

（2）相比电子产品制造商计算手动处理订单的过程花费，使用EDI技术处理订单只需花费很少的费用。

（3）由于字迹模糊的传真、订单丢失或不正确的电话订单之类的错误都会被处理掉，在处理数据纠纷时可节省员工的时间。

2. 提高速度和精确性

（1）EDI技术加快了商业周期，数据交换只需花费几分钟，而手工交易可能需要数天或数周。

（2）EDI技术能提高数据质量，在交易时减少误差，如可以消除字迹模糊、邮件/传真丢失和密钥错误等问题。

（3）使用EDI技术可以将订单到现金的周期时间降低20%，优化贸易伙伴的交易和合作关系。

3. 提升业务效率

（1）自动执行单证数据交换的任务，可为员工提供高工作效率。

（2）准确地对业务文档进行快速处理会使返工订单、取消订单的数量降至最低。

（3）通过供应链应用程序之间的自动化数据交换，将确保关键业务数据可以及时发送并实时跟踪，卖家可以从提高现金流和缩短订单到现金的周期来获取利益。

（4）缩短订单处理和交货时间，意味着组织机构可以降低其库存水平。

4. 提升服务水平

（1）交易状态支持实时可见性，可以快速地决策和提高满足客户需求的能力。

（2）缩短交付时间，可以进行产品改进和新产品交付。

（3）简化进入新领域和新市场的要求，提供了共同的商业语言。

（4）推动企业社会责任和可持续发展的电子替代品，可以取代基于纸张的流程，将节省资金并减少二氧化碳排放量。

案例分析

在EDI技术的支持下，工商企业不仅能够与外部物流企业之间实现物流信息的快速传递，而且能够实现对物流活动有效控制。在此基础上，工商企业将自身的物流功能分离出来，各种物流作业由运作效率更高的专业化物流企业承担。例如，上海联华超市集团公司（简称"上海联华"）与多所高校和高新技术公司合作开发了自己的EDI应用系统，这个EDI应用系统包括配送中心和供货厂家之间、总部与配送中心之间、配送中心与门店之间的标准格式的信息传递，信息通过上海商业增值网EDI服务中心完成。

采用EDI技术之后，上海联华的配送中心直接根据各门店的销售情况和要货情况产生订货信息发送给供货厂家。供货厂家供货后，配送中心根据供货厂家的发货通知单直接去维护库存，向门店发布存货信息。这样做的结果，使得信息流在供应商、配送中心、门店之间流动，所有数据只有一个入口，保证了数据传递的及时、准确，从而降低了订货成本和库存费用。

（资料来源：http://www.linkshop.com.cn/Web/Article_News.aspx?ArticleId=4706，有改动）

如果不采用EDI技术，上海联华的配送中心和供货厂家之间、总部与配送中心之间、配送中心与门店之间是怎样传递订单信息、发货通知、销售发票等资料数据的？

二、EDI系统概述

（一）EDI系统的组成

要实现EDI的全部功能，需要具备以下4个方面的条件，如图2.1所示。

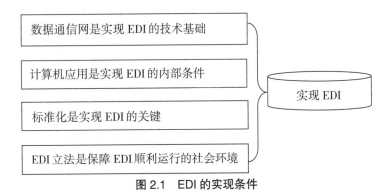

图 2.1 EDI 的实现条件

一般来说，EDI系统由以下几个方面组成。

1. 计算机应用系统（实现的前提）

计算机应用系统包括硬件设备和软件，其中软件主要由3个部分组成：集成内部ERP系统的ERP连接器、用于报文格式转换的转换器、与贸易伙伴传输/交互信息的通信适配器。

ERP连接器对接EDI软件和ERP系统，使信息可以自动在ERP系统和EDI软件之间传输。每个ERP系统都需要一个单独的连接器，市场上广泛使用的、可对接EDI连接器的ERP系统包括SAP、Oracle、Microsoft Dynamics AX/NAV、Infor、E-Business Suite、ABAS等。对于现代化的EDI系统来说，可为其他各种ERP系统配置正确的连接器。

转换器的功能主要是将ERP系统的数据（报文）转换成基于EDI格式的标准化数据

（报文）。通过 EDI 传输数据，贸易伙伴需使用统一的报文格式，除了国际通用的 EDIFACT 格式外，还有区域性或行业特定的报文格式，如一些标准化的 EDI 报文格式：EDIFACT（全球通用）、XML（全球通用）ANSI X.12（区域性）、EIAJ（区域性）HL7（医药业）、SWIFT（金融业）。一个好的转换器应该能够转换市场上存在的任何格式的数据。

通信适配器在发送者和接收者之间建立一个安全的连接，主要有两种方式：通过增值网络系统（Value-Added Network Systems，VANS）间接通信、通过综合业务数字网（Integrated Services Digital Network，ISDN）或互联网直接通信。使用 VANS 的方式，贸易各方通过邮箱发送和接收文档，信息自动转发到正确的邮箱。VANS 是专业运营商提供的安全私有网络。使用直连方式，贸易伙伴彼此之间单独点对点地相互连接，这就意味着要管理成百上千个单独的连接。对于客户和供应商来说，这种方式更加灵活、可控、安全，但使用哪种传输方式取决于传输频率、数据量和报文内容大小。除了众所周知的传输方式，如邮件传输协议（Simple Mail Transfer Protocol，SMTP）和文件传输协议（File Transfer Protocol，FTP）外，还有很多用于 EDI 通信环境的本土、国际化或产品行业特定的传输协议。

EDI 系统软件可安装在本地独立运行，也可作为一种云服务操作，不过在交易量较小的情况下，还可选择 Web EDI。

2. 通信网络（实现的基础）

通信方式有点对点方式、一点对多点方式、多点对多点方式、增值网络方式及网络中心服务方式，如图 2.2 所示。

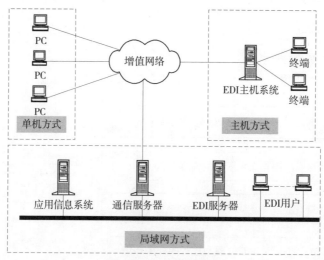

图 2.2　EDI 通信方式

3. EDI 标准（实现的关键）

EDI 标准是国际上制定的一种用于在电子函件中书写商务报文的规范和国际标准。EDI 标准的内容主要包括 EDI 网络通信标准、EDI 处理标准、EDI 联系标准和 EDI 语义语法标准等，其中语义语法标准是 EDI 技术的核心。

EDI 标准三要素包括：数据元素，数据元素可分为基本数据元素和复合数据元素；数据段，数据段是标准报文中的一个信息行，由逻辑相关的数据元素构成；标准报文，一个报文可分成 3 个部分，即首部、详细情况和摘要部分。

（二）EDI 系统的功能模块

在 EDI 系统工作过程中，所交换的报文都是结构化的数据，整个过程都是由 EDI 系统自动完成的。EDI 系统结构如图 2.3 所示。

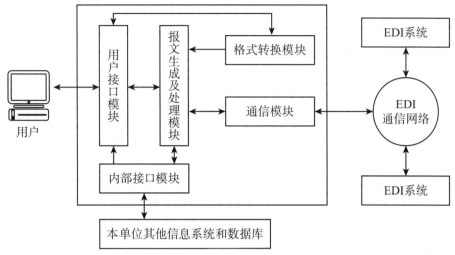

图 2.3　EDI 系统结构

1. 用户接口模块

业务管理人员可通过此模块进行输入、查询、统计、打印等，及时处理用户的各种请求。

2. 内部接口模块

这是 EDI 系统和本单位内部其他信息系统及数据库的接口，一份来自外部的 EDI 报文经过 EDI 系统处理之后，大部分相关内容都需要经内部接口模块送往其他信息系统，或查询其他信息系统，才能给对方 EDI 报文以确定的答复。

3. 报文生成及处理模块

（1）接受来自用户接口模块和内部接口模块的命令和信息，按 EDI 标准生成订单、发票等各种 EDI 报文和单证，经格式转换模块处理后，由通信模块经 EDI 网络发给其他 EDI 用户。

（2）自动处理由其他 EDI 系统发来的报文。在处理过程中，要与本单位信息系统相连，获取必要信息并给其他 EDI 系统答复，同时将有关信息发送给本单位其他信息系统。

如因特殊情况不能满足对方的要求，经双方 EDI 系统多次交涉后不能妥善解决的，则需要把这一类事件提交用户接口模块，由人工干预决策。

4. 格式转换模块

所有的 EDI 单证都必须转换成标准的交换格式，转换过程包括语法上的压缩、嵌套、代码的替换，以及必要的 EDI 语法控制字符。在格式转换过程中，要进行语法检查，对于语法出错的 EDI 报文，应拒收并通知对方重发。

5. 通信模块

该模块是 EDI 系统与 EDI 通信网络的接口，包括执行呼叫、自动重发、合法性和完整性检查、出错报警、自动应答、通信记录、报文拼装和拆卸等功能。

（三）EDI 的通信流程

当今世界通用的 EDI 通信网络，是建立在 MHS 数据通信平台上的信箱系统，其通信机制是信箱间信息的存储和转发。具体实现方法是，在数据通信网上加挂大容量信息处理计算机，在计算机上建立信箱系统，通信双方需申请各自的信箱，其通信过程就是把文件传到对方的信箱中。文件交换由计算机自动完成，在发送文件时，用户只需进入自己的信箱系统。EDI 可以看作 MHS 通信子平台，其完整的通信流程如图 2.4 所示。

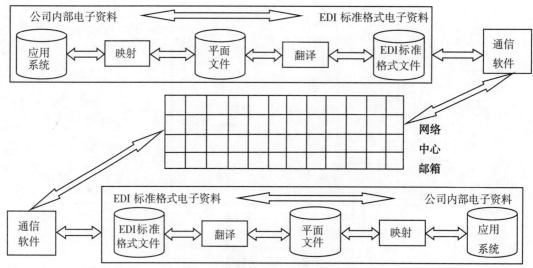

图2.4 完整的 EDI 系统通信流程

下面以出口商品检验申请单为例说明数据转换的过程。

（1）企业内部计算机系统编辑出口商品申请单。

出口商品检验申请单

报验日期： ▇-11-4　　报
检单位：上海市食品进出口
公司　　报验地点：
/000000001

联系人：　吴▇▇
单位地址：四川北路▇▇号
托收协议号：　1716
电话：　　　6374▇

发货人	（中文）上海市食品进出口公司			装运日期	▇-11-15
	（译文）			装运口岸	上海
受货人				包装种类	纸箱
商品名称规格	（中文）冻烤鳗			报验数量	2,803.00 箱
	（译文）Frozen Roasted Eel			报验重量	毛 33,600.00 千克
HS 编码	160419 00	商品出口总值 US $	568,164.80		净 28,030.00 千克
预约工作日期	▇-11-10	商品收购总值 RMB	4,500,000.00	输往国别或地区	巴基斯坦
货物存放地点	慈溪	卫生注册/许可证	3300/02202	检验依据	GB
特殊要求：请在商检证书上注明 3300/02202 编号。已采取了防止残留的同时请注明生产厂名称地址及收货人、数量及箱数				标记及号码：N/M	

需商检证单	随附单据	报验商品

（2）经过 EDI 平面软件转换后形成平面文件。

```
EVPHDIBISENDER                IBIRECEIVER
CIHDR374      000000001              9      ▇1104
SNDER3101915045       上海市食品进出口公司
SNADR 四川北路 ▇▇ 号
CTACM 吴▇▇▇▇                 6374▇▇      1716
RECVR
CZZNA15376221755766    上海市食品进出口公司
CNZNA default         Tomen Corporation
PAYER3101915045       上海市食品进出口公司
DMSIFB   2222
DOCCZALF                       GB
SPISP 请在商检证书上注 3300/02202 编号，已采取了防止残留的同时请注明生产厂名称
地址及收货人、数量及箱数
LOCDM127  慈溪          15616219971115
SHMRKN/M
GIDMO2803    120568164.8     4500000   ▇111011033600    28030    035
MERCH1     冻烤鳗
YWMERF rozen Roasted Eel
HSCOD160419003300/02202   2803   110   0
PRODU33600     2803     035 慈溪
```

（3）经过 EDI 翻译软件翻译后形成 EDI 标准报文，就可以发送给用户的 EDI 信箱。

EDI 标准报文

```
UNB+UNOA:0+IBISENDER+IBIRECEIVER+▇▇1104:0816+374++APINCEMUNH+374+APINCE:0:97A:IBMB
GM+855::APINCE+000000001+9 'DTM+150:▇▇1104:102 'NAD+MS+3101915045+上海市食品进出口
公司+ 四川北路 ▇▇ 号 'CTA+MS+: 吴▇▇ 'COM+6374▇▇:TE 'RFF+AEK:1716 'NAD+MR 'NAD+CZ
+15376221755766+上海市食品进出口公司 'NAD+ CN+ default Tomen Corporation 'NAD+PL+310191504
5+上海市食品进出口公司 'DMS+2222+B 'RFF+ZZZ.ALF 'FTX+ACB+++GB 'FTX+SSR+++请在商检证书
上注明 3300/02202 编号，已采取了防止残留的同时请注明生产厂名称地址及收货人、数量及箱数 'LOC+
36+127 'LOC+14+慈溪:ZZZ 'LOC+9+156162 'DTM+11:▇▇1115:102 'PCI++N/M' GID++2803:120MMO
A+44:568164.8:USDMMOA+44:4500000:CNYMDTM+179:▇▇1110:102 'PAC+++110:ZZZ 'QTY+101:3360
0:035 'QTY+100:28030:035 'UNS+D 'LIN+1 'IMD+++CHN:161:冻烤鳗 'IMD+++ENG:161::Frozen Roaste
d Eel' RFF+HS:16041900 'RFF+ZZZ:3300/0 2202 'GID++2803:110 'LOC+48 'PRI+INF::INV 'QTY+101:3
3600:035 'QTY+100:28030:035 'LOC+14 慈溪 'DTM+94::102 'RFF+BT 'UNS+S 'UNT+43+374 'UNZ+1+
374 '
```

> **小思考**
> EDI 与 E-mail 都可以用来交换电子数据，它们之间有何区别？

任务 2 EDI 技术与订单处理

一、EDI 技术与订单处理概述

（一）EDI 技术的应用

随着信息技术的飞速发展，其在物流业中的应用越来越普及，大大提高了物流作业效率，为物流的全球化和一体化创造了条件。EDI 技术就是一种可以应用到物流业中的重要信息技术。

EDI 技术为物流信息化提供了强有力的支持和保障。EDI 技术不仅是改善物流流程的一种信息技术，而且是物流企业用以提升竞争力、创造内外物流环境优势的一项重要策

略。EDI 技术在物流中的应用优势在于，供应链上各方能够基于标准化的信息格式和处理方法通过 EDI 共同分享信息、提高流通效率、降低物流成本。

物流 EDI 用户遍及零售商、供应商、运输公司等。不同行业的物流体系针对本身营业特性应用 EDI 以处理采购、进货、接单、出货、配送、对账及转账等业务，如零售商应用 EDI 处理进货、对账、转账等业务，如图 2.5 所示。

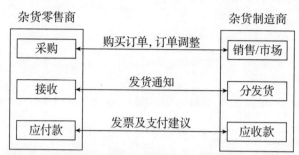

图 2.5　在杂货制造商和零售商之间的 EDI 数据流交换方式

在物流运作系统中，相关企业主体一般包括：传统零售批发企业，上游的制造供应商，肩负实体配送的物流运输企业、专业仓储、快递服务商，相关的协助企业（如信用卡公司、提供电子转账的银行及保险公司等）。

在物流领域，企业间往来的单证都属于物流 EDI 报文所适用的范围，如图 2.6 所示。

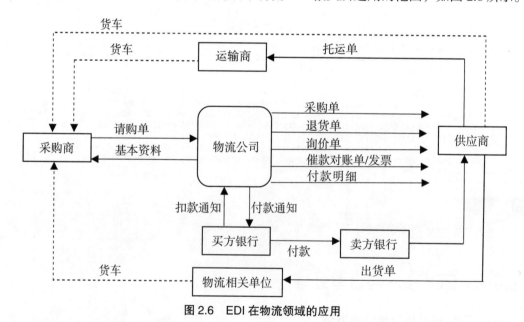

图 2.6　EDI 在物流领域的应用

（二）应用 EDI 处理业务

1. 传统物流业务处理流程（图 2.7）

（1）采购商收到通知，需要下订单给供应商，或在查询完库存后，发现库存不足，需要下订单给供应商。

（2）采购商在采购系统界面输入数据生成订单，随后打印纸质订单并邮寄给供应商，或发电子邮件给供应商。

(3)供应商收到纸质邮寄的订单或电子订单,业务员将订单信息手工录入销售订单系统。

(4)供应商打印发票并和货物一起打包运送给采购商,或邮寄,或通过电子邮件单独发送给采购商,随后确认并关闭订单。

(5)采购商将发票信息手工录入应付账款系统。

图 2.7 传统物流业务处理流程

在以上流程中,邮寄纸质单据会增加大约1周的运输往返时间;同时,使用电子邮件或纸质单据,都无法避免手工操作错误,并且延长了订单处理周期。

2. EDI 方式业务处理流程(图 2.8)

(1)库存达到预定的库存预警线时,采购商的采购系统自动生成订单,经由 EDI 系统处理生成 EDI 格式的订单报文,随后发送到供应商 EDI 系统。

(2)供应商 EDI 系统收到订单,转发至供应商销售订单系统。

(3)供应商系统自动通知运输部门发货。

(4)货物打包完毕准备运输时,运输系统生成发货通知给采购商收货部门。

(5)供应商 ERP 系统生成发票,经由 EDI 系统处理生成 EDI 格式的发票报文,随后发送到供应商 EDI 系统。

图 2.8 EDI 方式业务处理流程

二、EDI 技术在运输作业中的应用

在运输作业过程中,货主、承运业主及其他相关的单位之间,通过 EDI 系统进行物流数据交换、处理订单,并以此为基础实施高效的物流作业活动,可以减少甚至消除作业过程中的纸面文件。按照标准、协议规范和格式化的物流信息通过电子数据网络,在商业贸易伙伴的计算机系统之间进行自动交换和处理。具体运作流程如下:

(1)供应商在接到订货后制订货物配送计划,并把运送货物的清单及运送时间安排等信息通过 EDI 发送给物流企业和货物接收企业,以便物流企业预先制订车辆调配计划、货物接收企业制订商品接收计划。

(2)供应商依据顾客订货要求和货物运送计划下达发货指令,分拣配货,将物流条形码标签贴在货物包装箱上,同时把运送货物品种、数量、包装等信息通过 EDI 发送给物流企业和货物接收企业。

(3)物流企业从供应商处取运货物时,利用车载扫描读数仪读取货物标签的物流条形码,核实与先前送到的货物运输数据是否一致,以确认运送货物。

（4）物流企业对货物进行整理、集装、制作送货清单，并通过 EDI 向货物接收企业发送发货信息，在货物运抵接收方后，物流企业通过 EDI 向供应商发送完成运送业务信息和运费请示信息。

（5）货物接收企业在货物到达时，利用扫描读数仪读取货物标签的物流条形码，并与先前收到的货物运输数据进行核对确认，开出收货发票，将货物入库，同时通过 EDI 向物流运输业主和发送货物业主发送收货确认信息。

三、EDI 技术在采购业务中的应用

生产企业与其交易伙伴间的商业行为大致可分为接单、出货、催款及收款作业，其间往来的单据有采购进货单、出货单、催款对账单及付款凭证等，这些单据在合作各方传递的方式上会对业务运作效率产生重要影响。

小思考

仔细看看下面两个流程图（图 2.9），思考手工条件下与 EDI 条件下的贸易单证处理作业流程有何不同？

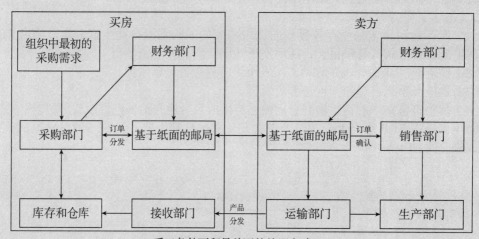

手工条件下贸易单证的处理方式

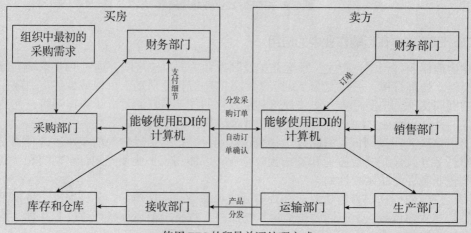

使用 EDI 的贸易单证处理方式

图 2.9　手工条件下贸易单证的处理方式和使用 EDI 的贸易单证处理方式

1. EDI 条件下采购业务运作流程分析

商品采购人员（批发商、零售商或最终用户）与上游企业（制造商、批发商或代理商）交换订单数据、协议文件及销售发票时采用 EDI 技术，一方面可以减少交易成本，另一方面可以通过及时准确地订货，来降低库存水平，节省库存成本。具体运作流程如下：

（1）销售企业通过 EDI 系统将订货手册和商品标签发送给采购企业。

（2）采购企业下采购订单，并通过 EDI 系统将采购资料发送给销售企业。

（3）销售企业发货配送，采购企业收货、验货，并通过 EDI 系统向销售企业发送收货确认数据。

（4）销售企业根据收货确认信息入账。

（5）销售企业根据收货确认开出账单和发票，通过 EDI 将收款通知发送给采购企业。

（6）采购企业通过 EDI 系统接收发票信息，并按约定支付货款。

（7）出现售后问题时，采购企业通过 EDI 将退货要求或售后服务要求通过 EDI 发送给销售企业，销售企业及时作相应处理。

2. EDI 技术应用于采购业务的效益分析

（1）相对传统的订货方式，如上门订货、邮寄订货、电话订货、传真订货等，可以缩短从接订单到发货的时间，缩短订货商品的交货周期，减少操作的差错率，降低订货成本。

（2）有利于减少企业的库存，提高企业的库存管理效率，降低库存资金成本，同时也能防止因未及时采购而造成的商品脱销或停工待料的问题。

（3）对于上游企业而言，可以通过分析订货信息，准确预测对产品的需求情况，调整产品的生产计划和销售计划。

（4）有利于提高整个供应链的物流信息系统的效率，使得供应链各环节之间的数据交换更加便利和迅速。

拓展阅读

某公司的 EDI 系统是在国际通用标准 UN/EDIFACT 的基础上建立的，具有通用性、中英文兼容性，可为用户提供包括 EDI 方案制订、硬件集成、报文开发、单证制作软件及服务、报文翻译及通信等在内的全套 EDI 技术服务。该公司的 EDI 系统包括 EDI 交换中心系统、EDI 前端系统两个部分。

1. EDI 交换中心系统

EDI 交换中心系统是依靠自己的技术力量自行设计开发完成的，采用了最新技术，以 Web 浏览器的方式，提供在内部网上的 EDI 报文交换服务，实现包括 EDI 用户邮箱管理、EDI 单证与报文制作、EDI 邮件存储转发、EDI 邮件认证与存证、EDI 邮件加密与数字签名、中心系统的管理监控等功能。

EDI 交换中心系统用户端只需要通过调用浏览器，就可以访问中心系统，从中心系统获得用户端所需的各种功能操作。另外，EDI 交换中心系统还能与国外多种 EDI 中心系统连接，提供 EDI 报文的传输和交换服务。EDI 交换中心系统由网络通信系统、用户邮箱系统、EDI 单证应用系统、传输交换的安全保障系统、交换中心的管理与维护系统组成。

2. EDI 前端系统

（1）EDI 目录集系统。提供对标 UN/EDIFACT 下各版本 EDI 报文集及其报文结构的浏览、修改、维护等功能，同时也能增加、补充自定义的报文，并产生集各种报文结构目录于一体的 EDI 标准参考文件。

（2）EDI 报文开发系统。在计算机屏幕上对纸面单证进行格式和样式设计，以某个 EDI 标准参考文件为基准，对屏幕单证上的数据项逐一进行映射，与 EDI 标准参考文件中的数据元相对应。而且，设计过程仅通过鼠标拖放和点选操作完成，能同时产生单证的屏幕模板与映射模板。

（3）EDI 单证处理系统。调用单证的屏幕模板，对单证进行数据录入，制作产生单证数据文件（平面文件），或对单证数据文件进行浏览或修改；调用单证的映射模板，对单证数据文件进行打包处理产生 EDI 邮件，并通过通信接口，将 EDI 邮件发送给指定的贸易伙伴；通过通信接口，将指定的 EDI 邮箱中的邮件接收保存到本地收信夹；调用单证的映射模板，对 EDI 邮件进行拆包处理，提取其中的 EDI 单证（平面文件）。

（4）EDI 单证与数据库的接口系统。将单证的映射模板与应用数据库的结构进行映射，产生 EDI 单证发送到应用数据库的标准 SQL 接口；调用 EDI 单证发送到应用数据库的接口，将 EDI 单证上的数据直接存入数据库，或直接从数据库提取数据导入 EDI 单证。

（5）EDI 报文交换系统。对贸易伙伴、交易关系、交换信封，以及用户、邮箱、邮局进行设置；调用各种不同的通信协议，代理各 EDI 交换中心的邮件接收和发送。

项目实训

长期以来，化妆品的流通环节都很复杂且物流效率较低，因为制造商和零售商之间夹杂着贸易公司、分店、批发商等各种组织机构，而每个组织机构都在各自重复着发货、收货、装卸、库存、验货等物流作业。化妆品商品起码需要进行 4 次点货、验货手续，才能在零售店上架。

以某著名百货商店为例，该店每个月大约会从某化妆品生产商进 150 箱货。一箱货所需的验货时间约为 50min，也就是说，该店每个月在点验一批货物上就要耗费 125h。同时，这些验货作业也会消耗导购员的工作时间。据统计，该店化妆品部的导购员平均每月要花费总劳动时间的 3% 用于协助验货。除此之外，在化妆品商品的物流环节上，处理发货单、收货单等纸质文件也会消耗大量时间。

实训内容：
（1）在化妆品商品的流通过程中，哪些环节需要验货？能否减少验货次数，甚至不验货？
（2）请结合实训材料，描述一下 EDI 技术在零售企业的运作流程及其带来的好处。

课后练习

一、单选题

1. EDI 是标准格式和结构化（　　）的交换。
   A. 物流数据　　　　B. 文本数据　　　　C. 军事数据　　　　D. 电子数据
2. EDI 具有一系列（　　）功能如文件跟踪、确认、防篡改、防冒领、电子签名等，而传真、用户电报没有这些功能。
   A. 跟踪确认　　　　B. 安全保密　　　　C. 防篡改、防冒领　　　　D. 电子签名
3. 构成 EDI 系统的 3 个要素中，关键的部分是（　　）。
   A. EDI 软件和硬件　　B. 数据标准　　　　C. 通信网络　　　　D. 计算机系统

二、简答题

1. EDI 与 E-mail 的区别有哪些？
2. EDI 技术对物流企业的作用体现在哪些方面？

项目 3
利用物流信息平台整合物流资源

【学习目标】

知识目标	能力目标	素养目标
（1）掌握物流信息平台的概念。 （2）掌握物流信息平台的分类及功能定位。 （3）了解我国物流信息平台的发展现状。	（1）会使用物流信息平台的各项功能，提升整合物流资源的能力。 （2）能在专业的物流信息平台发布需求信息，提升物流交易效率，降低成本。 （3）能够根据企业需要，寻找合适的物流信息平台，搜索信息，解决实际问题。	（1）养成认真负责的劳动态度和精益求精的工匠精神。 （2）激发创新创业意识，培养批判性思维能力。 （3）具有良好的沟通交流能力和团队合作精神。

【情境导入】

X 公司是广州一家机电产品制造企业，其用户主要分布在上海、常州、温州、宁波、石狮、汕头、中山等地，产品重量在 5～30t 不等，主机年产量为 1200 台。其中，销往上海的量最大，全年约 380 台，一般采用公路运输方式送货上门。

小李是 X 公司储运部的物流专员，今年上级下达的工作目标是运费成本与去年同比下降 8%。在人工成本等各项开支费用不断上涨的大环境下，要做到运费控制不升反降，小李感到压力很大。不过上司对他很有信心，并提醒小李多上物流信息平台，寻找合适的车辆资源。

思考并讨论：

（1）物流信息平台具有什么功能？

（2）小李怎样才能通过物流信息平台找到运价便宜的车辆？

任务 1　物流信息平台认知

一、物流信息平台的概念

信息是物流的灵魂，物流作业的每一个环节离不开来自物流信息的指令，每个环节每次的物流作业又会产生新的信息，成为下一个物流环节作业的指令。信息不畅将导致物流不畅，因为现代物流是货物流、信息流和资金流的有机统一。然而，长期以来，我国物流体系整体呈现散、小、弱、差的局面，物流的信息化程度较低，各个物流节点成为一个个信息"孤岛"，各个物流主体之间信息无法有效交流沟通。国务院颁布的《物流业调整和振兴规划》将物流信息平台建设作为规划期内重点工程之一，在政策的推动下，物流信息平台建设在全国各地迎来了一次建设高潮。

（一）物流信息平台的定义

物流信息平台是指采用计算机、网络和通信等现代信息技术构筑虚拟开放的物流网络系统。它是把物流活动中各方有机联系起来的一个信息系统支撑体系，是信息和通信技术在跨组织物流运作中的一种典型应用形态，是物流企业及相关部门之间进行信息交流的一种公共架构，目的是改进组织间协调机制，提高物流整体运作效率。

通常来说，凡是能够进行物流服务供需信息交换的网站，均可视为物流信息平台。譬如说，一家物流公司为了方便与其用户的联系而设计了一个信息交换系统，使得双方可以保持便捷的联系，那么这个系统就具备了物流信息平台的功能。一个专业的物流信息服务网站就是一个典型的物流信息平台，如中国物通网把物流公司、运输车辆、海运、空运、快递、搬家与发货企业共同汇集于一个信息平台，它们之间在网上互动、直接交流，实现了互相合作、相互竞争、利益共享、风险共担的等优势，产生了全方位、立体式的信息流，实现了物流信息网络化、全球化；同时，该网站采用了先进的"网点""线路"设计理念，大大提高了用户获取信息的效率。

拓展阅读

请浏览中国物通网 www.chinawutong.com，了解其物流信息平台的基本情况。

（二）物流信息平台的功能

物流信息平台是在开放的网络环境下，实现货主找车、车主找货、企业之间网上交易和在线电子支付的一种新型的物流服务交易模式。物流信息平台的价值主要在于满足物流系统中各个环节对不同层次的信息需求，其主要的功能如下所述。

1. 信息发布功能

平台所有者、合格的注册用户、政府行政主管部门等都可以利用物流信息平台发布相关信息，其中包括市场价格动态、物流行业新闻、相关政策法律法规、物流资源供应与需求信息、物流论坛与培训教育资讯、项目招标信息等。

2. 信息查询功能

信息就是财富，信息创造价值。信息流是物流、商流、资金流的桥梁纽带。满足用户对信息的查询需求是物流信息平台发挥作用的关键功能。随着用户数量的不断增加，信息查询的需求种类也会越来越多，包括物流作业环境、交通运输路况和沿途各地气象信息、地理信息智能查询，以及港口、航运、公路货运、多式联运等信息的查询。除此之外，物流园区及仓储设施资源信息查询的需求也逐年增多。

3. 交易服务功能

传统物流实行的是面对面交易，是熟人的交易，这种交易受到地理空间、协商时间及人际关系的制约。增值物流业务利用信息平台，突破常规物流业务交易的限制，可以实现陌生人的交易，可以全天候随时随地进行洽谈合作并落实交易。物流信息平台交易服务的范围越来越广泛，包括物流资源的电子报价与询价功能，物流运输中的舱位、用箱、拖车和仓储等交易撮合功能，物流业务的网上谈判、议价、合同签订与管理功能，电子订舱功能，CA（Certificate Authority 的缩写，即证书授权中心）安全认证功能，电子支付与资金结算功能等。

4. 货物跟踪功能

传统物流对货物的安全缺乏保障，运输物资跑路现象频繁发生。物流信息平台针对传统物流安全方面的痛点，开发出货物实时跟踪定位功能，确保用户对运输物资全程可视、完全放心。特别是随着通信、互联网技术的发展和 GPS/GIS 技术的广泛应用，物流企业和客户可以利用 GPS/GIS 技术，通过局域网或互联网实时跟踪货物及运输车辆的状况，从而为物流企业的高效率管理及高质量的服务提供重要的技术支持。

5. 在供应链管理框架下提供高级物流信息服务

对于大多数中小物流企业来说，信息化投入负担重、风险高，物流信息平台针对这部分用户的痛点可以提供标准化的信息系统软件服务，一方面解决了中小物流企业信息化的难题，另一方面加速了供应链各个企业信息标准化的进程，为供应链资源整合提供了重要保障。另外，在整个供应链框架下，海关、商检、政务、银行及保险企业的参与必不可少，这些利益主体同样会对物流信息产生巨大需求，为此提供标准化的接口技术服务，有利于促进整个物流生态系统的良性运作。

6. 决策支持功能

物流信息平台拥有海量数据，可以采用科学的工具方法，通过对数据进行统计分析、深入挖掘，探寻数据背后的规律，为用户提供市场预测、线路规划、方案策划等决策支持。

例如，为用户提供数据统计功能并生成报表，在业务数据汇总分析的基础之上运用相应的数据分析模型对业务数据进行更深层次的利用，以求得出对企业经营战略具有指导性价值的信息，同时推动物流相关政府职能部门间协同工作机制的建立，这不仅有利于政府宏观管理部门制定物流产业发展规划，而且对于提升企业的经营业绩也有很大促进作用。

> **拓展阅读**
>
> 北京市物流信息平台由北京市物流协会组织开发运营，并获得了北京市商务委、北京市发改委等政府相关部门的支持。这一面向北京物流行业的综合门户和操作平台，除了提供包括货运信息服务、库房信息服务、设备信息服务、人才劳务信息服务、企业电子黄页服务、招投标信息服务以外，还提供找库房、找车、找货、找设备、找劳务、找合作、招投标等服务功能。有关人士认为，该平台主要解决了物流企业主体中信息不对称的弊端。物流信息平台与传统物流的本质区别在于，它以数字化网络为基础进行商品、货币和服务交易，可减少信息社会的商业中间环节、缩短周期、降低成本、提高经营效率、提高服务质量，使企业有效地参与竞争。事实上，物流信息平台在为企业尤其是中小企业提供相应信息方面确实也起到了重要作用。
>
> 对于上线运营的北京市物流信息平台，一些小型企业经营者希望这个信息平台能对信息的真实性和供需双方的信誉提供更好的保障。物流信息平台的建设除了解决物流资源互动、消除信息孤岛等问题以外，当面对突发的各种自然灾害和应急事件时，一个公共的、能迅速调动所有物流资源的系统也显得尤为重要。
>
> （资料来源：http://56beijing.org/v5/About/AboutUs.aspx，有改动）
>
> 请浏览物流北京（56beijing.org），了解其物流信息平台的各项功能。

二、物流信息平台的分类

根据物流信息平台的应用主体、服务范围、运作方式不同，物流信息平台可划分为以下几种。

（一）行业性物流信息平台

行业性物流信息平台根据运输方式的不同，可分为不同的行业物流信息平台，如全国铁路公共信息平台、航空货运公共信息平台、水运公共信息平台、公路运输公共信息平台；根据产业的不同，又可分为钢铁物流、医药物流、农产品物流、化工产品物流、家电物流等的信息平台。图 3.1 所示为化工产品物流信息平台界面。

图 3.1 化工产品物流信息平台界面

（二）省级物流信息平台

省级物流信息平台由省级交通运输部门负责建设，实现省内的物流资源信息整合，与省内其他相关部门实现业务系统对接，并通过门户网站及移动终端两种渠道，为政府与行业管理部门、企业用户和社会用户提供交通运输物流公共信息服务。有些省级物流信息平台也能实现与国家交通运输物流公共信息平台及其他各省级相关平台数据交换，部分实现与企业平台或系统数据交换。省级物流信息平台的主要功能包括以下方面：

（1）省级政府部门发布及监管的信息。

（2）省内各大物流园区和企业用户之间的物流资源信息，包括地方政府的通关信息、口岸信息、企业诚信信息等及跨省市的联运信息。

（3）其他相关商业化开发和增值服务功能。

例如，四川省物流公共信息平台如图3.2所示。

图 3.2 四川省物流公共信息平台

（三）国家级物流信息平台

国家级物流信息平台是由交通运输部和国家发改委牵头，多方参与共建的公共物流信息服务网络，是一个由政府主导、承载国家物流领域重大发展战略的服务机构。国家物流信息平台致力于构建覆盖全国、辐射国际的物流信息服务基础设施、覆盖全产业链的数据仓库和国家级综合服务门户，可有效实现国际间、区域间、行业间、运输方式间、政企间、企业间的物流信息安全、可控、顺畅交换共享，逐步汇集物流业内和上下游相关行业的国内外静动态数据信息，提供公共、基础、开放、权威的物流公共信息服务，形成物流信息服务的良好生态基础，从而促进我国物流业产业向绿色高效全面升级。国家级物流信息平台的主要功能包括以下方面：

（1）汇集和发布中央政府部门需要监管的信息。

（2）提供国际物流需求信息的发布与查询，可以根据物流量有针对性地建立通往欧美等地的物流中心频道，以便有效地利用国际物流的海、陆、空通道，协调国内外各区域间的物流资源。

国家级物流信息平台自 2010 年前后逐步开始建设以来，经过多年的发展，完成了多方面的探索，逐步形成了我国物流信息服务领域"国家级公共平台 + 区域级公共平台 + 商业服务平台"的基本发展模式，在标准化、数据交换、国际合作方面取得了丰硕的成果。

> **知识拓展**
>
> 国家级物流信息平台（图 3.3）处于整个物流信息平台的顶层，通过标准接口或网络与国外物流信息平台相连，并进行相互间的数据交换。行业性物流信息平台和省级物流信息平台通过 IP 通信网络与国家级物流信息平台相连，进行相互间的数据交换。

图 3.3 国家级物流信息平台

（四）区域性物流信息平台

区域性物流信息平台是国家对区域内平台的协调和地方性信息的处理平台，从应用角度来说，应该与国家级物流信息平台的角色类似，只是范围要小些，但管理上不是由各具体的机构来直接管理，可以考虑由区域内省市联合管理。区域性物流信息平台的主要功能包括以下方面：

（1）区域内各省市政府部门需要监管的信息。

（2）区域内物流需求信息。

（3）可以有针对性地建立东北、华北、华南、西北、华东等物流频道，各区域物流频道负责协调相应区域内的物流资源。

（4）其他相关商业化开发和增值服务。

例如，2009 年 7 月，浙、沪、苏、鲁、黑、皖、福、青、川、蒙、宁 11 省（市、区）道路运输管理部门负责人在杭州签署《省际物流公共信息平台共建协议》，共同推进物流信息化、标准化建设。2009年9月12日，赣、鄂、湘、冀、吉5省道路运输管理部门负责人在宁波签署了《省际物流公共信息平台共建协议》，省际物流公共信息平台共建成员增至16个省（市、区）。

（五）园区物流信息平台

物流园区是指将众多物流企业聚集在一起共同经营的一个产业集中区，又称物流开发区或物流产业集群。其目的是通过专业化、集约化和规模化经营，充分发挥物流企业的整体优势，促进物流技术和物流服务水平的提高，共享相关设施，降低经营成本，提高规模效益。物流园区信息平台汇集园区内企业集团的物流信息，同省级物流信息平台相连并交换信息，提供园区内企业的仓储、装卸、加工、包装、客户等物流信息。

拓展阅读

请浏览林安物流网（www.0256.cn），了解其物流信息平台的基本情况。

（六）特定物流服务的物流信息平台

特定物流服务的物流信息平台主要包括短途公路货运、市内运输、社区配送、国际海运货代等物流信息平台。随着电子商务的兴起，这类物流信息平台应用互联网为运输企业和货主提供运输能力与需求的自动匹配与优化，整合供方与需方的信息，以降低交易成本、优化资源配置来获得商机，从而赢得市场。

三、物流信息平台构建的意义

（一）整合物流信息资源，推进流通现代化

现阶段，我国物流信息化水平低，各个物流节点虽然自身都建设有信息系统，但由于缺乏统一规划，造成物流信息系统建设出现"大而全，小而全"的现象，很多单位开发的物流信息系统功能上相互重叠，数据格式不规范，无法互联互通，浪费了大量资源。统一规划物流信息平台的功能和建设架构，整合现有各种物流信息资源，就能从根本上改善区域物流信息化建设的现状，以节省投资和加快信息化建设进度，有利于发挥区域物流系统的整体优势，加强物流各环节的联系，打破物流管理条块分割所产生的屏障，为区域物流业的快速发展提供支持和保障。

（二）加快物流企业信息化进程，增强企业竞争力

我国大部分物流企业都是由传统的货代、船代、仓储和运输企业演变而来的。这些物流企业的物流信息化薄弱，目前只能提供供应链上的一个或几个环节的服务。物流企业要想提供一体化的物流服务，其开发的物流信息系统要涉及与物流链上所有环节的信息系统的数据接口问题，还要涉及与物流链上各行政部门的沟通和协调。规划建设物流信息平台，可以把供应链上的各个单位，包括政府职能部门、海关、检验检疫局、税务、银行、物流企业、工商企业等单位连接起来，为物流企业提供"一站式"的接入服务。物流企业的物流信息系统只需与公共信息平台接口，即可实现与物流链上所有环节的信息系统互联互通，解决了物流企业信息系统与其他各部门沟通和协调的困难，以及建设资金不足的问题。因此，规划建设物流信息平台将在整体上推进物流企业的信息化进程，提高参与国际竞争的能力。

（三）降低物流服务成本，提供多样化的物流服务

通过物流信息平台，物流企业可以发布、查询和接收物流运作信息。这有助于提高各个物流作业环节运作的透明度，减少物流信息交换的环节，缩短物流运作的周期，极大地

改善物流企业的工作效率和业绩。另外，它有利于提高闲置物流资源的利用率，实现物流规模效益，也利于中小物流企业向现代化、网络化、信息化的平稳过渡。大规模联合作业可以降低物流系统整体运行的成本，提供全方位的物流供应链服务和增值服务。

（四）推动物流信息标准化的建设工作

目前，我国物流信息系统的建设现状是各单位采用不同的数据格式、使用不同的数据库、选择不同的数据通信协议等，这种建设局面导致各单位的物流相关信息系统之间无法进行通信、信息共享和数据交换。规划建设物流信息平台有助于推进相应的数据标准化和通信协议规范化的制定工作，只有制定了统一的数据标准和通信协议规范，才能实现物流相关信息系统间的共享和数据交换，以防止物流相关信息系统建设混乱的局面。

（五）推进物流综合信用体系和物流交易的网络安全建设

现阶段，信用体系已成为制约我国经济发展的障碍之一。正是由于缺乏诚信，交易间增加了一些不必要的环节，造成效率低下和资源浪费，因此很多企业反映应该尽快建立物流全行业的信用体系，以促进经济的发展。物流信息平台有助于加快区域物流综合信用体系建设的步伐。尤其是现在，网络安全已成为电子交易和信息传输的最大隐患，通过建设物流信息平台这样一个统一的信息汇集和数据交互中心，将大大加快物流交易的网络安全建设。

（六）推动区域电子商务和智能交通的发展

我国现阶段制约电子商务发展的瓶颈之一是缺乏物流业务运作的有效支持。通过物流信息平台的建设，提供网上物流业务交易支持功能，并与电子商务平台相结合，可以提供高效运作的物流供应链服务，这将推动区域电子商务的发展。在物流信息平台建设过程中，通过应用交通信息的实时采集技术和GPS/GIS技术，实现货物跟踪、定位和车辆导航等，将有力地推动区域智能交通的发展。

（七）推动物流相关政府职能部门之间协同工作机制的建立

物流业务的运作涉及与众多部门的协调，如银行、税务、保险、海关、检验检疫、交通、交管、外贸等政府职能部门。这些部门的信息无法共享，每个部门都是从各自的利益出发考虑问题，甚至各自出台的政策常有冲突和矛盾的地方，造成办公效率低下，这与一体化的物流运作趋势严重不相适应。通过建设物流信息平台，可以提供不同政府职能部门间的信息共享和交换机制，有利于推动电子政务的发展，促进政府职能部门间建立协同的工作机制，从而提高整个区域物流系统的运作效率。

（八）有利于政府管理部门制定物流产业发展规划

由于大多数物流信息系统无法互联互通，政府管理部门难以获得整个物流运作的宏观信息，无法及时获得仓储、道路交通对需求的满足程度的信息，无法及时获得物流业务的地区分布信息等。这些因素使政府制定的物流发展规划有很大的滞后性，甚至造成决策失误，使大量物流基础设施资源得不到充分利用，造成闲置和浪费。通过建设物流信息平台，将所有的物流资源和物流业务历史数据存放到数据仓库中，利用数据挖掘技术和决策支持技术，为政府管理部门的宏观决策提供参考，可以减少决策失误。

> **案例分析**
>
> 随着第十个产业振兴规划——物流业振兴规划的审议通过，国内物流业迎来了一阵温暖的春风。对这个振兴规划的研究也摆上了许多专家的案头，他们一直以来就十分关注现代物流产业中的供应链管理和信息化应用，因此也对此次振兴规划中提出的建设物流公共信息平台有其独到的见解。相关专家指出，一个公共信息平台是否成功，最终取决于应用，取决于有没有客户群使用这样的平台，并给他们带来效益。这也是平台自身获得生存与发展的根据，公共信息平台的难题并不在技术上，而是在商业模式上。

1. 走向整合的现代物流需要公共信息平台

当前我国物流业的发展呈现出区域横向整合、行业纵向整合、物流组织流程和物流运营流程不断创新的趋势，但我国现代物流仍然处于初级阶段。我国物流规划和布局存在地区分割、部门分割等问题，各地物流资源难以有效整合，大量的物流资源没有发挥出应有的效用；物流上下游企业之间也存在多重矛盾，如运输规模与库存成本之间、配送成本与顾客服务水平之间、中转运输与装卸搬运之间的矛盾等。这些都是我国建设现代物流体系所面临的亟待解决的问题，同时也对物流信息化建设提出了新的课题与挑战。相关专家认为，中国应尽快构建标准的物流公共信息平台，实现区域间、区域内物流园区、配送中心、物流中心、交易中心、物流企业等之间的横向整合，做到区域物流资源信息的共享，最大限度地优化配置社会物流资源，降低社会物流成本，提升物流全过程的整体运作水平。要由行业主管部门制订物流信息化发展战略，对全行业进行指导规划。与此同时，应以市场需求为导向，为物流的信息发布、查询、交易提供标准化的接口和数据交换通道。

2. 公共信息平台应由政府主导建设

为什么物流公共信息平台要由政府投资建设？相关专家给出了3条理由：其一，公共信息平台是一个全盘掌控物流信息流向的"大脑"，这个"大脑"掌握着很多企业重要的运营信息，必须保持中立性，而由政府提供信誉担保，能让很多企业放心；其二，公共信息系统具有建设周期长、投资需求大等特点，初期的盈利模式不明显，企业一般由于生存的压力，不愿意进行大量的初期投入，因此，系统的初期投入要依靠政府；其三，信息平台与电子口岸、金融、诚信审核等系统对接，这些公共信息平台的基本属性决定必须由政府投资建设。例如，在我国香港特别行政区，DTTN（Digital Trade and Transportation Network 的缩写，即数码贸易运输网络系统）平台系统是一个集政府部门、买家、货运码头、航空公司、快递公司、船运公司等环节于一身的系统网络。作为政府巨资打造的公共物流信息平台，DTTN 推出几年后，就成为香港物流企业的信息交流中心，企业间的横向连通大都信赖该系统。

3. 物流公共信息平台的瓶颈在商业模式

对于物流公共信息平台的发展瓶颈，之所以不在技术上而是在商业模式上，相关专家表示是由于当前围绕商业模式的两种发展走向引起的：一种认为公共信息平台应该是一个有形的网站，负责提供信息交换、基础信息服务、基础技术服务；另一种则认为公共信息平台实际上是一种标准，或者是信息交换的协议，根据一种公共的信息结构、编码，所有的网站之间可以进行信息的无缝连接和交换，不需要也不可能建一个垄断性的公共平台网站。实践的结果是结合上述两种观点，既有有形的网站提供信息交互服务，又不是唯一的、垄断的，平台的功能主要是标准化和信息共享，使得多个网站均能提供"一站式"服务。例如，中国电子口岸系统就是一个公共信息平台的成功实践。中国电子口岸充分运用现代信息技术，借助国家电信公网资源，将外经贸、海关、工商、税务、外汇、运输等涉及口岸行政管理和执法的进出口业务信息流、资金流、货物流的电子底账数据，集中存放在一个公共数据中心，在统一、完全、高效的计算机平台上实现数据共享和数据交换，使口岸行政管理和执法部门可以进行跨部门、跨行业的数据交换与联网数据核查，企业可以在网上办理报关、报仓、结付汇核销、出口退税等各种进出口业务。由于其通过一个公共数据中心，完全基于公网系统，开放性好，提供全天候、全方位服务，入网成本低，而且多重严密的安全防护措施使系统安全可靠，因此具有无可比拟的优越性。

[资料来源：洪黎明. 物流公共信息平台：商业模式是瓶颈 [N]. 人民邮电，2009-03-11（5），有改动]

思考并分析：物流信息平台如何才能实现盈利？

任务2 使用物流信息平台

一、物流信息平台的运营模式

物流信息平台的运营根据投资主体、运营机制和作业方式的不同，可以分成以下3种模式。

（一）政府模式

政府模式下的物流信息平台建设和运营维护都由政府直接负责。政府主导的力量很强，资金实力雄厚，容易建成投入使用，但也存在很多弊端，如容易造成与市场结合的紧密度不够、缺乏灵活性，还需要国家长期不断持续投入。

（二）企业模式

企业模式下的物流信息平台的投资建设及运营完全由企业自身负责。企业自主经营在市场运作方面比较灵活，但企业行为有一定的局限性，整体规划性不强，企业与企业之间缺乏统一的建设标准，为信息共享埋下了隐患，难以实现预期规模效益。

（三）协同模式

协同模式是由政府和企业共同出资规划的运营模式。从我国目前来看，单纯地由政府为投资主体进行投资不太现实，而单纯地依靠企业投融资也是非常困难的。"协同模式"集前两种模式的优势于一身，又避免了它们的不利之处，在实际规划建设中，又可分为"自上而下"和"自下而上"两种协同模式。

1. "自上而下"的协同模式

由于物流信息平台建设资金压力大，投资回收缓慢，因此"自上而下"的协同模式，初期由政府以股份制的形式注入部分初始启动资金，牵头负责规划、协调，引导和吸引企业同样以股份制的形式注入资金，并行使宏观调控职能，负责指导物流信息平台共享信息服务价格的制定和市场引导政策的出台；后期，入股企业逐渐成为物流信息平台的运作主体，根据相关政策和行业协会制度，引入行业准入机制和会员制等管理运营方式。

物流信息平台在大量应用系统投入使用后，平台运营主体按照"谁受益，谁付费"的原则，出台使用平台的相关服务费用标准，按照市场化运作，实现平台的良性发展。随着建设运营主体依靠高效、优质的物流信息服务实现自我积累和自我发展，这时政府主要履行监督职能，实现平台的良性发展，防止平台经营主体在利益的驱使下丧失公用信息平台的公平性。物流企业组织成员也是物流信息平台的会员单位，依靠物流信息平台加强业务协作，提高区域物流竞争力。

例如，基于"自上而下"的协同模式的陕西省物流公用信息平台的规划构建，就是以陕西省信息产业厅为牵头部门，统一规划、协调，寻找和引导部分企业（西安国际港务区、咸阳机场管理集团等）设立相关企业（集团）成为陕西省物流公用信息平台的投资经营主体。省政府以投资入股的方式注入部分资金，同时积极争取国家有关部委办局的相关经费支持。该平台建设围绕大通关的要求，建设相应的功能模块，本着基础性功能优先开发的原则，优先建设在短期内能够完成的、需求迫切的功能，如航空信息查询、电子订舱功能等；对于较复杂的、需求程度低的功能，如面向物流企业的 ASP 应用服务、在线交易等功能，可以采取分步实施、逐步扩展完善的方式进行。

2. "自下而上"的协同模式

以企业为主导的"自下而上"的协同模式先由市场自发形成，或企业主动发起并逐步整合各物流信息系统的资源，完成各系统之间的数据交换，再由政府引导和支持，承担信息系统中公用信息的中转功能，满足不同客户的信息需求，提高物流系统的效率，实现信息共享。"自下而上"的协同模式具有很强的市场操作特征，带有明显的营利性质。这种运作模式符合我国目前的国情和物流行业的现状，可以根据资金状况，分阶段逐步规划实施。

例如，湖北武汉徐东经济圈物流信息化建设基本遵循了"自下而上"的协同模式，分3个阶段，循序渐进地完成了自身的发展规划。

（1）初期。初期即企业共用物流信息平台建设期。在这个时期，企业基于自我发展的要求或区域内的统一规划，作为各物流节点，自主完成符合标准化的内部共用物流信息平台建设。其平台建设需具备 EDI 交换主机系统、网络系统（交换机、路由器等）、安全体系（防火墙设备、密码系统等）、互联网接入线路等硬件设备，各个环节需配置符合统一标准的物流信息技术，如条形码技术、射频技术等，以便在互联网 /EDI 网络环境下迅速完成与物流中心、客户系统对接，实现物流基本作业过程中的信息化操作。

（2）发展期。发展期即行业共用物流信息平台的形成期。当各物流节点企业内部信息化建设完成后，需有效整合各节点的信息化资源，进一步推进物流信息化进入物流节点间的发展层次。这一过程主要由不同节点的管理部门组织建设，成立物流企业相关的协会组织，对行业诸项事宜进行协调，推行企业自律和准入制度，并逐渐建立物流企业与政府联系的桥梁和纽带。内部功能主要以满足物流节点企业之间的物流作业、管理、信息查询、部分公共服务等的需要为主，目的是共享数据，整合资源，提供物流节点层次的一体化服务。

（3）成熟期。成熟期即区域性公用物流信息平台运行期。随着大量物流企业节点信息平台和节点间信息平台的不断投入使用，在行业主管部门的监督管理及政府的牵头引导下，进一步实现物流行业与外界的联系，建设具有跨行业、多元化服务的区域性公共物流信息平台。区域性公用物流信息平台涉及企业、政府、海关、检验检疫、银行、工商、税务、保险等物流相关机构的信息交换，要求正在运行中的相关信息平台，通过各种接入方式，提供相应的接口进行直接连接，迅速获取相应信息，以实现信息资源的共享。

二、物流信息平台的体系结构

物流信息平台体系结构按物流信息的流向由两个层次构成，如图 3.4 所示。底层是政府的公共服务或监管平台，顶层是物流枢纽的信息平台和各种商业性物流信息平台。

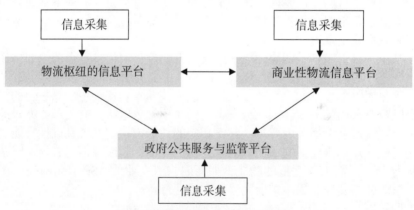

图 3.4　物流信息平台体系结构图

（1）政府的公共服务或监管平台是为有关政府部门的行政职能服务的，主要依靠国家财政性投资完成，如铁道运输管理信息系统。

（2）物流枢纽包括口岸、港区、物流园区等，物流枢纽信息平台通常由财政投资与社会投资相结合，如各地的电子口岸、公路运输和航空货运公共信息系统等。这种平台既提供公益性服务，又提供有偿服务。

（3）商业性物流信息平台是由企业建设、进行商业化运作的物流信息平台，包括各种行业性、功能性物流信息平台。

> **练一练**
>
> 现有 10t 奶粉,需要从广州(广州市南沙区龙穴大道中××号)运至武汉(武汉市新洲区双柳街学林路××号)。请通过物流信息平台,找到合适的车辆,并回答以下问题:
> (1)需要支付多少运费?
> (2)预计多长时间可到达?
> (3)如需要购买保险,费用如何计算?
> 提示:
> (1)先找到合适的物流信息平台。
> (2)了解货运市场的价格行情、不同货物的运费计算方式。
> (3)了解与车辆、运费、保险相关的专用术语。
> (4)懂得如何与车主进行交流。

三、我国物流信息平台的发展现状

(一)政府、行业、企业积极参与,平台建设发展势头良好

物流信息化问题一直备受政府重视,如 2004 年 8 月,国家发改委等九部委联合下发的《关于促进我国现代物流业发展的意见》中指出,"鼓励建设公共的网络信息平台,支持工商企业和物流企业采用互联网等先进技术,实现资源共享、数据共用、信息互通,推广应用智能化运输系统,加快构筑全国和区域性物流信息平台,优化供应链管理"。

2009 年 3 月,国务院发布的物流业调整和振兴规划明确提出,"加快行业物流公共信息平台建设,建立全国性公路运输信息网络和航空货运公共信息系统,以及其他运输与服务方式的信息网络。推动区域物流信息平台建设,鼓励城市间物流平台的信息共享。加快构建商务、金融、税务、海关、邮政、检验检疫、交通运输、铁路运输、航空运输和工商管理等政府部门的物流管理与服务公共信息平台,扶持一批物流信息服务企业成长"。物流公共信息平台属于物流业调整振兴规划的重点工程,旨在加快建设有利于信息资源共享的行业和区域物流公共信息平台项目,重点建设电子口岸、综合运输信息平台、物流资源交易平台和大宗商品交易平台,鼓励企业开展信息发布和信息系统外包等服务业务,建设面向中小企业的物流信息服务平台。

由于政府的大力支持、行业的正确引导、企业的积极参与,我国物流信息平台建设得到了加速发展,许多省市地区相继规划建设适合当地需求的物流信息平台,并发挥出积极作用。例如,广州、厦门、深圳、上海等地相继出台《公共物流信息平台建设规划》并启动建设,有些省市甚至在进行省际物流公共平台规划。省际共建物流信息平台的建立,可以做到物流信息互联互通和信息共享,有利于实现省际、区域间的横向整合,以及优化资源配置、降低社会物流成本。又如,企业的如中邮物流、中铁特货的汽车物流、吉联空运货代系统等,园区的如苏州工业园的综合保税区信息化建设与管理、河南的"八卦来网"公路物流信息系统、全州医药食品的物流港平台等,都较为成功。我国部分物流信息平台具体见表 3-1。

表 3-1 我国部分物流信息平台

平台名称	建设主体	主要服务内容
上海大通关平台	政府投资建设、亿通国际运营	物流信息发布、网上通关、卫检申请业务、网上直接付费等
浙江交通物流电子枢纽	浙江省道路运输管理局	物流信息共享、物流标准软件服务

续表

平台名称	建设主体	主要服务内容
江西物流公共信息平台	政府推动、政策配套、市场运作、企业经营	物流信息发布、共享
安徽物流公共信息平台	省物流与采购联合会	物流信息发布、共享
八卦来网	企业自建、河南省安阳市现代物流信息发展有限责任公司	物流信息发布、共享
中远集运物流信息平台	企业自建	船期查询、货物跟踪、用户订阅状态通知、在线订舱、远程提单打印

（二）当前物流信息平台存在的问题

虽然我国物流信息平台建设发展形势良好，但由于起步较晚，在以下方面还存在一些问题。

（1）系统的功能单一分散。目前，很多物流信息平台往往只限于一项或一系列分散的物流功能，如车源货源信息发布与查询、报关清关、订舱、船代、船期查询、货物跟踪等，不能提供多功能甚至全方位的物流服务，不能从物流系统的整体出发，给客户提供一站式、端对端的物流服务。

（2）对供应链的支持有限。目前，没有实现整个供应链"原料供应商—制造商—分销商—零售商—消费者"的有效集成，不能在供应链的上下游之间实现信息的"无延迟"流动，只是提供了对供应链上局部小范围的支持。

（3）缺少对企业内部管理的支持。大型物流企业具有完善的信息系统，但是中小物流企业，由于其规模、人员及思想意识等方面的原因，其信息系统往往不完善，甚至没有信息系统。中小物流企业都有待信息化或进一步信息化，国内很少有能够真正达成线上交易的平台。

（4）交互难，交易更难，成为影响平台良性运行的两大瓶颈。一般的物流信息平台在数据交互方面做起来面临着很大困难，其原因在于物流企业对数据安全性存在担忧，认为物流动态信息发布出来以后，其销售渠道产品信息等商业秘密的保密性就不强了，如果被竞争对手获取将给企业造成损失；同时，技术手段相对落后，难以支撑数据交互，物流企业本身能够促成信息交互的技术手段还比较落后，目前我国物流企业，甚至包括一些大型物流企业，其信息化应用水平还非常低，在这种情况下，很难支撑信息交互的实现。

（5）重复开发建设、信息技术标准不统一、物流信息平台功能不足、区域信息孤岛化等，成为物流信息平台建设的障碍。物流企业信息化跟不上业务开展的需求，大部分物流信息平台起源于运输配货业务，普遍局限于车货交易，各地物流信息系统层出不穷，但没有一个能够实现全国资源共享、技术共享、利益共享的信息平台，没有一个能够引领行业整体向前跨越的平台。

（6）信息量少、更新慢，真实性得不到保证。由于各大网站上线后，信息量少，无论是货主信息还是车源信息，更新速度慢，而且信息的真实性很难得到证实，仅仅由信息发送者提供，缺乏信息发布审核批准机制。众多平台发布的物流资源信息比较陈旧，无效过时信息没有及时清理，给查询和交易带来很大困难。

（三）香港特别行政区的物流信息平台

香港特别行政区于1988年由贸易通（Tradelink，由11个与贸易相关的大公司组成的合作体）开发了EDI系统，建成了香港特别行政区贸易通的通关自动化系统，如图3.5所示。

项目3 利用物流信息平台整合物流资源

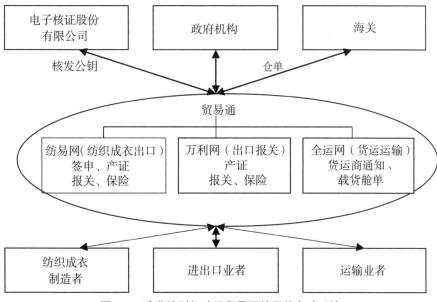

图3.5 香港特别行政区贸易通的通关自动系统

随着物流业的发展，2001年，香港特别行政区政府成立了香港物流发展议会，并且已建设DTTN。这是一个全面的物流公共信息系统平台，是涵盖政府部门、买主、货运码头、航空公司、货运代理、出口商、银行和保险公司等的系统网络，由贸易通公司经营，用以促进香港与珠江三角洲等经济区的物流联系。

DTTN公共服务功能的主要目标是提升香港特别行政区物流业的整体竞争力。该系统将主要发挥以下功能：

（1）提供中立的电子平台，促进业务在区内（尤其是珠江三角洲地区）与全球性的信息交流服务相融合，使香港特别行政区成为电子物流枢纽。DTTN是一个安全、中立且低成本的共享基础设施，可为区内和全球众多的贸易和物流业参与者提供渠道，使彼此之间的信息流通更趋完善和自动化，从而大大改善货物和信息的流通。此外，在各种机构的参与下，DTTN有助于本地企业符合监管规定。DTTN作为物流政策发布、物流同业交往的重要平台，可以让中小企业等群体通过权威的渠道，以最低成本应对经常变更的国内外政策规定。

（2）提供稳定可靠的作业环境和先进的技术平台，帮助业界探讨、开发和提供创新的增值服务。DTTN提供开放、共享的电子基建平台，可供业界发展各类新型服务，提升本地贸易及物流业参与者的竞争力。DTTN作为市场的推动者，既无意取代服务供货商，也无意与其竞争，只是致力于使市场上的相关技术朝着一致的方向发展，并为业务提供共享基建，使"企业对企业"形式的电子商务得以在符合成本效益的互用架构下进行。该平台能辅助香港特别行政区的营商及信息科技环境，使作业流程更富有效率、货物和信息流通得到改善。

（3）鼓励及推动业界（尤其是中小企业）采用电子商务。该平台的成效宣传及相关的推广措施，可孤立本地贸易及物流业（尤其是中小企业）引进信息科技和电子商务，提升物流业及相关的整体竞争力，并且通过教育、培训、通用科技认识课程、资助、奖励计划等等，可使中小企业受惠。

DTTN涵盖9类主要用户：买方/进口商；卖方/出口商；发运人（包括第三方物流服务供货商）；承运商（远洋、内河、陆路、铁路及航空），包括速递货运商；终点码头；

政府及其有关机构；银行及金融机构；保险公司；检查机构。上述用户是贸易链在不同阶段内的业界人士，彼此之间紧密联系。DTTN是一个可助业界人士和相关用户实现联网互连、信息流通、开拓商机并提高商务效率的电子信息共享平台。作为拥有明确标准和规约的共享平台，它可以帮助供货商拓展各种新业务，从而推动本地经济的发展。

四、国外的物流信息平台

（一）英国FCPS信息系统

FCPS（Felixstowe Cargo Processing System的缩写，即Felixstowe货物处理系统）由海运货物处理公司经营管理。该公司下属企业Portis还新开发了Destin8系统，承担国际咨询业务FCPS，最初是用于连接通关及货运代理商和英国海关的系统。FCPS开发适用于港口与港口之间的信息交换，它是在所有英国港口群信息系统中最先进的信息交换系统，它的业务包括货物进出口、转运、集装箱装运整合，以及危险品货物和海运业数据统计报告。由于货物处理过程中的纸质单据处理作业会增加货物处理的时间，降低货物处理效率，所以FCPS的最主要目的在于排除和减少货物处理过程中不必要的有纸作业工作，提高货物处理效率。通过使用EDI，无论何时何地，FCPS可以将货物运输信息传输给想要查询货物的客户。FCPS具有处理速度快、灵活、高效、功能全面等优点，它从货物生产、货船卸货、通关、海关检疫及送货等货物处理的各个环节来提高系统效率。FCPS包含进口货物处理、出口货物处理、货物转运、危险品处理和海运业数据统计5项主要功能。

FCPS的特点：货船到港前8天就可以进行注册；在进口货物到港前，航线系统代理商就将货物信息提前传输给FCPS；通过FCPS，货物可以分开运输或者联合托运；货物可以提前7天入关；与承运商之间可实行无纸化单据交易；系统实时地更新货物操作处理信息；电子发货明细单和相关修正细目；电子通关；在港口之间可实行电子保税搬运；电子船舶出货/卸货报告；无纸化本地转运；接受出租/存储费用；向交通运输商提供信息说明；进口货物送货建议/到达/发货通知信息；海关检验和封口要求；海关检疫、预防和其他相关的政府部门工作；货棚或仓库里卸货要求；危险品报表；海运业统计报表。

FCPS新开发的基于网络的货物追踪查询服务可以提供集装箱运输的实时动态信息。目前，在英国已经应用此系统的港口和地区有利物浦、泰晤士、Felixstowe、Grangemouth和Tees港口，处理的海运集装箱运输量约占整个英国的75%。无论何时何地，也不需要通过货物通关代理商，客户只要凭集装箱的进出口预定编号等信息就可以查询到货物所处的状态信息。FCPS处理进口货物的信息流过程：首先，利用EDI技术通过航线系统将进口货物信息传输给FCPS，储存在中央数据库里；其次，将进口货物信息在线地从FCPS传输给相关的货物装卸区运营器，从而构成集装箱处理系统的基础信息数据，同时将进口货物信息也传输给海关部门，以便让其对进口货物进行核查认证。

（二）新加坡PORTNET系统

新加坡PORTNET系统是全国范围内使用的企业对企业B2B港口信息服务系统和航运电子社区，它主要面向新加坡航运公司、托运商、货运代理商、承运商及新加坡地方政府机构，提供港口航运的一体化服务。PORTNET系统开发于1984年，如今通过国际互联网使用PORTNET的用户已达到7000个，年交易额近7000万。PORTNET系统能够提供端对端的电子商务信息服务，主要系统功能如下：

（1）在线订购服务。泊位申请、雇用码头工人、重机预定和租用船只申请。

（2）便利化服务。通过电子港湾计划来方便集装箱的装、卸货物；货车25s通关；通过货船航行路线规划来防止超载。

（3）货物追踪查询。集装箱装载状态（是负载还是空载）；货物状态（如是否负载，冷冻货物温度）；集装箱位置（在港口仓库范围内）；订购状态（泊位申请是否通过，货物转运连接是否批准）。

（4）在线提供文件单据。电子送货预定单；集装箱储存与发送单据；承运商工作列表和子合同文件；政府许可证申请表。

（5）数据服务。航运班次、泊位、起重机预定的具体时间安排表；航运计划编制数据；集装箱温度数据；危险物品集装箱状况数据。

（6）财务功能。具有电子数据交换功能与系统用户进行无纸化贸易；通过财务软件方便航运公司进行再次支付费用；PORTNET系统在线支付账单。

（三）澳大利亚 Tradegate 系统

TradegateECA公司总部设在悉尼，在墨尔本也有办公机构，是民营的非营利性组织，由许多自愿加入的成员组成，能够提供专业的电子商务咨询。Tradegate系统主要提供3个方面的信息服务：ImportNet、Payment、ExportNet。ImportNet是一个进口货物电子送货服务系统。Payment是网上付费系统，使用Tradegate系统的客户商，可以方便地通过网络完全地完成付费。Tradegate系统还为客户提供了网上付费指南手册，以便客户查阅。ExportNet是一个介于交易商各方之间，创建、集成、传递和修复出口外贸运输单据的电子信息系统，在出口货运供应链上起着重要作用。TradegateECA公司和技术提供商联合开发了ExportNet系统，它是基于网络应用系统，协助出口商、代理商、搬运人和承运商（含陆路、铁路和海洋运输）降低运输成本，简化出口和物流单据传送，尽量实现电子化。

> **练一练**
>
> 李师傅是一位长途货车司机，他贷款20多万买了一辆大货车跑长途，多年来他开着货车跑遍了我国大江南北，既当司机，又当修车工，有时还做搬运工。辛苦不说，最令李师傅苦恼的是货源不足，有时候要等一两天才有业务，即便找到货源，运价也非常低。再说路桥费、燃油费都在涨，每个月还要还车贷12000元，所以李师傅只能是勉强维持。他最希望的就是每天都有货可运，而且运价不要太低。
>
> 要求：
> （1）帮助李师傅找到合适的货源。
> （2）李师傅没有时间上网，请利用物流信息平台帮助李师傅发布车辆信息。

五、物流信息平台的构建

（一）需求分析

1. 物流企业对信息服务的需求

从第三方物流企业信息需求角度分析，对物流信息平台的构建主要需求体现在以下几个方面：

（1）公共物流基础设施资源。包括道路、铁路、水运、远洋和航空运输网络、仓储网点、货运场站、运输装卸设备、交通流状况等物流资源跨区域运用。

（2）物流市场需求信息资源。货运配送、仓储加工、装卸搬运等物流功能需求，第三方物流服务需求、客户物流系统和网络发展规划设计需求、物流总代理和发包需求等信息，以实现客户集成物流服务的物流链管理需求。

（3）物流业务运作资源。物流EDI、业务交易、国际物流报关、资金结算、税收、物流交易管理等基于EDI和互联网的电子商务。

（4）其他物流咨询服务资源。物流客户资质管理、物流市场调查研究与预测、物流行业发展咨询、地区经济发展咨询、物流专家决策支持、物流相关政策、行业标准和法律法规、天气预报等。

2. 货主企业对物流信息服务的需求

（1）物流服务供应商的资料。物流企业的资质、特色服务、信誉评估、资源及规模功能、物流服务报价和服务范围等详细情况。

（2）物流业务交易管理。物流业务交易方式、物流供应商辅助选择、物流合同公证和法律保护、合同执行质量跟踪、违约赔偿及补救处理等。

（3）专项及其他增值服务。物流 EDI、物流知识普及、物流市场状况介绍等。

3. 政府部门对物流信息服务的要求

（1）区域物流运行基本数据处理。包括部门间和产业间物流业务种类、货运量、物流成交合同总金额、物流仓储量、物流设施保有量、物流企业数量、规模和基本运行情况。

（2）区域物流资源整合支持功能。全国物流通道、国际物流通道资源整合信息，部门物流及管理资源整合支持等。

（3）区域物流分析及其规划支持。区域物流设施布局辅助分析、区域物流与经济发展适应性分析、区域物流预测、决策、规划和辅助设计等。

4. 物流信息平台信息需求的特点

物流信息平台系统涉及多个信息子系统，各子系统之间进行着信息交流，信息平台中各类信息间的相互关系及数据流向提供了宏观物流系统规划和微观物流运作的信息要求。从系统的角度分析，区域物流发展与第三方物流（包括公共物流）企业有着密不可分的关系，第三方物流与工商企业物流、政府主管部门的信息系统既有独立性又有统一性，因此物流信息平台的信息需求一般具有以下几方面的特点。

（1）物流系统内外信息的依赖性。物流企业信息系统对公共物流基础设施、交通运输网络等外部信息具有很大的依赖性，依赖性的存在要求共用信息平台的存在，以提高物流信息获得性和减少信息成本。

（2）物流信息交换的复杂性。集成物流服务涉及客户在内的多个经营主体，各主体经济关系、技术应用、企业文化及信息系统模块的共用性，导致物流信息交流的复杂性。一方面，多种物流运作数据在组织内部子系统间进行交换，形成各类错综关系；另一方面，数据交换是在不同企业、不同隶属关系管理体制下，采用不同运行模式运行的各部门系统间进行，各系统的数据结构、存储形式和接口协议不一样，若没有标准化，就会给物流数据共享、物流资源整合带来困难。

（3）物流数据共享的有限性。狭义的第三方物流（不包括公共物流部分在内）服务因对其特定用户是按封闭系统运行的，所以物流内部信息与外部共享范畴非常有限，甚至与其他相关客户共享都是十分有限的或不可能的。而公共物流具有一定的开放性，产生的部分物流数据可以在区域物流信息统计范畴共享，部分共享范畴将在物流企业、客户和政府主管部门间传递和利用。

（4）物流信息需求的差异性。在物流企业、信息技术企业及使用外购物流的客户和政府主管部门对物流信息的需求是不同的，其差别主要体现在以下几个方面：

① 时间差异性。物流企业、客户企业需要物流活动实时信息数据；政府部门一般需要一定时期区域范围内反映物流活动历史数据和发展趋势。

② 内容差异性。物流企业和客户关心的是物流状态、物流运作成本和服务质量等的实时信息，以便于进行实时调整和微观决策；政府部门更多地考虑物流对区域经济发展的适应和促进关系，便于进行宏观的社会物流规划，制定政策提高物流社会效率和效益。

③ 程度差异性。物流企业与客户要求数据尽可能详细，以确保业务运行准确无误；

政府部门关心统计数据，要求数据反映的对象范围广，不同行业之间的数据口径一致，能够反映物流运动规律、变化和发展趋势。

（二）物流信息平台的设计要求

1. 功能设计要求

物流信息平台是不同主体对某个区域物流管理信息系统可共享数据组织结构和传输形式的一种规范，以及一个对可共享数据进行组织、存储、查询、通信等管理服务的数据仓库系统。因此，在构建物流信息平台时要满足以下要求：

（1）信息系统接口性良好。信息平台关键是要发挥不同企业物流管理信息系统和其他部门管理信息资源集成、中转和支持作用，便于共用物流信息的收集、整理和使用，成为各种业务系统无缝连接的桥梁纽带。

（2）提供区域物流信息支撑作用。物流信息平台要为企业信息系统功能实现提供信息支撑，还要为政府部门间物流行业管理与市场规范化管理方面协同工作机制的建立提供必要信息沟通条件。

（3）整合微观物流资源。目前，企业级综合物流信息系统、ERP等是分别构建的，相互封闭、互不兼容现象较为普遍，长此以往，将不利于区域大物流格局形成。因此，需要为各企业、部门的EDI系统提供一个通信接口，使其既能利用现有EDI系统又能跨越行业部门局限；能将各种物流数据信息按一定的规范格式统一、转换后存储、发布和传递，成为一个社会物流信息的枢纽；具备多种系统功能以提供不同的信息服务内容，使物流信息成为区域物流体系的桥梁纽带，整合社会物流资源，为区域物流宏观规划决策和制定政策提供科学依据。

（4）区域物流市场监管。政府有关部门通过政策文件发布、电子公告等方式规范物流市场经营活动，进行区域物流运行控制，体现区域宏观物流管理作用及其特色。

2. 运营设计要求

为了能够确保物流信息平台建成之后稳定运行，充分发挥其作用，在运营设计方面需要提出以下要求：

（1）不同语言、系统之间的兼容性，要解决各部门、各企业系统间数据信息格式规范及相互转换功能。

（2）强大的系统搜索引擎，可以方便地连接和登录分散在异地空间的相关物流信息系统。

（3）访问权界定清晰，查询及时、效率高，通信带宽要满足正常的信息通信需要。

（4）采用分布式数据库设计，将信息平台自有数据库同部门组织数据库进行有效连接。

（5）信息平台运行要稳定，而且要方便使用、易于维护。

3. 技术要求

（1）格式问题。由于连接到平台的各个部门系统构件的软硬件平台都不统一，容易造成系统之间不能实行信息交换、系统运作不畅的问题，因此首先必须要解决这些异构系统和异构格式之间的数据交换和信息共享的问题。

（2）数据管理问题。由于公共物流信息平台汇集了大量的来自不同部门信息系统的信息，数据量大、数据类型多样化，因此如何进行合理、有效的数据管理形式显得尤为重要。

（3）数据安全问题。电子物流业务交易中最重要的是数据安全问题，包括身份认证及网上支付的安全等。平台要有合理的身份审核制度及可靠安全的防火墙，保障网上交易的安全性，防止交易资料和关键数据丢失及黑客攻击等。

（三）物流信息平台构建策略

1. 准确定位，明确商业模式

一个信息平台成功与否，在于这个平台的定位，首先要清楚这个平台是为谁服务的，是公益型的平台还是商业性的，或者由公益型平台向商业性平台转变。公益性平台主要是政府出资建立的，服务于企业，对用户不收取任何费用；而商业性平台在初期政府可能也会给一些资金支持，但最终是要走向市场的，需要去赚钱、去营利。

2. 市场化运作，引入有实力的运作主体

一个物流信息平台成功与否，关键要看平台的运作主体。国内物流信息平台的运营主体一般有政府或政府下属的物流协会、社会物流企业、第三方中介机构几种。

3. 细化功能，明确客户群体

物流信息平台，不仅仅是政府及时掌握物流发展动态的监控平台，更是社会物流发展的服务平台。这个服务平台主要是为物流产业服务的，不仅是政府的物流信息发布平台，而且是连接物流企业、工商制造企业、服务企业和物流消费者的应用平台和接口。

4. 长远规划，内接外联

物流信息平台应实施长远规划，内接外联，不仅要和省内或行业内各政府物流相关机构平台、服务平台、重点物流企业建立内部接口和紧密联系，而且要和经济和物流发达省份的物流信息平台进功能对接和业务联合，扩大平台的辐射范围和服务功能。

5. 制定规范和标准

制定规范和标准，首先要在编码上符合统一的原则，并且能够对不同服务对象提供差异化服务。例如，浙江的交通物流电子枢纽系统就是试图通过一系列信息标准来建设一个互联互通的物流公共信息平台，降低了系统的复杂程度和可能出现的错误，可以作为今后各地物流信息平台建设的借鉴。

（四）物流信息平台构建应注意的问题

（1）注重供应链流程再造。企业综合物流信息系统建设要立足于供应链流程再造，注重物流信息标准、系统互联接口、物流交易规范管理，真正做到在区域物流流程合理的前提下进行系统平台深度化构建，从而将微观物流运行与宏观规划决策支持等系统地结合起来，促进区域物流高级化。

（2）进行示范性工程。在物流信息平台的建设中，可以通过物流企业的参与，为企业综合物流信息系统与区域综合物流信息平台连接与运作进行示范。同时，要注意系统开发商对综合物流信息系统维护、升级等方面的承诺，确保信息平台长期可靠运行。

（3）加强供应链物流共享信息范围、协调及运作机制研究工作。物流信息平台的开发是第三方物流运作的重要支持平台，在已有开发系统或外部系统提供的共用数据为前提，协调供应链物流各方工作是平台建设成功与否非常重要的因素。而注重共享信息范围是协调的基础，通过协调发挥协同工作效果是保证区域物流信息平台建设和运行成功的关键。

项目实训

请围绕以下10个问题，对我国物流信息平台的发展现状进行调查：
（1）是否可以发布车辆资源信息？
（2）是否可以找到合适的货源信息？
（3）能看到的最新货源信息是几天前的？
（4）货源信息是否真实？
（5）是否可以发布货源信息？

（6）是否可以找到合适的车辆信息？
（7）能看到的最新车辆信息是几天前的？
（8）车辆信息是否真实？
（9）该信息平台存在什么问题？
（10）你有何改进建议？
1. 实训要求
（1）每个同学至少调查10个物流信息平台。
（2）总结一下我国物流信息平台存在什么问题。
（3）小组讨论，提出物流信息平台建设及运营的合理化建议。
（4）以小组形式制作PPT，在课堂上汇报调查报告。
2. 考核标准

报告内容 （40分）	汇报表现 （30分）	PPT制作 （20分）	团队合作 （10分）	总分 （100分）

课后练习

一、单选题

1. 物流信息平台建设与运营模式不包括（　　）。
A. MOP模式　　　　　B. 政府模式　　　　　C. 企业模式　　　　　D. 协同模式
2. 以下（　　）不属于我国当前物流信息平台存在的问题。
A. 交互难，交易更难　　　　　　　B. 重复开发建设、信息技术标准不统一
C. 服务功能单一　　　　　　　　　D. 信息真实性强
3. 以下（　　）不属于行业性物流信息平台的是。
A. 水运公共信息平台　　　　　　　B. 公路运输公共信息平台
C. 园区物流信息平台　　　　　　　D. 钢铁物流信息平台

【参考答案】

二、多选题

1. 物流信息平台的功能包括（　　）。
A. 信息发布功能　　　B. 信息查询功能　　　C. 交易服务功能　　　D. 货物跟踪功能
2. 关于物流信息平台，以下说法正确的是（　　）。
A. 把物流活动中各方有机联系起来的一个信息系统支撑体系
B. 信息和通信技术在跨组织物流运作中的一种应用形态
C. 物流企业及相关部门之间进行信息交流的一种公共架构
D. 其目的是改进组织间协调机制，提高物流运作效率
3. 物流信息平台协同运营模式在实际规划建设中，又可分为（　　）几种。
A. 自前而后　　　B. 自上而下　　　C. 自后而前　　　D. 自下而上

项目 4
利用条形码技术快速准确采集物流信息

【学习目标】

知识目标	能力目标	素养目标
（1）了解条形码技术的基本原理。 （2）掌握条形码的制作及扫描技术。 （3）掌握条形码的种类和编码原则。 （4）了解仓管员的岗位职责和作业流程	（1）能利用条形码技术采集物流各个环节的商品信息。 （2）在商品无条形码情况下，能制作条形码，完成商品的验收、上架和出入库作业。 （3）能利用条形码技术优化供应链运作流程，提高物流运作效率	（1）培育和践行社会主义核心价值观。 （2）养成认真负责的劳动态度和精益求精的工匠精神。 （3）激发创新创业意识，培养批判性思维能力。 （4）具备良好的团队合作与沟通交流能力

【情境导入】

X物流公司专为客户提供仓储服务，秉承"诚信经营、顾客至上"的经营理念，业务不断发展，但由于物流作业技术手段落后，工作效率很低，主要表现在：

（1）出库、入库作业以纸张单据为依据，商品型号规格依靠员工逐件核实。

（2）公司已经采用计算机辅助管理物流信息，但信息的输入完全依赖文员手工逐条录入。

（3）仓库货架标号标示全部采用文字加数字的形式，经常出现货物放错货位的现象，导致经常找不到库存商品，浪费时间。

思考并讨论：

（1）物流信息采集对物流业务运作的影响有哪些？

（2）如何才能快速准确采集物流信息？

任务 1 条形码技术认知

一、条形码技术概述

条形码技术研究如何将物流业务运作过程中需要采集的信息用一种符号来表示，以及如何将特定符号表示的数据转变为计算机可以自动识别和输入的信息。

（一）条形码技术的原理

条形码是由一组规则排列的条、空及对应的数字组成的特定符号，这些条和空组成的符号能表达一定的信息，并能够被相应的设备识读，转换成与计算机兼容的二进制和十进制信息。由于条形码中黑色的条对光的反射率低，而白色的空对光的反射率高，再加上条与空的宽度不同,就能使扫描光线产生不同的反射接收效果,在光电转换设备上转换成不同的电脉冲,进而形成可以传输的电子信息。

1. 条形码技术自动识别过程

条形码技术自动识别过程如图4.1所示。打开条形码扫描器开关,一束强光射向条形码符号,经条形码反射回来的光被扫描器接收,光信号经过一系列转换处理,变成计算机能够识别的信号,并输入计算机系统,至此条形码所包含的信息就被自动采集。

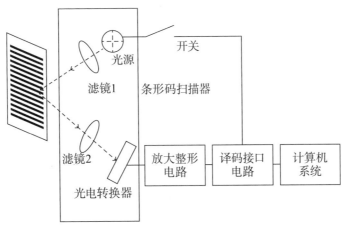

图4.1 条形码技术自动识别过程

2. 条形码技术识别信息的转换过程

条形码技术识别信息的转换过程如图4.2所示。

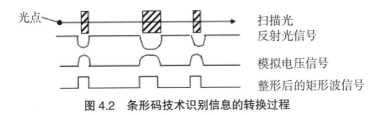

图4.2 条形码技术识别信息的转换过程

(二)条形码技术的产生与发展

条形码技术最早产生于20世纪20年代,诞生于Westinghouse的实验室里。那时候对电子技术应用方面的每一个设想都使人感到非常新奇。他的想法是在信封上做条形码标记,条形码中的信息是收信人的地址,就像今天的邮政编码。为此,Kermode发明了最早的条形码标识,设计方案非常的简单,即一个"条"表示数字"1",二个"条"表示数字"2",以此类推。后来,他又发明了由基本的元件组成的条形码识读设备:扫描器(能够发射光并接收反射光);测定反射信号条和空的方法,即边缘定位线圈;使用测定结果的方法,即译码器。

Kermode的扫描器利用当时新发明的光电池来收集反射光。"空"反射回来的是强信号,"条"反射回来的是弱信号。由于技术限制,最早的条形码阅读器开关由一系列的继电器控制,因此噪声很大,"开"和"关"由打印在信封上"条"的数量决定。通过这种方法,条形码符号可直接对信件进行分检。

1970年,Interface Mechanisms公司开发出"二维码",主要用于报社排版过程的自动化。二维矩阵条形码印在纸带上,由CCD扫描器扫描识读。CCD发出的光照在纸带上,每个光电池对准纸带的不同区域。每个光电池根据纸带上印刷的条形码与输出的不同图案，组合产生一个高密度信息图案。用这种方法可在相同大小的空间打印上一个单一的字符，作为早期 Kermode 码之中的一个单一的条。定时信息也包括在内，所以整个过程是合理的。此后不久，随着 LED（发光二极管）、微处理器和激光二极管的不断发展，新的标识符号（象征学）及其应用大爆发，人们称之为"条形码工业"。

条形码在 20 世纪 80 年代中期引入中国，我国一些高等院校、科研部门及一些出口企业把条形码技术的研究和推广应用逐步提到议事日程，图书馆、邮电、物资管理部门和外贸部门最先开始使用条形码技术。1991 年，中国物品编码中心加入了国际物品编码协会，国际物品编码协会分配给中国的前缀码为"690、691、692"。许多企业取得了条形码标记的使用权，使我国的大量商品进入了国际市场，给企业带来了可观的经济效益。

（三）条形码的构成

一个完整的条形码符号是由两侧静空区、起始符、数据符、校验符（可选）和终止符组成，如图 4.3 所示。

图 4.3　条形码符号的构成

（1）静空区。条形码左右两端外侧与空的反射率相同的限定区域，是没有任何符号的白色区域，提示条形码阅读器准备扫描。

（2）起始符。起始符是指条形码符号的第一位字符，标志一个条形码符号的开始。阅读器确认此字符存在后，开始处理扫描脉冲。

（3）数据符。数据符是指位于起始符后面的字符，标志一个条形码的值，其结构异于起始符，可允许进行双向扫描。

（4）校验符。阅读器在对条形码进行解码时，对读入的各字符进行规定的运算，并将运算结果与校验符核对后决定是否读入信息。

（5）终止符。终止符是指条形码符号的最后一个字符，标志一个条形码符号的结束，阅读器确认此字符后停止处理。

（四）条形码设计的原则

条形码设计根据条形码的使用行业或区域不同，采用相应的编码标准进行编码。在编码的过程中应该遵循以下基本原则：

（1）唯一性原则。唯一性原则是商品编码的最基本原则，也是最重要的一项原则。在商业 POS 自动结算销售系统中，不同商品是靠不同的代码来识别的，假如把两种不同的商品用同一代码来标识就违反了唯一性原则，会导致商业管理信息系统的混乱，给销售商和消费者造成经济损失。

（2）无含义性原则。商品标识代码中的每一位数字不表示任何与商品有关的特定信息。厂商在编制商品项目代码时，最好使用无含义的流水号，即连续号。这样能最大限度地利用商品项目代码的编码容量。

（3）稳定性原则。商品标识代码一旦分配，只要商品的基本特征没有发生变化，就应保持不变。同一商品项目，无论是长期连续生产还是间断式生产，都必须采用相同的标识代码。即使该商品项目停止生产，其标识代码至少应在 4 年之内不能用于其他商品项目上。另外，即使商品已不在供应链中流通，但由于要保存历史纪录，需要在数据库中长期地保留标识代码，因此在重新启用商品标识代码时，还需要考虑此因素。

（五）条形码技术的优点

条形码是经济、实用的一种自动识别技术，具有以下几个方面的优点：

（1）输入速度快。与键盘输入相比，条形码输入的速度是键盘输入的 5 倍，并且能实现即时数据输入。

（2）可靠性高。键盘输入数据出错率为三百分之一，利用光学字符识别技术出错率为万分之一，而采用条形码技术误码率低于百万分之一。

（3）灵活实用。条形码标识既可以作为一种识别手段单独使用，也可以和有关识别设备组成一个系统实现自动化识别，还可以和其他控制设备连接起来实现自动化的管理。

（4）采集信息量大。利用传统的一维条形码一次可采集几十位字符的信息，二维条形码更可以携带数千个字符的信息，并有一定的自动纠错能力。

（5）其他优点。条形码标签易于制作，对设备和材料没有特殊要求，识别设备操作容易，不需要特殊培训，且设备也相对便宜。

二、条形码的分类与编码规则

（一）按码制分类

1. UPC 码

1973 年，美国率先在国内的商业系统中应用 UPC 码，之后加拿大也在商业系统中采用 UPC 码。UPC 码是一种长度固定的连续型数字式码制，其字符集为数字 0～9。它采用 4 种元素宽度，每个条或空是 1、2、3 或 4 倍单位元素宽度。UPC 码有两种类型，即 UPC-A 码和 UPC-E 码，分别如图 4.4 和图 4.5 所示。

图 4.4　UPC-A 码

图 4.5　UPC-E 码

2. EAN 码

1977 年，欧共体各国按照 UPC 码的标准制定了欧洲物品编码 EAN 码，与 UPC 码兼容，而且两者具有相同的符号体系。EAN 码的字符编号结构与 UPC 码相同，也是长度固定的、连续型的数字式码制，其字符集是数字 0～9。它采用 4 种元素宽度，每个条或空是 1、2、3 或 4 倍单位元素宽度。EAN 码有两种类型，即 EAN-13 码和 EAN-8 码，分别如图 4.6 和图 4.7 所示。

图 4.6　EAN-13 码

图 4.7　EAN-8 码

3. 交叉 25 码

交叉 25 码是一种长度可变的连续型自校验数字式码制，其字符集为数字 0~9，如图 4.8 所示。它采用两种元素宽度，每个条和空是宽或窄元素。其编码字符个数为偶数，所有奇数位置上的数据以条编码，偶数位置上的数据以空编码；如果为奇数个数据编码，则在数据前补一位 0，以使数据为偶数个数位。

4. 39 码

39 码是第一个字母数字式码制，1974 年由 Intermec 公司推出。它是长度可比的离散型自校险字母数字式码制，如图 4.9 所示。其字符集为数字 0~9，26 个大写字母和 7 个特殊字符，共 43 个字符。每个字符由 9 个元素组成，其中有 5 个条（2 个宽条，3 个窄条）和 4 个空（1 个宽空，3 个窄空），是一种离散码。

图 4.8　交叉 25 码

图 4.9　39 码

5. 库德巴码

库德巴码（Code Bar）出现于 1972 年，是一种长度可变的连续型自校验数字式码制。其字符集为数字 0~9 和 6 个特殊字符，共 16 个字符，常用于仓库、血库和航空快递包裹中，如图 4.10 所示。

6. 128 码

128 码出现于 1981 年，是一种长度可变的连续型自校验数字式码制。它采用 4 种元素宽度，每个字符由 3 个条和 3 个空，共 11 个单元元素宽度，又称（11，3）码，如图 4.11 所示。它由 106 个不同条形码字符，每个条形码字符有 3 种含义不同的字符集，分别为 A、B、C。它使用这 3 个交替的字符集，可将 128 个 ASCⅡ码编码。

图 4.10　库德巴码

图 4.11　128 码

7. 93 码

93 码是一种长度可变的连续型字母数字式码制，如图 4.12 所示。其字符集成为数字 0~9、26 个大写字母和 7 个特殊字符及 4 个控制字符。每个字符由 3 个条和 3 个空，共 9 个元素宽度。

图 4.12　93 码

8. 其他码制

除上述码外，还有其他码制，例如矩阵 25 码，它是 11 码的变形；又如 Nixdorf 码，它已被 EAN 码取代发展为 Plessey 码，出现于 1971 年 5 月，主要用于图书馆等。

（二）按维数分类

1. 一维条形码

普通的一维条形码自问世以来，很快得到了普及并广泛应用。但是，由于一维条形码的信息容量很小，如商品上的条形码仅能容下13位阿拉伯数字，更多的描述商品的信息只能依赖数据库的支持，离开了预先建立的数据库，这种条形码就变成了无源之水、无本之木，因而其应用范围受到了一定的限制。

2. 二维条形码

二维条形码是使用某种特定的几何图案按一定规律在平面（二维方向上）分布的黑白相间的图形记录数据符号的一种条形码技术。例如，美国Symbol公司于1991年正式推出名为PDF417的二维条形码，简称为PDF417条形码，即"便携式数据文件"。FDF417条形码是一种高密度、高信息含量的便携式数据文件，是实现证件及卡片等大容量、高可靠性信息自动存储、携带并可用机器自动识读的理想手段，如图4.13所示。

图4.13　PDF417条形码

3. 多维条形码

进入20世纪80年代以来，人们围绕如何提高条形码符号的信息密度进行了研究工作。信息密度是描述条形码符号的一个重要参数据，即单位长度中可能编写的字母个数，通常记作"字母个数/厘米"。影响信息密度的主要因素是条、空结构和窄元系的宽度。多维条形码比普通一维码和二维码具有更高的信息密度，现正成为条形码技术领域研究、发展与应用的方向。

（三）条形码的编码规则

下面以几种常用的条形码为例，来介绍条形码的编码规则。

1. 商品条形码（EAN-13码）

EAN-13码又称标准版EAN商品条形码，主要用于超级市场或一些自动销售系统的单件商品，如图4.14所示。EAN-13商品条形码由前缀码、厂商识别码、商品项目代码和校验码组成。前缀码是国际EAN组织标识各会员组织的代码，我国为690～695；厂商代码是EAN编码组织在EAN分配的前缀码的基础上分配给厂商的代码；商品项目代码由厂商自行编码；校验码是为了校验代码的正确性。在编制商品项目代码时，厂商必须遵守商品编码的基本原则：对同一商品项目的商品必须编制相同的商品项目代码；对不同的商品项目必须编制不同的商品项目代码；保证商品项目与其标识代码一一对应，即一个商品项目只有一个代码，一个代码只标识一个商品项目。

图4.14　EAN-13条形码结构

例如，听装健力宝饮料的条形码为6901010101098，其中690代表中国，1010代表广东健力宝公司，10109是听装饮料的商品代码。这样的编码方式保证了无论在何时何地，6901010101098唯一对应这种商品。

EAN-13代码由13位数字组成。在我国，EAN-13代码分为3种结构，每种代码结构由3个部分组成，具体见表4-1所示。

表 4-1　EAN-13 代码结构

结构种类	厂商识别代码	商品项目代码	校验码
结构一	$X_{13}X_{12}X_{11}X_{10}X_9X_8X_7$	$X_6X_5X_4X_3X_2$	X_1
结构二	$X_{13}X_{12}X_{11}X_{10}X_9X_8X_7X_6$	$X_5X_4X_3X_2$	X_1
结构三	$X_{13}X_{12}X_{11}X_{10}X_9X_8X_7X_6X_5$	$X_4X_3X_2$	X_1

（1）前缀码。

前缀码由 2～3 位数字（$X_{13}X_{12}$ 或 $X_{13}X_{12}X_{11}$）组成，是 EAN 分配给国家（或地区）编码组织的代码。前缀码由 EAN 统一分配和管理。目前，国际上共有 90 多个国家和地区编码组织加入 EAN，成为 EAN 的成员组织。

需要指出的是，前缀码并不代表产品的原产地，而只能说明分配给管理有关厂商标识代码的国家（或地区）编码组织。

【EAN 已分配的前缀码】

EAN 分配给中国物品编码中心的前缀码由（$X_{13}X_{12}X_{11}$）3 位数字组成。目前，EAN 已将"690～695"分配给中国物品编码中心使用。今后，EAN 还将根据中国物品编码中心的申请，分配 $X_{13}X_{12}X_{11}$ 三位前缀码。

当前缀码为 690、691 时，EAN/UCC-13 码的代码结构采用结构一；当前缀码为 692、693 时，EAN/UCC-13 码的代码结构采用结构二。

（2）厂商识别代码。

厂商识别代码（包括前缀码在内）由 7～9 位数字组成，由中国物品编码中心负责分配和管理。由于厂商识别代码是由中国物品编码中心统一分配、注册，因此中国物品编码中心有责任确保每个厂商识别代码的全球范围内的唯一性。

根据《商品条形码管理办法》规定，具有企业法人营业执照或营业执照的厂商可以申请注册厂商识别代码。任何厂商不得盗用其他厂商的厂商识别代码，不得共享和转让，更不得伪造代码。

当厂商生产的产品品种很多，超过了"商品项目代码"的编码容量时，允许厂商申请注册一个以上的厂商识别代码。但只有在商品项目代码完全用完时，才可再次申请。

（3）商品项目代码。

商品项目代码由 3～5 位数字组成，由厂商负责编制。由于厂商标识代码是由中国物品编码中心统一分配、注册，因此在使用同一厂商识别代码的前提下，厂商必须确保每个商品项目代码的唯一性。在编制商品项目代码时，产品的基本特征不同，其商品项目代码不同。

由 3 位数字组成的商品项目代码有 000～999 共有 1000 个编码容量，可标识 1000 种商品；由 4 位数字组成的商品项目代码可标识 10000 种商品；由 5 位数字组成的商品项目代码可标识 100000 种商品。

（4）校验码。

校验码为 1 位数字，用来校验 X_{13}～X_2 的编码正确性。校验码是根据 X_{13}～X_2 的数值按一定的数学计算法计算而得。商品条形码系统成员在对商品项目编码时，不必计算校验码的值。该值由制作条形码原版胶片或直接打印条形码符号的设备自动生成。校验码的计算方法见表 4-2。

表 4-2 校验码的计算方法

步骤	举例说明													
1. 自右向左顺序编号	位置序号	13	12	11	10	9	8	7	6	5	4	3	2	1
	代码	6	9	0	1	2	3	4	5	6	7	8	9	X_1
2. 从序号 2 开始求出偶数位上数字之和①	9+7+5+3+1+9=34 ①													
3. ①×3=②	34×3=102 ②													
4. 从序号 3 开始求出奇数位上数字之和③	8+6+4+2+0+6=26 ③													
5. ②+③=④	102+26=128 ④													
6. 用大于或等于结果④且为 10 最小整数倍的数减去④,其差即为所求校验码的值	130−128=2 校验码 X=2													

例如,假设分配给某药厂的厂商识别代码为 6901234,则该厂不同产品的条形码编制见表 4-3。

表 4-3 某药厂不同产品的条形码编制

产品种类	商标	剂型、规格与包装规格			商品标识代码
清凉油	天坛牌	抹茶	固体	棕色	3.5 克/盒	6901234 00000 9
					3.5 克/袋	6901234 00001 6
					19 克/盒	6901234 00002 3
				白色	19 克/盒	6901234 00003 0
			液体	3 毫升/瓶	6901234 00004 7
				8 毫升/瓶	6901234 00005 4
				18 毫升/瓶	6901234 00006 1
		吸剂(清凉油鼻舒)		1.2 克/支	6901234 00007 8
	龙虎牌	黄色		3.0 克/盒	6901234 00008 5
			10 克/盒		6901234 00009 2
		白色	10 克/盒		6901234 00010 8
			18.4 克/瓶		6901234 00011 5
		棕色	10 克/盒		6901234 00012 2
			18.4 克/瓶		6901234 00013 9
		吸剂(清凉油鼻舒)	1.2 克/支		6901234 00014 6
	ROYAL BALM™	运动型棕色强力装	18.4 克/瓶		6901234 00015 3
		关节型原始白色装	18.4 克/瓶		6901234 00016 0
风油精	龙虎牌	8 毫升/瓶			6901234 00017 7
		3 毫升/瓶			6901234 00018 8
家友(组合包装)	龙虎牌	风油精 1mL 清凉油鼻舒 0.5 克/支			6901234 00019 1

从表 4-3 可以看出：

（1）商品品种不同应编制不同的商品项目代码。例如，清凉油与风油精是不同的商品，所以其商品项目代码不同。

（2）即使是同一企业生产的同一品种的商品，其商标不同，也应编制不同的商品项目代码。例如，天坛牌风油精与龙虎牌风油精，其商标不同，所以应编制不同的商品项目代码。

（3）同种商标的同种商品，如果剂型不同，其商品项目代码也应不同。例如，天坛牌清凉油，搽剂与吸剂的商品项目代码不同。

（4）同一种类、同一商标、同一剂型的商品，其商品规格或包装规格不同，均应编制不同的商品项目代码。例如，天坛牌清凉油棕色固体搽剂中，3.5 克 / 盒与 19 克 / 盒、3.5 克 / 盒与 3.5 克 / 袋，其商品项目代码各不相同。ROYAL BALM™ 清凉油，18.4 克 / 瓶的运动型棕色强力装与原始型关节白色装的商品项目代码也不相同。

（5）对于组合包装的项目，如龙虎牌家庭组合，也应分配一个独立的商品项目代码。如果其包装内的风油精与清凉油也有单卖的产品，则风油精、清凉油及二者组合包装后的产品应分别编制不同的商品项目代码。

查一查

请登录中国物品编码中心网站（www.gs1cn.org），随意输入某商品的条形码，查询商品厂家、品名和规格等信息。

2. 物流条形码（EAN-128 码）

EAN-128 码于 1981 年推出，是一种长度可变、连续性的字母数字条形码。与其他一维条形码相比，EAN-128 码是比较复杂的条形码系统，其所能支持的字符比其他一维条形码多。EAN-128 码又有不同的编码方式可供交互运用，因此其应用弹性也较大。EAN-128 码的内容大致分为起始码、资料码、终止码、检查码 4 个部分，其中检查码是可有可无的。

EAN-128 码有 3 种不同类型的编码方式，而欲选择何种编码方式，则取决于起始码的内容。EAN-128 码采用 3 个字符集，分别为字符集 A、字符集 B、字符集 C。字符集 A 包括所有标准的大写英文字母、数字字符、控制字符、特殊字符及辅助字符；字符集 B 包括所有标准的大写和小写英文字母、数字字符、特殊字符及辅助字符；字符集 C 包括 00～99 的 100 个数字及辅助字符。因为字符集 C 中的一个条形码字符表示两个数字字符，所以使用字符集 C 表示数信息可以比其他字符集信息量增加一倍，即条形码符号的密度提高一倍。

这 3 个字符集的交替使用可对 128 个 ASCⅡ 码进行编码。但无论采用哪种编码方式，EAN-128 码的终止码均为固定的一种形态，其逻辑形态皆为 1100011101011。

EAN-128 码示例如图 4.15 所示，内容说明见表 4-4。

图 4.15　EAN-128 码示例图

表 4-4　EAN-128 码示例图内容说明

代 号	码的类别	长 度	说　明
A	应用识别码	18	00 代表其后的资料内容为运送容器序号，为固定的 18 位数字
B	包装性能指示码	1	3 代表无定义的包装指示码
C	前置码与公司码	7	代表 EAN 前置码与公司码
D	自行编定序号	9	由公司指定序号
E	检查码	1	检查码
F	应用识别码		420 代表其后的资料内容为配送邮政码
G	配送邮政码		代表配送邮政码

小思考

商品条形码与物流条形码有何区别？

3. 店内条形码

店内条形码是商店为便于店内商品的管理而对商品自行编制的临时性代码及条形码标识。国家标准《商品条形码店内条形码》(GB/T 18283—2008)将其定义为商店闭环系统中标识商品变量消费单元的条形码。

店内条形码的使用大致有两种情况，一种是用于商品变量消费单元的标识，如鲜肉、水果、蔬菜、熟食等散装商品是按基本计量单位计价，以随机数量销售的，其编码任务不宜由厂家承担，只能由零售商完成。零售商进货后，要根据顾客不同需要重新分装商品，用专有设备（如具有店内码打印功能的智能电子秤）对商品称重并自动编码和制成店内条形码标签，然后将其粘贴或悬挂在商品外包装上。国家标准对店内条形码的定义就是针对这种情况的。另一种是用于商品定量消费单元的标识，这类规则包装商品是按商品件数计价销售的，应由生产厂家编印条形码，但因厂家对其生产的商品未申请使用商品条形码或厂家印制的商品条形码质量不好而无法识读，为便于商店 POS 系统的扫描结算，商店必须自己制作店内条形码并将其粘贴或悬挂在商品外包装上。

店内条形码也属于商品条形码的范畴，同样是采用 13 位数字，格式也是 EAN-13 的格式，但数字表示的含义与商品条形码不一样。店内条形码有以下 3 种结构：

（1）前缀码 + 种类码 + 重量码 + 校验码。

例如，图 4.16 中，20—前缀码，10518—柚子，01588—重量 1588g，9—校验码。这是最常见的 2 位前缀码 +5 位种类码 +5 位重量码 +1 位校验码的结构，重量码精确到克，最大可以表示 99999g。扫描时，金额是重量与单价的乘积。

（2）前缀码 + 种类码 + 价格码 + 校验码。

例如，图 4.17 中，如 29—前缀码，00018—黄瓜的代码，00160—价格码（表示 1.60 元）1—校验码。这是最常见的 2 位前缀码 +5 位种类码 +5 位价格码 +1 位校验码的结构，价格码精确到分，最大可以表示 999.99 元。扫描时，直接从条形码中得到商品价格。

图 4.16　示例 1

以上两种结构类似，种类码是超市自己编制的，只要对不同的商品使用不同的 5 位编码即可，没有统一的标准。至于采用重量码还是价格码，则取决于系统的设置。

（3）前缀码＋种类码＋项目码＋校验码。

例如，图 4.18 中，这种编码结构实际上就是 EAN-13 码的形式，应用在生产厂家没有申请条形码的商品上，种类码可以按不同商品编码，也可以按不同厂家编码。如果是同类商品，则项目码只有一种，即为 00001；有多个品种时，按顺序编码即可。

图 4.17　示例 2

图 4.18　示例 3

由于店内条形码只规定了前缀，对商品种类、商品项目的编码没有统一标准，所以对于同一种商品各店的编码也不会相同。可见，店内条形码只适用于超市内部，超市之间不可能通用，也不可能通过条形码来查询商品的生产厂家。

> **小思考**
>
> 一维条形码有何不足之处？

4. 二维条形码

由于一维条形码所携带的信息量有限，如商品上的条形码仅能容纳 13 位（EAN-13 码）阿拉伯数字，更多的信息只能依赖商品数据库的支持，离开了预先建立的数据库，这种条形码就没有意义了，因此在一定程度上也限制了条形码的应用范围。基于这个原因，人们在 20 世纪 90 年代发明了二维条形码。二维条形码除了具有一维条形码的优点外，还具有信息量大、可靠性高、保密性好、防伪性强等优点。

二维条形码是用某种特定的几何图形按一定规律在平面（二维方向上）分布的黑白相间的图形记录数据符号信息的；在代码编制上巧妙地利用构成计算机内部逻辑基础的"0""1"比特流的概念，使用若干个与二进制相对应的几何形体来表示文字数值信息，通过图像输入设备或光电扫描设备自动识读以实现信息自动处理。二维条形码具有条形码技术的一些共性，即每种码制有其特定的字符集、每个字符占有一定的宽度、具有一定的校验功能等，同时还具有对不同行的信息自动识别功能及处理图形旋转变化等特点。目前，二维条形码主要有 PDF417 码（参见图 4.13）、Code49 码、Code16K 码、DataMatrix 码、MaxiCode 码、QRcode 码等，主要分为堆积或层排式和棋盘或矩阵式两大类，分别如图 4.19～图 4.21 所示。

图 4.19　Code 16K　　图 4.20　Maxi Code　　图 4.21　QR Code

二维条形码依靠其庞大的信息携带量，能够把过去使用一维条形码时存储于后台数据库中的信息包含在条形码中，可以直接通过阅读条形码得到相应的信息，并且还有错误修正技术及防伪功能,增加了数据的安全性。二维条形码作为一种新的信息存储和传递技术,从诞生之时就受到了国际社会的广泛关注。经过多年的发展,二维条形码已广泛应用于国防、公共安全、交通运输、医疗保健、工业、商业、金融、海关及政府管理等多个领域;二维条形码可把照片、指纹编制于其中,可有效地解决证件的可机读和防伪问题,也可广泛应用于护照、身份证、行车证、军人证、健康证、保险卡等;另外,在海关报关单、长途货运单、税务报表、保险登记表上,也都有使用二维条形码技术来解决数据输入及防止伪造、删改表格的例子。

和一维条形码相比,二维条形码具有明显的优势,具体如下:

(1)高密度编码,信息容量大,可容纳多达1850个大写字母、2710个数字、1108个字节或500多个汉字,比普通条形码信息容量大几十倍。

(2)编码范围广,可以把图片、声音、文字、签字、指纹等可以数字化的信息进行编码并用条形码表示出来,可以表示多种语言文字,也可以表示图像数据。

(3)容错能力强,具有纠错功能,因穿孔、污损等引起局部损坏时,照样可以正确得到识读,即使损毁面积达50%仍可恢复信息。

(4)译码可靠性高,比普通条形码译码错误率要低得多,误码率不超过千万分之一。

(5)可引入加密措施,保密性、防伪性好。

(6)成本低,易制作,持久耐用。

(7)条形码符号形状、尺寸大小比例可变。

(8)可以使用激光或CCD阅读器识读。

三、条形码识读设备

识读设备包括光电扫描器与译码器。选择什么样的条形码阅读器是一个综合问题,可供给用户选择的条形码识读设备种类很多,主要有以下几种。

(一)光笔条形码扫描器

光笔条形码扫描器是一种轻便的条形码读入装置,在内部有扫描光束发生器及反射光接收器。目前,市场上这类扫描器有很多种,它们主要在发光的波长、光学系统结构、电子电路结构、分辨率、操作方式等方面略有不同。光笔条形码扫描器无论采用何种工作方式,在使用上都存在一个共同点,即阅读条形码信息时,要求扫描器与待识读的条形码接触或离开一个极短的距离(一般仅为0.2~1mm)。

(二)手持式枪型条形码扫描器

手持式枪型条形码扫描器内一般都装有控制扫描光束的自动扫描装置,阅读条形码时不需要与条形码符号接触,因此对条形码标签没有损伤。扫描头与条形码标签的距离短的在0~20cm的范围内,而长的可达到500cm左右。手持式枪型条形码扫描器具有扫描光点匀速扫描的优点,因此阅读效果比光笔扫描器械要好,扫描速度更快。

(三)台式条形码自动扫描器

台式条形码自动扫描器适合于不便使用手持式扫描方式阅读条形码信息的场合。如果工作环境不允许操作者一只手处理标附有条形码信息的物体,而另一只手操纵手持条形码扫描器进行操作,就可以选用台式条形码自动扫描器扫描。这种扫描器也可以安装在生产流水线传送带旁的某一固定位置,等待附有条形码标签的待测物体以平稳、缓慢的速度进入扫描范围,对自动化生产流水线进行控制。

（四）激光自动扫描器

激光自动扫描器最大的优点是扫描光照强，可以远距离扫描，而且扫描景深长。激光扫描器的扫描速度高，有的产品扫描速度可以达到1200次/秒，这种扫描器可以在百分之一秒的时间内对某一条形码标签扫描阅读多次，而且可以做到每一次扫描不重复上次扫描的轨迹。扫描器内部光学系统可以从单束光转变成十字光或米字光，从而保证被测条形码从各个不同角度进入扫描范围时都可以被识读。

（五）卡式条形码阅读器

卡式条形码阅读器可以用于医院病案管理、身份验证、考勤和生产管理等领域。这种阅读器内部的机械结构能保证标有条形码代码的卡式证件或文件在插入滑槽后自动沿轨道做直线运动，在卡片前进过程中，扫描光点将读入条形码信息。卡式条形码阅读器一般都具有向计算机传送数据的能力，同时具有声光提示功能以证明识别正确与否。

（六）便携式条形码阅读器

便携式条形码阅读器配接光笔式或轻便的枪型条形码扫描器，但有的也配接激光扫描器。便携式条形码阅读器本身就是一台专用计算机，有的甚至就是一台通用微型计算机。这种阅读器本身具有对条形码信号的译解能力，条形码译解后，可直接存入机器内存或机内磁带存储器的磁带中阅读，具有与计算机能通信的能力，通常，它本身带有显示屏、键盘、条形码识别结果声响指示及用户编程功能。使用时，这种阅读器可以与计算机主机分别安装在两个地点，通过线路连成网络，也可以脱机使用，利用电池供电。这种设备特别适用于流动性数据采集环境，收集的数据可以定时送到主机内存储。在有些场合，标有条形码信息或代号的载体体积大且比较笨重，不适合搬运到同一数据采集中心处理，这种情况下使用便携式条形码阅读器处理十分方便。

在选择条形码读写器时，一般需要同时考虑一些基本因素，如使用范围、译码范围、接口能力、对首读率等参数的要求、分辨率、扫描属性、条形码符号长度等。

任务2 条形码技术与物流信息采集

一、条形码的注册与制作

（一）条形码的注册申请

中国物品编码中心是统一组织、协调、管理我国商品条形码、物品编码与自动识别技术的专门机构，隶属国家市场监督管理总局，于1988年成立，1991年4月代表我国加入国际物品编码协会（Global Standard Initiatives，GSI），负责推广国际通用的、开放的、跨行业的全球统一编码标识系统和供应链管理标准，向社会提供公共服务平台和标准化解决方案。

中国物品编码中心在全国设有47个分支机构，形成了覆盖全国的集编码管理、技术研发、标准制定、应用推广及技术服务为一体的工作体系。物品编码与自动识别技术已广泛应用于零售、制造、物流、电子商务、移动商务、电子政务、医疗卫生、产品质量追溯、图书音像等领域。全球统一标识系统是全球应用最为广泛的商务语言，商品条形码是其基础和核心。

GSI是全球性的、中立的非营利组织，致力于通过制定全球统一的产品标识和电子商务标准，实现供应链的高效运作与可视化。GSI总部设在布鲁塞尔，在全球拥有112个成员。

条形码申请的程序如下：

（1）申请人可到所在地的编码分支机构办理申请厂商识别代码手续，并提供企业法人营业执照或营业执照及其复印件 3 套（分别由中国物品编码中心、申请人所在地的编码分支机构和申请人所在企业内部存档保留）。

（2）填写"中国商品条形码系统成员注册登记表"，可直接在线填写注册登记表（如在网上填写申请表还需打印、盖章，然后提交到当地编码分支机构）。

（3）集团公司请填集团公司下属分公司基本信息表。

（4）申请人的申请资料经所在地的编码分支机构初审后，符合条件的资料，由编码分支机构签署意见并报送到中国物品编码中心审批。

（5）编码中心收到初审合格的申请资料及申请人交纳的费用后，对确实符合规定要求的，编码中心向申请人核准注册厂商识别代码，完成审批程序。

（6）申请单位收到中国商品条形码系统成员证书，申请结束。

企业申请条形码注册流程如图 4.22 所示。

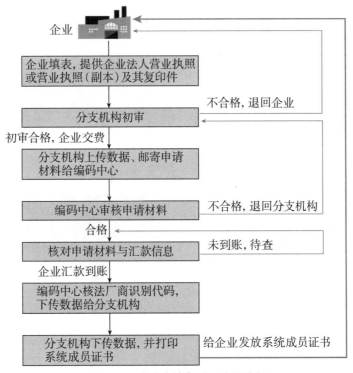

图 4.22　企业申请条形码注册流程

（二）条形码的制作

条形码的制作一般采用印刷的方式或通过条形码打印机打印条形码。条形码打印机和普通打印机的最大的区别就是，条形码打印机的打印是以热为基础，以碳带为打印介质（或直接使用热敏纸）完成打印，配合不同材质的碳带可以实现高质量的打印效果和在无人看管的情况下实现连续高速打印。

1. 条形码制作软件

条形码制作软件有很多，如 Label mx、CorelDRAW、Photoshop、Illustrator 等。其中，Label mx 属于专业条形码生成与打印软件，集条形码生成、画图设计、标签制作、批量打印于一体,可打印固定与可变数据;另外,Label mx 可以导出条形码为矢量图片(.emf 和.wmf),和 CorelDRAW、Photoshop、Illustrator 交互使用。CorelDRAW、Photoshop、Illustrator 属于专业的画图设计软件。

2. 以 Label mx 为例实现快递单条形码批量生成

一般快递单号有两种类型:Code128auto(顺丰、圆通条形码类型)、Code39(韵达、申通条形码类型)。两者的差别最直观的一点就是 Code39 带有起始符号*,而 Code128auto 没有。另外,不同的在于 Code128 比 Code39 能表现更多的字符,单位长度里的编码密度更高。而且,Code128 码支持数字、字母和符号,支持的字符比较灵活。

使用 Label mx 通用条形码标签设计系统批量生成快递条形码演示如下(以顺丰快递单为例):

(1)打开 Label mx,设置好一个快递单号的尺寸,使用一位条形码工具画出一个条形码,双击条形码,选择 Code128auto 类型,输入条形码数据,设置成流水条形码,如图 4.23 所示。

(2)为了精准地找到条形码打印的位置,使用图片导入工具导入快递单,如图 4.24 所示。

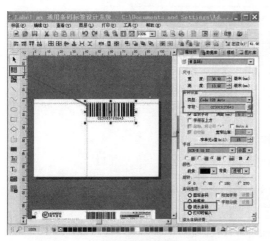

图 4.23　示例 4　　　　　　　　图 4.24　示例 5

(3)将条形码放置在快递单的合适位置,如图 4.25 所示。

(4)在"打印设置"里设置批量生成流水条形码的数量,如图 4.26 所示。

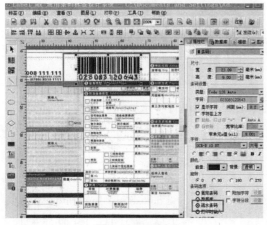 

图 4.25　示例 6　　　　　　　　图 4.26　示例 7

（5）点击打印预览，可以看到批量生成的呈流水变化的快递条形码单号，如图4.27所示。

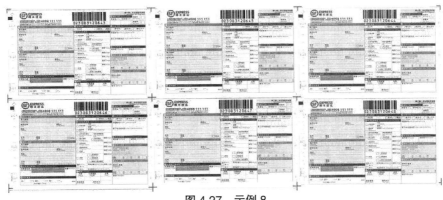

图 4.27　示例 8

以上是以顺丰快递单为例做的演示，市场上其他快递单号的批量制作程序都是一样的，可以下载 Label mx 通用条形码标签设计系统自行制作。

3. 通过 word 制作条形码

制作条形码的方法很多，有很多在线自动生成的网站提供免费服务。下面介绍一种相对简单易行方法，它可以通过 word 来制作，步骤如下：

（1）点击菜单栏中的"视图"菜单，选择"工具栏"命令，在打开的工具栏中找到"控件工具栏"，确保"控件工具栏"前已打钩，说明控件工具栏在编辑区已经显示，钩选后可以在编辑区看到控件工具栏，如图4.28所示。

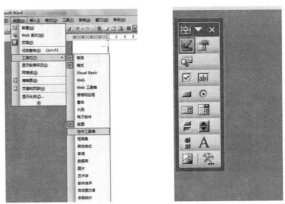

图 4.28　操作 1

（2）在"控件工具栏"中，找到右下角的【其他控件】按钮，单击【其他控件】按钮，在下拉列表中找到"Microsoft Barcode 控件 9.0"，如图4.29所示。

（3）点击"Microsoft Barcode 控件 9.0"，在页面的编辑区立即出现了一个条形码的图标，如图4.30所示。这个图标是系统自动生成的，要对条形码的样式和条形码的信息进行设置或更改。

（4）若要修改默认条形码的样式、条形码的颜色和线条的宽度等内容，可以右击刚刚插入的条形码图标，从中找到属性选项，如图4.31所示。

（5）选择属性后，弹出属性对话框，在属性对话框中选择自定义选项，单击自定义选项右边的【...】按钮，打开属性可视化编辑工具，如图4.32所示。

图 4.29　操作 2

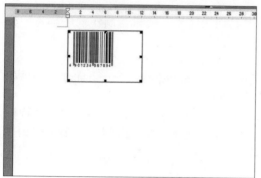

图 4.30　操作 3　　　　　　　　图 4.31　操作 4

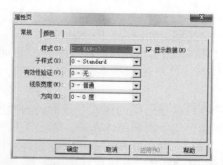

图 4.32　操作 5

（6）在常规选项卡，可以设置条形码的样式和子样式、有效性验证、线条宽度和方向，也可以通过下拉列表进行选择，在右边的"显示数据"复选框中钩选或去掉钩，可以设置条形码中是否显示数据，如图 4.33 所示。

（7）点击"颜色"选项卡，可以对条形码的颜色进行设置，从属性颜色样式中选择一种颜色后，再从右边的调色板中选择颜色，如图 4.34 所示。

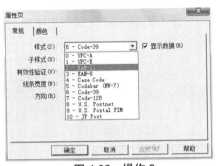

图 4.33　操作 6

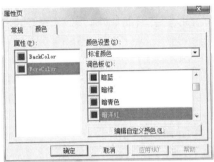

图 4.34　操作 7

（8）设计好样式后就是设置条形码的数据了，可以按照商品的名称进行编号并保存在数据库中，当用条形码扫描机扫描时，数据库就可以自动识别商品名称了。

（9）点击属性对话框中的"value"选项，在提示框中输入数据，输入框中默认的数据是空白，如输入"123456789"，如图 4.35 所示。

（10）设置完成后，点击控件工具关闭按钮，退出控件设计模式，这样一个条形码就制作好了。然后，先后点击"文件""保存"命令，保存制作好的条形码。

（三）条形码的印刷尺寸与位置选择

1. 尺寸选择

商品条形码印刷尺寸视印刷标纸或包装上可容纳条形码的面积大小及具体的印刷条件而定，在允许的情况下，多选用条形码标准版尺寸（放大系数为 1 倍），即长为 37.29mm、高为 26.26mm。所谓放大系数，是指条形码设计尺寸与条形码标准版尺寸之比。选择尺寸时，只要确定好放大系数即可，而不需标出尺寸。条形码尺寸是指包括条形码符号左右空白区在内的尺寸。

2. 位置选择

正确选择商品条形码位置，应以条形码符号不易污染、不易变形、不易磨损且便于识读操作为原则，也应符合《通用商品条形码符号位置》(GB/T 14257—93) 的规定。在实际工作中，商品条形码应印刷在商品包装的平整面上，首先应选在包装主显示面的右侧，其次是与主显示面相连的平面，当这些面无地方放置时也可放置在包装主显示面的背面；商品条形码必须印刷在没有被遮盖的面上，不能放置在包装的易磨损面上。

图 4.35　操作 8

根据 EAN 的有关规定，按照商品包装的不同形式可推荐下列印刷位置：

（1）箱型、盒型包装。采用箱型、盒型包装的商品，选择条形码位置时，应考虑包装平铺时和折叠好后对条形码符号的不同影响，避免包装箱折叠好后将条形码符号遮掩了一部分，或者左右空白区不足；在纸箱上印条形码符号时，应选择在运输过程中不易磨损的一面来印刷，最好印在箱底面，尽量避免印在正中央；当包装为长方形时，条形码符号应印在箱底的中央。

（2）罐装、瓶装。对于罐装、瓶装商品，如将条形码符号印在罐、玻璃瓶、塑料容器的底面上可能会增加成本，较好的方法是把条形码印刷在标签的侧下方。在瓶装商品中，尤其是聚酯瓶装饮料，包装外形凹凸不平，标签贴在瓶子上后，条形码符号也随着瓶子外形变得凹凸不平，发生皱褶，导致条形码符号无法识读。在这种情况下，应在印刷条形码符号时，保证标签的部位是平滑的。在罐装、瓶装等有曲面的商品上贴印条形码符号，还要注意条形码符号表面曲度不可超过30°。在有曲面的商品包装上，商品条形码放大系数的选择与曲面的直径有关。当商品包装直径太小时，如将条形码符号按条的方向垂直于包装的底面放置，扫描器将难以完全将其扫描，这时应将条形码转90°，按条形码条的方向垂直于圆柱包装的母线放置。

（3）桶型包装。当商品为塑料或纸制的桶型包装时，如将条形码印在底部，需特殊印刷时会增加成本，故一般印在桶的侧面。如果无法印在桶的侧面，可将条形码印在盖子上，但盖子的深度不得超过12mm。如果内装的是易泄漏的液体，扫描时容器不能倒置，则条形码不得印在盖子上。

（4）袋型包装。对于袋装商品，如将条形码符号印刷靠近袋子边缘，尽管印刷之后检验合格，但是装入内容物后，易发生变形、皱褶，仍然难以正确识读条形码。正确的方法是，在选择条形码位置时避开接缝、变形部位，最好先在袋内装入内容物，观察、寻找其平整部位，再在此位置印刷条形码。一般来说，对于面包、糖果等袋装食品，有底且底足够大时，应将条形码印在底面上，否则可印在背面下方的中央。对于体积很大的袋类包装商品，条形码应印在背面右侧下方，但应避免印在过低的位置，以防由于袋子的接缝或折皱造成条形码符号扭曲。对于没有底的小塑料袋或纸类商品，条形码应印在背面下方的中央。背面中央有接缝时，则应印在右下方，或印在填充后不起皱褶处。

（5）吸塑包装。对于包装卡面未印刷的吸塑包装商品，条形码最好印在纸板正面，且凸出包装的高度不得超过12mm，否则影响识读。如果因产品体积过大，凸出包装的高度大于纸板表面12mm，条形码应放在离凸出包装尽量远处，以使商品倾斜识读时，卡上条形码离扫描窗距离在12mm以内，否则不易识读。

另外，为了防止由于包装的皱褶、变形、破损影响识读，选择商品条形码位置时，条形码符号的空白区和人工可识读数字要离开棱、皱褶、重叠，光盖至少5mm。商品外包装的条形码不能与其内装的单个零售商品上的条形码同时显现。

练一练

在网上查找在线免费条形码生成网站，熟悉条形码的制作与识别过程。

二、条形码技术在信息采集中的应用

（一）条形码技术应用流程

下面以条形码技术在仓储与配送环节中的应用为例，分析条形码技术在物流信息采集过程中的具体运作流程。

1. 订货

配送中心向供应商订货时，可以根据订货簿或货架牌进行订货。操作人员可以先用条形码扫描设备将订货簿或货架上的条形码（其中包含有商品名称、品牌、产地、规格等信息）输入计算机，然后通过主机，利用网络通知供货商自己订哪种货、订多少等信息，对方可按要求及时发货。显而易见，这种订货方式比传统的手工订货效率高出数倍。

2. 收货

当配送中心收到从供应商处发来的商品时，接货员就会在商品包装箱上贴一个条形码，作为该种商品对应仓库内相应货架的记录。同时，对商品外包装上的条形码进行扫描，将信息传到后台管理系统中，并使包装箱条形码与商品条形码形成一一对应。这种条形码扫描方式可以大大减少手工操作的出错率。

3. 入库

应用条形码进行商品入库管理，是指商品到货后，操作人员通过条形码输入设备将商品基本信息输入计算机，告诉计算机系统哪种商品要入库、要入多少。首先，计算机系统根据预先确定的入库原则、商品库存数量，确定商品的存放位置。其次，根据商品的数量发出条形码标签，这种条形码标签包含商品的存放位置信息。最后，在货箱上贴上标签，并将其放到输送机上。输送机识别箱上的条形码后，将货箱放在指定的库位区。采取这种入库方式，不仅可以减少作业人员的工作量，而且可以使商品入库一步到位，实现商品快速入库。

4. 理货

应用条形码技术，可以在搬运商品之前，先扫描包装箱上的条形码，计算机就会提示作业人员将商品放到事先分配的货位，作业人员将商品运到指定的货位后，再扫描货位条形码，以确认所找到的货位是否正确。在商品从入库、搬运到货位存放整个过程中，条形码起到了相当重要的作用。商品以托盘为单位入库时，把到货清单输入计算机，就会得到按照托盘数发出的条形码标签。将条形码贴于托盘面向叉车的一侧，叉车前面安装有激光扫描器，叉车将托盘提起，并将其放置于计算机所指引的位置上。在各个托盘货位上，装有传感器、发射显示装置、红外线发光装置和表明货区的发光图形牌。叉车驾驶员将托盘放置好后，通过叉车上装有的终端装置，将作业完成的信息传送到计算机。这样，商品的货址信息就存入计算机中了。

5. 配货

在配货过程中，也可采用条形码管理。在传统的作业流程中，分拣、配货要占去全部所用劳力的大部分，且容易发生差错。在分拣、配货中应用条形码，能使拣货迅速、正确，并提高作业效率。配送中心在接到客户的送货要求后，将汇总各客户的货物需求信息，并分批发出印有条形码的拣货标签。这种条形码包含货物要发送到哪一座城市或哪一条街道的信息。分拣人员根据计算机打印出的拣货单，在仓库中进行拣货，并在商品上贴上拣货标签（在商品上已有包含商品基本信息的条形码标签）。将拣出的商品运到自动分类机，放置于感应输送机上。激光扫描器对商品上的两个条形码自动识别，检验拣货有无差错。如无差错，商品即分岔流向按分店分类的滑槽中。先将不同分店的商品装入不同的货箱中，并在货箱上贴上印有条形码的送货地址卡，这种条形码包含商品到达区域的信息。再将货箱送至自动分类机，在自动分类机的感应分类机上，激光扫描器对货箱上粘贴的条形码进行扫描，之后将货箱输送到不同的发货区。当发现拣货有错时，商品将流入特定的滑槽内。条形码配合计算机应用于作业流程管理中，不仅有助于提高作业的自动化水平和作业效率，而且有助于提升配送中心的竞争力。

6. 补货

由于商品条形码和货架是一一对应的，所以可以通过检查货架库存达到补货的目的。条形码不光在配送中心业务处理中发挥作用，配送中心的数据采集、经营管理同样离不开条形码。通过计算机对条形码的管理，对商品运营、库存数据进行采集，可及时了解货架上商品的存量，从而进行合理的库存控制，将商品的库存量降到最低点，也可以做到及时补货，减少因缺货而造成的经济损失。

（二）二维条形码的应用

1. 在运输行业的应用

一个典型的运输业务过程通常经历供应商→货运代理、货运代理→货运公司、货运公司→客户等几个过程，在每个过程中都牵涉发货单据的处理。发货单据含有大量的信息，包括发货人信息、收货人信息、货物清单、运输方式等。单据处理的前提是数据的录入，人工键盘录入的方式存在效率低、差错率高的问题，已不能适应现代运输业的要求。

二维条形码在这方面提供了一个很好的解决方案，将单据的内容编成一个二维条形码，打印在发货单据上，在运输业务的各个环节使用二维条形码阅读器扫描条形码，信息便录入到计算机管理系统中，既快速又准确，使得整个运输过程的效率大大提高。

2. 在身份识别卡方面的应用

例如，国外一些地方在身份卡上印制 PDF417 码，持卡人的姓名、照片和其他个人信息被编成一个 PDF417 码印在卡上，卡被用来做重要场所的进出管理及医院就诊管理。这项应用的优点在于数据采集的实时性，实施成本低，卡片损坏也能阅读，以及防伪性好。其他应用方面，如营业执照、驾驶执照、护照、城市流动人口暂住证、医疗保险卡等，也可以应用二维条形码。

3. 在文件和表格上的应用

例如，国外一些保险公司的经纪人在会见客户时都带着笔记本计算机，每张保单和协议都在计算机中制作并打印出来。当他们回到办公室后，需要将保单数据手工输入公司的主机中。为了提高数据录入的准确性和速度，他们在制作保单的同时将保单内容编成一个 PDF417 条形码，打印在单据上，这样就可以使用二维条形码阅读器扫描条形码将数据录入主机。又如，其他类似的应用还有海关报关单、税务申报单、政府部门的各类申请表等。

4. 在资产跟踪方面的应用

例如，国外一些钢管公司在各地拥有不同种类的管道，为了维护每根管子，他们将管子的编号、位置编号、制造厂商、长度、等级、尺寸、厚度及其他信息编成一个 PDF417 条形码，制成标签后贴在管子上。当管子移走或安装时，操作员扫描条形码标签后，数据库信息便得到及时更新。又如，工厂可以采用二维条形码跟踪生产设备，医院和诊所也可以采用二维条形码标签跟踪设备、计算机及手术器械。

练一练

如何制作、识别二维码？

拓展阅读

目前，手机二维码业务已大量出现，它与手机地图、手机电视等业务一样，既实用又时尚。走在城市街头，便利店、地铁、户外广告等地，随处可见二维码的花纹图案。路过的行人只需要稍作停留，取出手机用微信一扫，就完成了信息获取、电子交易、二维码凭证获取，之后便可以快捷地享受定购的服务。这就是二维码识别技术的神奇之处，这小小的方形花纹图案的背后，隐藏的是一扇通往未来数码生活的大门。因此，有的公司抓住商机，开发出一套能够自动发卡、发券的系统软件，结合商家的宣传活动，把纸质优惠券、会员卡转变为全新的手机二维码优惠券、会员卡，客户主动发送短信即可获取服务信息。这种软件还有会员管理等增值服务功能，能拓展商家的人脉资源。

人们去看演唱会或者展览，买到的票不再是纸质的，而是一个二维条形码；名片用手机一拍，联系方式等各种资料便存储到手机当中；每次出门不再需要为带各种各样的卡而发愁，购物的时候只需用手机轻轻一扫，就完成了网上银行的支付。随着条形码时代的正式到来，二维条形码将融入人们的衣、食、住、行等方方面面，在不断地改变人们的生活习惯。

（资料来源：http://news.rfidworld.com.cn/2010_10/5c4433d92ecc396b.html，有改动）

思考：
（1）你能列举出几个生活中二维条形码的应用场景吗？
（2）二维条形码有什么不足？使用过程中应该注意什么？

项目实训

一次完整的商务过程包括生产厂家将产品生产出来，通过运输、仓储、加工、配送到消费者的物流全过程。在这个过程中，首先，生产厂家先将生产的单个产品进行包装，并将多个产品集中在大的包装箱内；其次，经过运输、批发等环节（在这一环节中通常需要更大的包装）；最后，产品通过零售环节流通到消费者手中，通常在这最后一个环节中还原为单个产品。

请以美的电饭煲为例，描述从零部件采购开始，经过生产、储存、运输、配送，直到在大型超市上架销售、客户购买这整个物流系统运作过程中，条形码技术是如何发挥作用的？

1. 实训要求
（1）说明在整个供应链上哪些环节需要使用条形码技术。
（2）绘制物流业务流程图，指出条形码在每个应用环节带来的好处。
（3）分组完成制作PPT，上台汇报。

2. 评价标准

报告内容 （40分）	汇报表现 （30分）	PPT制作 （20分）	团队合作 （10分）	总分 （100分）

课后练习

一、单选题

1. 商品条形码EAN-13的前缀码是用来表示(　　)的代码。
A. 商品项目　　　　　　　　　　　B. 厂商
C. 各编码组织所在国家（或地区）　　D. 国际编码组织

2. EAN-8码主要使用在包装面积比较小的商品上，由8位数字组成，与EAN-13码相比少了(　　)。
A. 前缀码　　　　B. 制造厂商代码　　C. 商品项目代码　　D. 验证码

3. EAN分配给中国物品编码中心的前缀码不包括(　　)。
A. 690　　　　　　B. 692　　　　　　C. 694　　　　　　D. 796

4. 关于店内码，以下说法错误的是(　　)。
A. 店内码没有规定的标准，随意性强
B. 店内码是商店为便于店内商品的管理而对商品自行编制的临时性代码
C. 店内码是商店闭环系统中标识商品变量消费单元的条形码
D. 店内条形码可用于商品变量消费单元的标识

【参考答案】

二、多选题

1. 一个完整的条形码符号是由两侧静区、校验字符（可选）和(　　)组成。
A. 起始字符　　　　B. 数据字符　　　　C. 图形字符　　　　D. 终止字符

2.关于条形码,以下说法正确的是(   )。
A.条形码符号中黑色条对光的反射率高,而白色的空对光的反射率低
B.条形码的起始符是指条形码符号的第一位字符,提示条形码阅读器准备扫描
C.条形码中校验符是指阅读器在对条形码进行解码时,对读入的各字符进行规定的运算,并将运算结果与校验符核对后决定是否读入信息
D.终止符是指条形码符号的最后一个字符,标志着一个条形码符号的结束,阅读器确认此字符后停止处理
3.(   )属于条形码的设计原则。
A.唯一性原则　　　　B.无含义性原则　　C.成本最低原则　　D.稳定性原则
4.与键盘输入相比,条形码技术的优点体现在(   )。
A.输入速度快　　　　B.采集信息量大　　C.可靠性高　　　　D.灵活实用

项目 5 利用 RFID 技术全面升级业务运作水平

【学习目标】

知识目标	能力目标	素养目标
（1）了解 RFID 技术的基本原理。 （2）掌握 RFID 技术的使用方法。 （3）正确理解 RFID 技术与条形码技术相比的优势与不足。 （4）了解 RFID 标签的种类、特点及适用的场合。 （5）了解物联网技术及其应用	（1）能利用 RFID 技术自动采集商品信息。 （2）能根据仓库场地实际情况正确安装 RFID 系统。 （3）在客户商品没有电子标签的情况下能制作 RFID 标签，完成商品的验收、上架及出入库作业。 （4）能在条形码系统和 RFID 系统间顺利切换使用，以适应客户的不同需要	（1）培育和践行社会主义核心价值观。 （2）养成认真负责的劳动态度和精益求精的工匠精神。 （3）激发创新创业意识，培养批判性思维能力。 （4）具备良好的团队合作与沟通交流能力

【情境导入】

在一次"零售业系统展览会"上，沃尔玛宣布将采用 RFID 技术以最终取代之前广泛使用的条形码技术，成为第一个公布正式采用 RFID 技术时间表的企业。沃尔玛采用这一"新式武器"后，如果供应商达不到这一要求，就可能失去成为沃尔玛供货的资格。

思考并讨论：

（1）沃尔玛为什么要淘汰条形码技术？
（2）沃尔玛"新式武器"的优点体现在哪里？

任务 1 RFID 技术认知

一、RFID 技术概述

（一）RFID 的定义

RFID 技术是一种非接触式的自动识别技术，它通过射频信号自动识别目标对象并获取相关数据，识别工作无须人工干预，可工作于各种恶劣环境，可识别高速运动的物体，并可同时识别多个标签，操作快捷方便。

RFID 系统用于控制、检测和跟踪物体，是利用无线射频方式在阅读器和标签之间进行非接触双向传输数据，达到目标识别和数据交换的目的。

RFID 技术现已广泛应用于工业自动化、商业自动化、交通运输控制管理和身份认证等多个领域，而在仓储物流管理、生产过程制造管理、智能交通、网络家电控制等方面更是引起了广泛关注。例如，广州的羊城通，市民乘坐公共交通时使用羊城通，不用再自备零钱，并且方便快捷；又如，在香港特别行政区，RFID 技术已被广泛应用于运输收费系统——包含快易通跨港隧道、实施十年以上的大众运输八达通卡、保持世界领先的香港国际机场行李处理系统，这些都已达到原先预期目标且应用非常成功；再如，香港大学导入 RFID 至 100 多万册书籍中，使得让学生能自行借阅与归还书籍，免除了图书馆人力烦琐的租借与盘点问题，可以提供更多的服务。

2010 年 10 月 28 日，中国国际物联网（传感网）大会在国家传感网示范中心——无锡市隆重举行。大会以"迎接智能时代"为主题，是近年来中国物联网产业规模最大、层次最高、影响力最深远的行业盛会。而物联网就是通过 RFID 技术、红外感应器、全球定位系统、激光扫描器等信息传感设备，按约定的协议，把任何物品与互联网相连接，进行信息交换和通信，以实现智能化识别、定位、跟踪、监控和管理的一种网络。

小思考

图 5.1 是广州市某公交车站显示屏，上面可以清晰地看到 B8 和 B27 路公交车距离本站的距离，让候车的乘客"心中有数"，可以减轻他们等车时的焦虑。请思考，如何利用 RFID 技术来实现公交车的报站。

图 5.1 公交车站显示屏

（二）RFID 系统的组成

RFID 系统主要包括硬件和软件两个部分。其中，硬件部分包括标签、读写器和天线；软件部分包括 RFID 系统软件、RFID 中间件。

1. RFID 标签

RFID 标签俗称电子标签，也称应答器。RFID 标签中存储唯一一个编码，通常为 64bits、96bits 甚至更高，其地址空间大大高于条形码所能提供的空间，因此可以实现单品级的物品编码。根据工作方式不同，RFID 标签可分为主动式（有源）和被动式（无源）两大类。被动式 RFID 标签由标签芯片和标签天线或线圈组成，利用电感耦合或电磁反向散射耦合原理实现与读写器之间的通信。当 RFID 标签进入读写器的工作区域，就可以根据电感耦合原理（近场作用范围内）或电磁反向散射耦合原理（远场作用范围内）在标签天线两端产生感应电势差，并在标签芯片通路中形成微弱电流。如果这个电流强度超过一个阈值，就将激活 RFID 标签芯片电路工作，从而对标签芯片中的存储器进行读/写操作。微控制器还可以进一步加入诸如密码或防碰撞算法等复杂功能。RFID 标签芯片的内部结构主要包括射频前端、模拟前端、数字基带处理单元和 EEPROM 存储单元 4 个部分。

2. 读写器

读写器也称阅读器、询问器，是对RFID标签进行读/写操作的设备，主要包括射频模块和数字信号处理单元两个部分。读写器是RFID系统中最重要的设施，一方面，RFID标签返回的微弱电磁信号通过天线进入读写器的射频模块中转换为数字信号，再经过读写器的数字信号处理单元对其进行必要的加工整形，最后从中解调出返回的信息，完成对RFID标签的识别或读/写操作；另一方面，上层中间件及应用软件与读写器进行交互，实现操作指令的执行和数据汇总上传。在上传数据时，读写器会对RFID标签原子事件进行去重过滤或简单的条件过滤，将其加工为读写器事件后再上传，以减少与中间件及应用软件之间数据交换的流量，因此在很多读写器中还集成了微处理器和嵌入式系统，实现一部分中间件的功能，如信号状态控制、奇偶位错误校验与修正等。

3. 天线

天线是RFID标签和读写器之间实现射频信号空间传播和建立无线通信连接的设备。RFID系统中包括两类天线，一类是RFID标签上的天线，它已经和RFID标签集成为一体，另一类是读写器天线，既可以内置于读写器中，也可以通过同轴电缆与读写器的射频输出端口相连。目前，天线产品多采用收发分离技术来实现发射和接收功能的集成。天线在RFID系统中的重要性往往为人们所忽视，在实际应用中，天线设计参数是影响RFID系统识别范围的主要因素。高性能的天线不仅要求具有良好的阻抗匹配特性，而且需要根据应用环境的特点对方向特性、极化特性和频率特性等进行专门设计。

4. 中间件

中间件是一种面向消息的、可以接受应用软件端发出的请求、对指定的一个或者多个读写器发起操作并接收、处理后向应用软件返回结果数据的特殊化软件。中间件在RFID应用中除了可以屏蔽底层硬件带来的多种业务场景、硬件接口、适用标准造成的可靠性和稳定性问题之外，还可以为上层应用软件提供多层、分布式、异构的信息环境下业务信息和管理信息的协同。中间件的内存数据库还可以根据一个或多个读写器的读写器事件进行过滤、聚合和计算，抽象出对应用软件有意义的业务逻辑信息构成业务事件，以满足来自多个客户端的检索、发布/订阅和控制请求。

5. 应用软件

应用软件是直接面向RFID应用最终用户的人机交互界面，协助使用者完成对读写器的指令操作及对中间件的逻辑设置，逐级将RFID原子事件转化为使用者可以理解的业务事件，并使用可视化界面进行展示。由于应用软件需要根据不同应用领域的不同企业进行专门制定，因此很难具有通用性。从应用评价标准来说，使用者在应用软件端的用户体验是判断一个RFID应用案例成功与否的决定性因素之一。

> **小讨论**
>
> 请登录广州华赫智能科技有限公司官网（www.zipiot.com.cn），查看华赫智能仓储机器人系统视频，讨论利用RFID技术会给仓储管理带来哪些好处。

（三）RFID技术的原理

1. RFID技术的运作流程

阅读器通过发射天线发送一定频率的射频信号，当电子标签进入发射天线工作区域时产生感应电流，电子标签获得能量被激活并将自身唯一识别码等信息通过卡内置发送天线发送出去。

系统接收天线接收到从电子标签发送来的载波信号，经天线调节器传送到阅读器，阅读器对接收的信号进行解调和解码，然后送到后台主系统进行相关处理。主系统根据逻辑运算判断该卡的合法性，针对不同的设定做出相应的处理和控制，发出指令信号控制执行机构动作。RFID 技术原理如图 5.2 所示。

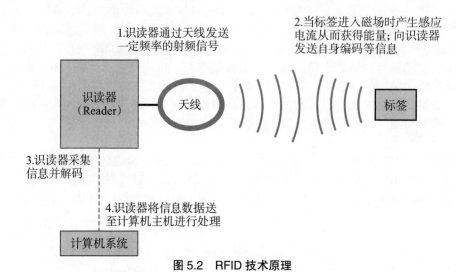

图 5.2　RFID 技术原理

一套完整的 RFID 系统解决方案包括标签设计及制作工艺、天线设计、系统中间件研发、系统可靠性研究、读卡器设计和示范应用演示几个部分。

2. RFID 技术的三层结构

（1）支撑层技术。支撑层技术主要是指 RFID 的芯片技术，包括标签芯片的设计工艺、加工工艺、封装工艺及天线的印刷工艺等，阅读器数字信号处理芯片的设计也不可忽视。应该说，支撑层技术实际上是 RFID 技术应用的原动力。

（2）基础层技术。基础层技术主要是指不同场景下的应用环境构造，包括标签信息的写入读出、对象捆绑、阅读器内部设计和嵌入式系统编程等。基础层技术也是 RFID 技术和市场应用的结合点和桥梁。

（3）应用层技术。应用层技术主要是指后台软件对信息的进一步分析、判断和处理，包括数据跟踪、数据挖掘和信息共享等内容，也是 RFID 技术跃升为"物联网"的重要前提之一。由于可以对标签内的信息进行重新写入，因此 RFID 不再是一个静态的货物标识，它反映了货物和货主之间的互动作用，并且 RFID 的动态作用又使得 RFID 技术和企业与社会之间能够保持联系。从这个意义上讲，RFID 技术代表了现代工业社会从生产、运输、销售到消费的全方位信息处理及服务过程，在这个过程中确定标准非常重要。标准定义了产品信息的编码规范，并为产品赋予一个排他的代码，这就是信息流的源泉。然后，这个代码被写入 RFID 标签中，并在未来反复被阅读器读出。如果阅读器没有和外部网络连接，那么信息流的传递到阅读器便告一段落，实现的是货品检查、简单销售等作用。在更多情况下，阅读器读出的信息流会传递到与之连接的互联网上，通过物联网的时空模型对其信息进行连续化，再以 Web 服务作为解决方案提供注册、搜寻、交换和使用该信息流的标准，并为产品 - 消费链提供高层信息的协同处理机制，实现物品跟踪、物流运输、资产管理、售后服务等作用。如果能够再进一步进行数据挖掘，还可以实现更加丰富的作用。在这个信息流传递的过程中，任何一个环节都需要标准，如描述阅读器和标签之间的交互标准 EPC（Electronic Product Code 的缩写，即产品电子代码）Tag Data Standards、描述阅读器和互联网之间的交互标准 PML Core Specification。

(四）电子标签的分类

1. 主动式标签和被动式标签

在实际应用中，标签必须供电才能工作，即使电量消耗是非常低。按照标签获取电能的方式不同，可以把标签分成主动式标签与被动式标签。主动式标签内部自带电池进行供电，电能充足，工作可靠性高，信号传送的距离远。另外，主动式标签可以通过设计电池的不同寿命对标签的使用时间或使用次数进行限制，可以用在需要限制数据传输量或者使用数据有限制的地方。主动式标签的缺点主要是标签的使用寿命受到限制，而且随着标签内电池电力的消耗，数据传输的距离会越来越小，影响系统的正常工作。

被动式标签内部不带电池，要靠外界提供能量才能正常工作。被动式标签产生电能的装置是天线与线圈，当标签进入系统的工作区域时，天线接收到特定的电磁波，线圈就会产生感应电流，经过整流电路给标签供电。被动式标签具有永久的使用期，常常用在标签信息需要每天读写或频繁读写多次的地方，而且被动式标签支持长时间的数据传输和永久性的数据存储。被动式标签的缺点主要是数据传输的距离要比主动式标签小，因为被动式标签依靠外部的电磁感应供电，电能比较弱，数据传输的距离和信号强度受到限制，需要敏感性比较高的信号接收器（阅读器）才能可靠识读。

2. 只读标签与可读可写标签

根据内部使用存储器类型的不同，标签可以分成只读标签与可读可写标签。只读标签内部只有只读存储器（Read Only Memory，ROM）和随机存储器（Random Access Memory，RAM）。ROM 用于存储发射器操作系统说明和安全性要求较高的数据，它与内部的处理器或逻辑处理单元完成内部的操作控制功能，如响应延迟时间控制、数据流控制、电源开关控制等。另外，只读标签的 ROM 中还存储有标签的标识信息。这些信息可以在标签制造过程中由制造商写入 ROM，也可以在标签开始使用时由使用者根据特定的应用目的写入特殊的编码信息。这种信息可以只简单地代表二进制中的"0"或者"1"，也可以像二维条形码那样，包含丰富的信息，但这种信息只能一次写入、多次读出。只读标签中的 RAM 用于存储标签反应和数据传输过程中临时产生的数据。只读标签中除了 ROM 和 ROM 外，一般还有缓冲存储器，用于暂时存储调制后等待天线发送的信息。可读可写标签内部的存储器除了 ROM、RAM 和缓冲存储器之外，还有非活动可编程记忆存储器。这种存储器除了存储数据功能之外，还具有在适当的条件下允许多次写入数据的功能。非活动可编程记忆存储器有许多种，EEPROM（电可擦除可编程只读存储器）是比较常见的一种，这种存储器在加电的情况下，可以实现对原有数据的擦除及数据的重新写入。

（五）RFID 系统的分类

RFID 系统根据使用工作频率的不同，可以分为低频（30～300kHz）、高频（3～30MHz）、超高频（300～960MHz）及微波（2.45GHz 以上）4 类。

对一个 RFID 系统来说，它的频段概念是指读写器通过天线发送、接收并识读的标签信号频率范围。从应用概念来说，射频标签的工作频率也就是射频识别系统的工作频率，直接决定系统应用的各方面特性。在 RFID 系统中，系统工作就像平时收听调频广播一样，射频标签和读写器也要调制到相同的频率才能工作。射频标签的工作频率不仅决定着射频识别系统工作原理（是电感耦合还是电磁耦合）、识别距离，而且决定着射频标签及读写器实现的难易程度和设备成本。不同频段的 RFID 系统的优缺点见表 5-1。

表 5-1　不同频段 RFID 系统的优缺点

工作频段	优　点	缺　点
低频	技术简单，无频率限制 受环境影响较小	通信速率低，工作距离短（小于 10cm），天线尺寸大
高频	与低频相比有较高的通信速率和较长的工作距离	距离不够远（最大 75cm） 天线尺寸大，受金属材料影响较大
超高频	工作距离长（大于 1m），天线尺寸小，可绕开障碍物，无须视线接触，可定向识别	各国都有不同的频段管制，对人体有伤害，发射功率受限制，受某些材料影响较大
微波	除具有超高频标签的优点外，还具有更高的带宽和通信速率、更长的工作距离和更小的天线尺寸	共享此频段产品多，易受干扰，技术复杂，对人体有伤害，发射功率受限制，受某些材料影响较大

案例分析

在深圳会展中心召开的"2016 深圳国际物联网与智慧中国博览会"上，深圳市远望谷信息技术股份有限公司（简称"远望谷"）将首次展示为全球服饰零售行业量身定制的整体解决方案及其配套产品与服务，包括供应链和门店管理、标签打印和数据管理。

远望谷服饰零售业供应链和门店管理解决方案是市场上的一套较强大的单品级 RFID 应用整体解决方案。该方案针对服饰品牌商与零售商的业务流程开发，采用尖端的物联网技术和大数据架构，是一个端到端的单品级供应链与门店管理解决方案，旨在帮助全球大型服饰品牌商克服业务挑战，以满足快节奏的全球采购需求。

远望谷自进入国际零售市场以来，已为沃尔玛、梅西百货、英国玛莎百货等国际零售品牌提供标签产品。一些合作商认为，远望谷是一个值得信赖的全球解决方案合作伙伴，提供全球领先的一站式服饰零售产品与服务解决方案，可以促成企业无缝对接"零售革命 3.0"。

远望谷聚焦铁路、图书、零售三大战略性行业。其中，在铁路市场方面，已建成的中国铁路车号自动识别系统是较早的物联网工程，使中国铁路运输的管理水平一跃进入世界先进行列；在图书市场方面，远望谷拥有全球图书馆客户超 1600 家，世界排名前列。此次远望谷首度亮相针对全球服饰零售业的整体解决方案，将物联网、大数据分析等更多先进技术与客户需求相结合，开启"零售革命 3.0"时代，将再度创新技术、引领商业变革。

（资料来源：http://www.iotworld.com.cn/html/News/201608/6bd7516c42e45fa3.shtml，有改动）

分析并讨论：
（1）回想并描述一下你的购物经历，介绍哪家零售店已经采用了 RFID 技术。
（2）请分析总结一下 RFID 技术给零售业带来的好处。

二、RFID 技术的优势及面临的问题

（一）RFID 技术的优势

1. 快速扫描

条形码扫描器一次只能扫描一个条形码，RFID 阅读器可同时辨识读取数个 RFID 标签。传统条形码技术的信息处理是一物一扫，而 RFID 系统可以批量扫描，极大提高了效率。以流通行业的"一打三扫"为例，传统条形码技术只能一件一扫，而且经过其他工序时，还得一件件重复地扫描和搬运。使用 RFID 系统，可以几十件一扫，一个电子标签可以贯穿从工业入库到商业分拣的全过程，几道工序无须搬运，可以几十倍、上百倍地节约时间。

2. 体积小、形状多样化

RFID 在读取上并不受尺寸大小与形状限制，不需要为了读取精确度而配合纸张的固

定尺寸和印刷品质。此外，RFID 标签更可往小型化与多样形态发展，以应用于不同产品。

3. 抗污染能力和耐久性好

传统条形码的载体是纸张，因此容易受到污染，而 RFID 对水、油和化学药品等物质具有很强抵抗性。此外，由于条形码是附于塑料袋或外包装纸箱上，所以特别容易受到折损；又由于 RFID 卷标是将数据存在芯片中，所以可以免受污损，可以防水、防磁、耐高温等。

4. 可重复使用

条形码印刷上去之后就无法更改，RFID 标签则可以重复地新增、修改、删除 RFID 卷标内储存的数据，方便信息的更新。传统条形码技术只储存一种货物信息，当货物实现销售后，即失去用途，而 RFID 系统可以重复使用，电子标签的使用寿命长，安全性能好。

5. 穿透性和无屏障阅读（读取距离大）

在被覆盖的情况下，RFID 能够穿透纸张、木材和塑料等非金属或非透明的材质，并能够进行穿透性通信。而条形码扫描机必须在近距离且没有物体阻挡的情况下，才可以辨读条形码。RFID 技术可以在几米甚至几十米远的地方读取数据，还可透过包装箱直接读取信息。

6. 数据的记忆容量大

一维条形码的容量是 50 字符，二维条形码最大的容量可储存 3000 字符，而 RFID 最大的容量则有数兆。随着记忆载体的发展，数据容量也有不断扩大的趋势。传统条形码技术一物一码，信息含量少，而 RFID 系统可以做到多物多码同时容纳在电子标签里。以卷烟运输为例，一个条形码可以储存 1 件烟的信息，而将货物以托盘为基本数字化管理单位，在托盘上嵌入一个电子标签，则可解决 30 件烟的相关数据储存。

7. 安全性高（标签上的数据可以加密）

由于 RFID 承载的是电子式信息，其数据内容可经由密码保护，所以不易被伪造及变造。

（二）RFID 技术对现代物流运作的影响

现代物流是传统物流发展的高级阶段，以先进的信息技术为基础，注重服务、人员、技术、信息与管理的综合集成，是现代生产方式、现代经营管理方式、现代信息技术相结合在物流领域的体现。它强调物流的标准化和高效化，以相对较低的成本提供较高的客户服务水平。快速、实时、准确的信息采集和处理是实现物流标准化和高效化的重要基础。RFID 技术的应用将对现代物流运作与管理产生重大影响。

1. 增加供应链的可视性，提高供应链的适应性能力

通过在供应链全过程中使用 RFID 技术，从商品的生产完成到零售商再到最终用户，商品在整个供应链上的分布情况及商品本身的信息，都完全可以实时、准确地反映在企业的信息系统中，大大增加了企业供应链的可视性，使得企业的整个供应链和物流管理过程都将变成一个完全透明的体系。快速、实时、准确的信息使得企业乃至整个供应链能够在最短的时间内对复杂多变的市场做出快速的反应，提高供应链对市场变化的快速反应能力。

2. 降低库存水平，提高库存管理能力

现代物流管理以降低成本和提高服务水平为主要目的。库存成本是物流成本的重要组成部分，因此降低库存水平成为现代物流管理的一项核心内容。将 RFID 技术应用于库存管理中，企业能够实时掌握商品的库存信息，从中了解每种商品的需求模式及时进行补货，结合自动补货系统及供应商管理库存（VMI）解决方案，提高库存管理能力，降低库存水平。

3. 可以优化对物流设施设备的管理

在物流设施设备管理中使用 RFID 技术，对叉车、运输车辆等设备的生产运作过程都通过标签化的方式进行实时的追踪，便可以实时地监控这些设备的使用情况，实现对企业资产的可视化管理，有助于企业对其整体资产进行合理的规划应用。

4. 加快企业信息化进程，提高客户服务水平

信息化是现代物流的主要特征及其发展趋势。RFID 技术的使用，能加快企业信息化进程，促进企业内部各部门间的信息共享，使得企业能够更有效地整合其业务流程，提高对市场变化的快速反应能力。与此同时，企业能够为客户提供准确、实时的物流信息，并能降低运营成本，为客户提供个性化服务，大大提高了企业的客户服务水平。

（三）RFID 技术的发展现状

1. RFID 技术发展的历程

RFID 技术的发展最早可以追溯至第二次世界大战时期，那时它被用来在空中作战行动中进行敌我识别。从历史上看，RFID 技术的发展基本可按 10 年期划分为以下几个阶段：

（1）1941—1950 年。雷达的改进和应用催生了 RFID 技术，1948 年哈里·斯托克曼发表的《利用反射功率的通信》奠定了 RFID 技术的理论基础。

（2）1951—1960 年。早期 RFID 技术的探索阶段，主要处于实验室实验研究。

（3）1961—1970 年。RFID 技术的理论得到了发展，开始了一些应用尝试。

（4）1971—1980 年。RFID 技术与产品研发处于一个大发展时期，各种 RFID 技术测试得到加速，出现了一些最早的 RFID 技术应用。

（5）1981—1990 年。RFID 技术及其产品进入商业应用阶段，各种规模应用开始出现。

（6）1991—2000 年。RFID 技术标准化问题日趋得到重视，RFID 产品得到广泛采用，逐渐成为人们生活中的一部分。

（7）2001 年至今。RFID 产品种类更加丰富，有源电子标签、无源电子标签及半无源电子标签均得到发展，电子标签成本不断降低，应用行业规模扩大。

从上可以看出，RFID 技术并不是一个崭新的技术。从分类上看，经过多年的发展，13.56MHz 以下的 RFID 技术已相对成熟，目前业界最关注的是位于中高频段的 RFID 技术，特别是 860～960MHz（UHF 频段）的远距离 RFID 技术发展最快；而 2.45GHz 和 5.8GHz 频段由于产品拥挤、易受干扰、技术相对复杂，其相关的研究和应用仍处于探索的阶段。

2. 全球 RFID 产业发展现状

从全球来看，美国已经在 RFID 标准的建立、相关软硬件技术的开发和应用领域走在世界的前列。欧洲 RFID 标准追随美国主导的 EPCglobal 标准，但在封闭系统应用方面，欧洲和美国基本处在同一阶段。日本虽然已经提出 UID 标准，但主要得到的是本国厂商的支持，如要成为国际标准还有很长的路要走。韩国虽然对 RFID 给予了高度重视，但至今在 RFID 标准方面仍模糊不清。

（1）美国 RFID 产业发展现状。

在产业方面，TI、Intel 等美国集成电路厂商都在 RFID 领域投入巨资进行芯片开发，如 Symbol 等已经研发出同时可以阅读条形码和 RFID 的扫描器，IBM、微软和 HP 等也在积极开发相应的软件及系统来支持 RFID 的应用。美国的交通、车辆管理、身份识别、生产线自动化控制、仓储管理及物资跟踪等领域已经开始应用 RFID 技术。在物流方面，美国已有很多家企业承诺支持 RFID 应用，包括沃尔玛、吉列、强生、宝洁等。

（2）欧洲 RFID 产业发展现状。

在产业方面，欧洲的 Philips、STMicroelectronics 在积极开发廉价 RFID 芯片；

Checkpoint 在开发支持多系统的 RFID 识别系统; SAP 则在积极开发支持 RFID 的企业应用管理软件。在应用方面,欧洲在交通、身份识别、生产线自动化控制、物资跟踪等封闭系统和美国基本处在同一阶段,目前,欧洲许多大型企业纷纷进行 RFID 的应用实验。例如,英国的零售企业 Tesco 最早于 2003 年 9 月结束了第一阶段试验,试验由该公司的物流中心和英国的两家商店进行,主要对物流中心和两家商店之间的包装盒及货盘的流通路径进行追踪,使用的是 915MHz 频带。

(3) 日本 RFID 产业发展现状。

日本在电子标签研究领域起步较早,也将 RFID 作为一项关键的技术来发展。例如,MPHPT 在 2004 年 3 月发布了针对 RFID 的《关于在传感网络时代运用先进的 RFID 技术的最终研究草案报告》,称 MPHPT 将继续支持测试在 UHF 频段的被动及主动的电子标签技术,并在此基础上进一步讨论管制的问题; 2004 年 7 月,日本经济产业省选择包括消费电子、书籍、服装、音乐 CD、建筑机械、制药和物流在内的七大产业进行 RFID 应用试验。从近年来日本 RFID 动态来看,和行业应用相结合的基于 RFID 技术的产品和解决方案开始集中出现,这为 2005 年 RFID 在日本应用的推广,特别是在物流等非制造领域的推广,奠定了坚实的基础。

(4) 韩国 RFID 产业发展现状。

韩国主要通过国家的发展计划,联合企业的力量来推动 RFID 的发展,即主要是由产业资源部和情报通信部来推动 RFID 的发展计划。韩国提出 IT839 计划以来,RFID 的重要性得到了进一步加强。虽然韩国在 RFID 的开发和应用领域乏善可陈,但在政府的高度重视下,关于 RFID 的技术开发和应用试验正在快速开展。韩国也出现了将 RFID 引入开放系统的趋势,2005 年 3 月,韩国政府耗资新建技术中心,主要从事电子标签技术包括 RFID 的研发及生产,以帮助韩国企业快速确立在全球 RFID 市场的主流地位。

3. RFID 技术在我国的应用与发展

(1) RFID 的市场需求已形成规模,而且市场规模将继续快速扩大。

(2) 高频应用在 RFID 市场中的主流地位短期内不会改变,超高频应用初步呈现加速发展的良好前景。我国 RFID 主要应用在 13.56MHz 的高频频段,这种状况在短期内还将持续。一是高频技术成熟且标准在世界范围内得到统一,使得高频技术在推广时就容易被用户接受;二是从我国 RFID 的主要应用环境来看,电子票证、门禁系统及移动支付是我国 RFID 最大的应用市场,这些领域对 RFID 标签与读写机具的工作距离普遍要求较短,数据传输依靠的是近距离的感应耦合,不一定需要远距离电磁波传输,处在 13.56MHz 的高频段就可以完成读写任务。随着我国《800/900MHz 频段射频识别技术应用规定》的发布,规划了 UHF 频段 RFID 技术的具体使用频率,国内一些企业在 UHF 频段 RFID 标签芯片的研制上已经取得一些突破。从产品与技术的角度及应用的拓展来看,最值得关注的是政府各主管部门更重视 UHF 的技术及产品的研发和应用开拓,UHF 市场呈现加速发展的势头。

(3) 在政府、行业组织和企业的共同努力下,通过国家信息化重大工程(金卡工程)建设,引导众多行业开展了 RFID 应用试点、培育了市场,RFID 产业进入初创期。

(4) 我国 RFID 的产业链初步形成。对于低频和高频领域,国内产业链已发展得较为成熟。在高频领域,国内厂商在产品精度和性能稳定性上均已达到国际水平,但芯片工艺技术基本达到国外水平。在超高频领域,国内产业链还处于一个逐渐成熟的阶段。国内做超高频的企业还为数不多,应用的案例也不多,虽然已经开始有一些成熟的产品,制造工艺也在不断提升与改进,但依然还存在许多技术的空白点,需要进行攻关,有关标准也需要进一步完善,外商目前在核心技术领域依旧占据着主导地位。对于微波领域,企业还多处于研发的阶段，成熟的产品和批量化的产品都比较少，整个产业链还处于不太成熟的阶段。

（5）RFID 的服务体系初步形成，我国已成立国家电子标签产品检测检验中心、频率测试中心、国家金卡工程 RFID 互操作检测中心、金卡工程智能卡安全检测中心，还成立了中国射频识别基准测试联盟、国家金卡工程多功能卡应用联盟，相关的 RFID 实验室和基地已经建立起来了。中国 RFID 产业联盟设立了海尔开放实验室成立、南京三宝 RFID 应用示范基地。

（6）在政府的积极推动下，国内 RFID 应用领域和市场范围快速拓展，应用试点向行业规模化应用及国际化的开环应用拓展，跨行业和地区的综合性应用将逐步启动，拥有自主知识产权及核心技术的国内厂商数量将逐步增加。RFID 与新技术的融合将会衍生出更多的商业模式，商品防伪与认证结合手机移动支付将是未来 RFID 最大的市场，利用 RFID 进行人与物的动态、实时定位将成为未来的主流应用之一。

拓展阅读

请登录在线精品开放课程，了解 RFID 技术在多个领域的应用场景、解决的问题及发挥的优势。

（四）RFID 技术面临的问题

尽管应用前景美好，但目前 RFID 的应用仍然面临着一些困难，其中的几个关键问题是成本、标准和技术。

1. 成本

RFID 推广应用的"瓶颈"之一，就是电子标签的价格相对较高（相对条形码标签而言）。有人开玩笑说，如果想要一家企业难堪，只要问它一个问题足矣，这就是成本。市场对于标签成本的追求总是没有尽头，一降再降，也许还会更低。

对于不同功率及不同性能的 RFID 系统，其读写距离不同，电子标签产品价位也大不相同。在我国 RFID 公司生产的产品中，低频无源电子标签价格约为 2 元 / 张，中频无源电子标签价格大约为 4 元 / 张，高频无源电子标签产品目前尚未出现。在国外企业中，TI 公司的 RFID 产品的性能走在了同类产品的前列，目前能够提供的远距离无源低频电子标签的最低售价为 25 美分左右，其最远读写距离能达到 1m 左右。虽然有关公司声称，当 RFID 大规模应用后，电子标签价格能够降到 5 美分左右，但如果加上阅读器及后端软件系统，RFID 系统的投入相对条形码系统要高得多。由此可以看出，成本是影响 RFID 技术推广的重要因素之一，但它不是唯一因素，无论是国家政策导向还是企业自身发展都要意识到这一点，如果等到标签成本降到几分钱人民币的时候再投入，机会就已经错过。

2. 标准

标准之争也就是利益之争，甚至可以说是国家利益之争。标准的确定不仅仅依赖于技术层面问题的解决，更依赖于各方面力量的协调。到目前为止，各个 RFID 企业所采用的大多是专有技术，所使用的频率、编码、存储规则及数据格式等都不尽相同。阅读器和标签不能通用，企业和企业之间就无法顺利进行数据交换和协同工作，从而把 RFID 技术的应用范围局限在某家企业的内部。

要实现"物联网"的构想，就必须制定一个和互联网相类似的、详细的、统一规范且开放的技术标准。国外几种标准之间的明争暗斗，也使得我国 RFID 国家标准工作组左右为难。美国使用 915MHz，欧盟要求 868MHz，而日本定为 950～956MHz，我国标准则还是一个未知数。也许为了和国际兼容，还要考虑一个多频技术的问题。但是，这势必又将提高芯片的成本，产生新的问题。正是因为国际上存在这些不确定因素，所以我国国家标准迟迟无法揭开面纱，而 EPC 和 RFID 政策白皮书也仍处在观望阶段。

从某种角度上说，一个标准就是其所在领域内的"宪法"，具有至高的权威和法律效力。一方面，其他的法律法规性文件，都必须以"宪法"为依据，不得和"宪法"相抵触；另一方面，宪法的原则精神也只有通过普通法律法规的具体化才能有效实施。这就涉及标准背后一个不为人所注意的环节，即对建立一套技术评测体系的需求。建立这样一套体系的意义有三：一是在于通过分析测试环境，对RFID技术进行详细的评测，同时收集现有RFID系统在各种不同应用环境下的基本数据及存在问题，并指明进一步技术攻关的方向；二是将分析测试环境直接和典型行业应用相结合，向全行业展示应用解决方案；三是成为一个RFID的标准验证平台供我国国家标准的设计、校验和评估应用。

3. 技术

在短时间内，技术上是不易取得突破的，但和前面的成本问题和标准问题相比，它又是最容易突破的，如标签的制作工艺、射频传输距离、读出数据识别率、中间件、设备小型化等方面，前期的工作都已经打下了一定的基础。应该说，现在的资金投入已经可以取得回报，虽然在RFID电子标签的单项技术上已经趋于成熟，但在集成应用中还需要攻克大量的技术难题。

还有一个问题就是识别率。不同性质的物品对无线电信号的干扰是不同的，通常来说，纸质产品、木质产品、农产品等对电磁信号的影响很小，在这种情况下，RFID标签的准确识别率可以达到90%以上。但是，由于液体和金属制品等对无线电信号的干扰很大，RFID标签的准确识别率目前只有80%左右，离"放心使用"的要求相去甚远，离大规模实际应用所要求的成熟程度尚有一定差距。

这些问题的解决，不仅需要技术人员的进一步攻关，而且需要研究开发一套先进的、有典型情景的技术测试平台和完整的示范应用框架，为科技人员的技术开发和产品验证服务。无论是技术还是应用，实际上都是环环相扣，推动产业的全面发展需要考虑很多方面。正如相关人士所认为，和传统产业相比，世界各国在新型产业技术上的差距不大，重要的是协调发展问题，任何一个环节的停滞都会影响整个产业的发展。人们在进一步研究RFID相关技术、推动RFID行业应用的同时，更要注重RFID的产业布局。

拓展阅读

EPC系统是在互联网技术和RFID技术的基础上，利用全球统一标识系统编码技术为每一个实体对象生成唯一代码，构造实现全球物品信息实时共享的物联网。它将成为继条形码技术之后出现的又一项变革商品零售结算、物流配送及产品跟踪管理模式的新技术。

EPC系统的核心是数据采集、数据跟踪、数据挖掘、信息共享。我国将数据资源建设和信息共享作为信息化发展的核心问题来看待，制定了一些规划，目的就是推动数据目录和数据交换体系的建设。

需要注意的是，EPC系统并不能完全等同于RFID系统。前者是一个复杂、全面、综合的系统，包括RFID标签、EPC编码、互联网络、通信协议等，后者只是其中的一个组成部分。而EPC系统只是RFID技术的应用领域之一，也只有特定的低成本RFID标签才适合EPC系统。通过进一步扩展基于无线射频原理的其他应用方向，还可以在诸如传感器网络、射频存储等领域开展有效的工作，但无论是EPC系统还是RFID技术，都距离全面走向市场还有一段路程。

（资料来源：http://www.hightonesys.com/rfid/cb-epc-rfidvsepc.htm，有改动）

案例分析

RFID智能交通管理系统的工作原理是：在系统工作过程中，阅读器先通过天线发送加密数据载波信号到动车上固化的电子标签（也就是所谓的应答器），应答器的工作电路被激活之后，再将载有车辆信息的加密载波信号发射出去，此时阅读器便依序接收解读数据，送给应用程序做相应的处理，完成预设的系统功能和自动识别，实现车辆的自动化管理。

1. 应用范围
(1) 在机动车辆证照管理业务上的应用。
(2) 在交通流检测及交通违章取证上的应用。
(3) 在交通意外救援和特殊车辆监控上的应用。
(4) 在不停车收费中的应用。
(5) 在测速上的应用。

2. 成功案例
(1) 铁路总公司在中国铁路车号自动识别系统建设中,推出了完全拥有自主知识产权的远距离自动识别系统。过去,国内铁路车头的调度都是靠人工进行,不仅费时费力还不够准确,而且造成资源极大浪费。在采用RFID技术以后,实现了统计的实时化、自动化,降低了管理成本,提高了资源利用率。
(2) 武汉市推出城市路桥不停车收费(Electronic Toll Collection,ETC)系统集成项目。车辆首先申请安装电子标签和IC卡,在通过路桥隧道前,驶入ETC专用车道,系统会自动识别,计算车辆行驶费用,直接从IC卡上扣除通行费。交易完成后,车道电动栏杆自动升起,放行车辆。

(资料来源:http://www.100ec.cn/detail--5253578.html,有改动)

分析并讨论:
(1) 在武汉市ETC系统中,阅读器、电子标签和天线分别安装在什么位置?
(2) 电子标签携带的信息包括哪些?

任务2　RFID技术在增值物流业务运作中的应用

一、RFID技术优化仓储作业管理

(一) 仓储管理RFID系统的组成

在仓储作业管理中,RFID系统由后台数据库管理系统、RFID标签发行系统和RFID标签识别采集系统组成。这几个系统互相联系,共同完成物品仓储管理的各个作业流程。后台数据库管理系统是整个系统的核心,RFID识别采集是实现管理功能的基础和手段。后台数据库管理系统负责与手持机通信,将手持机上传的数据转换并插入后台业务仓储管理系统的数据库中,对标签管理信息、采集的标签信息进行储存和处理。RFID标签发行系统负责完成库位标签、物品标签、箱标签的信息写入和标签表面信息打印工作。RFID标签识别采集系统可通过手持机或固定位置终端采集标签信息,完成标签数据的存储,并通过RFID中间件与管理中心进行数据的交换。仓储管理RFID系统如图5.3所示。

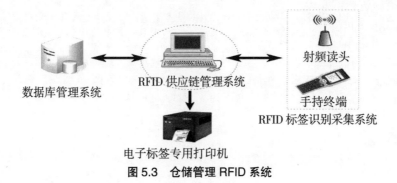

图5.3　仓储管理RFID系统

（二）RFID 系统运作流程

（1）供应商登记。商品供应商持特制的 RFID 供应商卡在仓库进口处进行登记，仓库管理员操作工作计算机终端，在供应商刷卡后显示出该供应商的计算机档案资料，如企业简况、资质条件、质量状况、信誉记录等，并以快捷方式确认该供应商的身份。

（2）制发 RFID 标签。在商品入库之前，先录入商品入库收货单信息，并制作 RFID 电子标签，对每批（或箱或件）产品都建立 RFID 电子标签来标识。该电子标签产生唯一的码序列号，每个电子标签对应产品的相关信息有产品的品名、规格、数量、入库日期、出库日期及保质期等。通过这个步骤，可以完成商品初始信息的采集。

（3）准进货区验货。在特殊指定的"准进货区"，由仓库管理员按商品入库收货单照单验货，若准确无误，就将 RFID 电子标签贴（或挂）在商品上，并准予入库。

（4）商品进库。商品在进仓库入口时，需通过设置在仓库入口的门式读写器读入 RFID 标签编码。凡是经过门式读写器读记录的商品，会自动在计算机数据库里产生入库记录。

（5）商品分区放置。商品入库后，应按规定的区域分区整齐放置，以便仓库管理员随时查询、查找，也便于设置在仓库商品区内的读写器自动盘点库存。

（6）商品盘点。在整个仓库管理中，仓库管理员可通过设置在仓库商品区内的读写器随时盘点仓库，自动生成盘点单据，使盘点工作方便快捷。当库存数量不满足一定数量的时候，系统可报警提示。盘点时不需要人工的检查，更加快速准确，减少了损耗，降低了人力成本；而且，可提供有关库存情况的准确信息，管理人员可由此快速识别并纠正低效率运作情况，从而实现快速供货，最大限度地减少储存成本。

（7）商品查询。仓库管理员可通过手持式读写器随时查找所需要的商品，查询某商品的具体信息，如保质期、入库日期、箱（包或件）内数量等。

（8）按出库单拣货。仓库管理员在接到商品出库领货单时，按单找出并清理好与出库领货单一致的商品，放在手推车上，准备出库。为了快速办理出库，可借助手持式读写器查找，以节省人力、提高效率。

（9）商品出库。商品在出仓库出口时，需通过设置在仓库出口的门式读写器读入出库商品的 RFID 标签编码。凡是经过门式读写器读记录的商品，会自动在计算机数据库里产生出库记录，并生成出库单。当商品出库时，系统库存自动减少，因此库存只能通过重新入库或者出库更改，否则无法改变。

（10）准出货区验货。在特殊指定的"准出货区"，由仓库管理员按商品出库领货单照单做最后的验货，以保证发货的准确性，以免造成难以挽回的损失。若发现错误，可及时采取补救措施进行纠正。

（11）发货。当仓库管理员确认发货准确无误时，将贴（或挂）在商品上的 RFID 电子标签收回，以便仓库管理重复使用。

上述出库程序实施完毕，若准确无误，就准予出库。RFID 系统整个作业流程如图 5.4 所示。

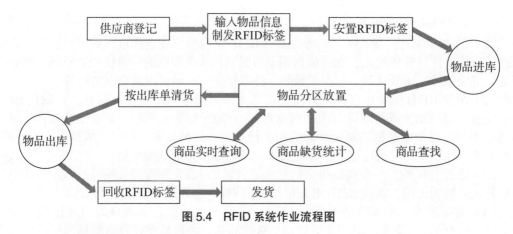

图 5.4　RFID 系统作业流程图

二、RFID 技术在集装箱管理中的应用

（一）系统组成

集装箱管理 RFID 系统包括发卡器、读写器、电子标签（集装箱电子标签和拖车电子标签）、天线、车载阅读器系统、中央监控中心系统、工厂出口监测子系统、堆场集装箱管理子系统。下面主要介绍后三者。

（1）中央监控中心子系统。监控其他子系统运作，与其他子系统进行信息交互。进行集装箱信息管理和托运车辆信息管理、数据统计与分析，进行运费结算，向客户提供集装箱信息查询服务。

（2）工厂出口监控子系统。监测和记录出厂集装箱的信息、托运车辆的信息、发生时间、操作人员等，统计分析各种集装箱的出厂情况。

（3）堆场集装箱管理子系统。监测和记录经过闸口的集装箱信息、对应的拖运车辆信息、事件发生时间、操作人员等信息，对堆场集装箱堆放位置信息进行管理，迅速准确查找集装箱状态。该系统具有形象的二维集装箱堆场地图和放箱、找箱功能。

（二）工作流程

（1）集装箱车间写卡。当制造好的成品集装箱下生产线时，通过系统软件和写卡器把对应的集装箱信息如集装箱代码写入空白电子标签，将写好代码的标签吸附到集装箱上，由生产厂的堆高车阅读器系统确认集装箱箱号后出厂。

（2）集装箱出厂识读。确认出厂集装箱将由拖车运出生产厂前往堆场，安装在工厂出口的阅读器读取集装箱标签信息和拖车信息（如果标签读取失败，可由出口监控点工作人员手工输入箱号）并传输到出厂监控子系统中，再由该系统通过互联网上传到中央监控子系统中。

（3）堆场闸口入口识读。在集装箱进入堆场闸口时，堆场入口闸口上的阅读器读取集装箱和车辆标签，将车辆信息、集装箱信息及其匹配关系、到达时间等保存到堆场管理子系统中，同时上传到中央子系统。

（4）堆场放置/提取集装箱。集装箱入堆场后，由堆高车系统按照中央子系统分配的堆放位置放置集装箱。车载阅读器对抓取的集装箱的信息进行自动读取，数据通过无线数据传输与控制室中央数据库进行交互，验证后将集装箱堆放到系统图形所指示的位置。提取集装箱时，堆高车系统根据图形指示找到相应的集装箱，阅读器读取集装箱上的电子标签，验证为应提箱后将集装箱取下。

（5）集装箱运出堆场时。堆场出口的阅读器系统读取出场的集装箱和车辆标签，判断所运箱是否为应出场箱，确认后将车辆信息和箱信息进行匹配，将信息和出闸时间保存于本地数据库和中央数据库。如果集装箱信息读取成功，工作人员将标签取下回收，进入下一轮应用。由于在集装箱厂门口、堆场出入口等关键点装有阅读器，能实现不停车动态读取标签，加快了下线产品的出厂、运输、堆场存储速度，提高了信息采集的准确率，减少了工作人员在恶劣环境下的手工作业。

三、RFID 技术与条形码技术的应用比较

RFID 电子标签与条形码，从概念上来说，两者很相似，目的都是快速准确地确认追踪目标物体；从技术上来说，它们是两种不同的技术，有不同的适用范围，但有时会有重叠。两者之间最大的区别在于，条形码是"可视技术"，扫描仪在人工指导下工作，只能接收它视野范围内的条形码；相比之下，射频识别不要求看见目标，电子标签只要在接收器的作用范围内就可以被读取。

条形码本身还有其他缺点，如果标签被划破、污染或脱落，扫描仪就无法辨认目标；条形码只能识别生产者和产品，并不能辨认具体的商品，贴在所有同一种产品包装上的条形码都一样，无法辨认哪些产品先过期；更重要的是，全世界每年生产超过 5 亿种商品，而全球通用的商品条形码，由 12 位排列出来的条形码号码资源已接近枯竭。而电子标签即使看不见，也可以方便地读写，可以在多种复杂环境中工作，可以容易地以不同形式嵌入或者附着在不同的产品上；而且，具有更远的读写距离、三维的读写方式、更大的存储容量，有密钥保护，更安全，且不易伪造。

除此之外，两者还有以下区别：

（1）有无写入信息或更新内存的能力。条形码的内存不能更改，而电子标签不像条形码，其特有的辨识器不能被复制。

（2）标签的作用不仅仅局限于视野之内，因为信息是由无线电波传输，而条形码必须在视野之内。由于条形码成本较低，具有完善的标准体系，所以已经被普遍接受。从总体来看，射频技术只被局限在有限的市场份额之内。

（3）电子标签要比条形码贵得多，条形码的成本就是条形码纸张和油墨成本，而有内存芯片的电子标签价格较高。但是，没有内置芯片的标签价格相对较低，可以用于对数据信息要求不高的情况，同时又具有条形码不具备的防伪功能。

条形码与 RFID 的功能比较见表 5-2，人工登录、条形码与 RFID 处理速度的比较见表 5-3。

表 5-2 条形码与 RFID 的功能比较

功 能	条形码	RFID 电子标签
读取数量	一次一个	一次多个
读取方式	直视标签，读取时需要光线	不需要特定方向与光线
读取距离	约 50cm	1～10m（依频率与功率而定）
数据容量	储存数据的容量小	储存数据的容量大
读写能力	条形码数据不可更新	电子数据可以反复被覆盖（R/W）
读取方便性	读取时须清楚可读	标签隐藏于包装内同样可读
数据正确性	人工读取，会增加丢失机会	可自动读取数据以达追踪与保全

续表

功　能	条形码	RFID 电子标签
抗污性	条形码污染则无法读取信息	表面污损不影响数据读取
不正当复制	方便容易	非常困难
高速读取	读取数据将限制移动速度	能高速读取资料
成本	低	高

表 5-3　人工登录、条形码与 RFID 处理速度的比较

数据量	1 笔	10 笔	100 笔	1000 笔
人工登录	10s	100s	1000s	2h47min
条形码扫描	2s	20s	200s	33min
RFID 识别	0.1s	1s	10s	1min40s

任务 3　RFID 技术与物联网

一、物联网的基本概念

（一）物联网的定义

物联网（Internet of Things）是指将各种信息传感设备，如 RFID 装置、红外感应器、全球定位系统、激光扫描器等种种装置与互联网结合起来而形成的一个巨大网络。物联网是由多学科高度交叉的新兴前沿研究热点领域，综合了传感器技术、嵌入式计算技术、现代网络及无线通信技术、分布式信息处理技术等，能够通过各类集成化的微型传感器进行实时监测、感知和采集各种环境或监测对象的信息，通过嵌入式系统对信息进行处理，并通过随机自组织无线通信网络以多跳中继方式将所感知的信息传送到用户终端。

为了更好地定义物联网、描述物联网的特征，我们将物联网与互联网各自的基本特征比较见表 5-4。

表 5-4　物联网、互联网的特征比较分析表

名　称	连接主体	信息采集	信息传输	信息处理	网络社会现状
物联网	人与物 物与物	自动	数字网络化	智能化	现实
互联网	人与人	人工	数字网络化	交换	虚拟

由表 5-4 可知，物联网与互联网有着显著的区别，同时也存在密切的联系，物联网是基于互联网之上的一种高级网络形态。物联网和互联网的共同点是：技术基础是相同的，即它们都是建立在分组数据技术的基础之上的。物联网和互联网的不同点是：用于承载物联网和互联网的分组数据网无论是网络组织形态，还是网络的功能和性能，对网络的要求都是不同的。互联网对网络性能的要求是："尽力而为"的传送能力和基于优先级的资源

管理，对安全、可信、可控、可管等都没有要求。物联网对网络的要求高得多，对实时性、安全可信性、资源保证性等都有很高的要求。

（二）物联网的原理

物联网是在互联网的基础上，利用 RFID、无线数据通信等技术，构造一个覆盖万事万物的实体连接网络。在这个网络中，物品（商品）能够彼此进行"交流"，而无须人工干预。其实质是利用 RFID 技术，通过互联网实现物品（商品）的自动识别和信息的互联与共享。

物联网中非常重要的技术是 RFID 技术。以简单的 RFID 系统为基础，结合已有的网络技术、数据库技术、中间件技术等，构筑一个由大量联网的阅读器和无数移动的标签组成的，比 Internet 更为庞大的物联网已成为 RFID 技术发展的趋势。而 RFID 技术，正是能够让物品"开口说话"的一种技术。在"物联网"的构想中，RFID 标签中存储着规范且具有互用性的信息，通过无线数据通信网络把它们自动采集到中央信息系统，实现物品（商品）的识别，进而通过开放性的计算机网络实现信息交换和共享，实现对物品的"透明"管理。

在信息化革命浪潮的背景下，物联网是信息技术移动泛在化的一个具体应用。物联网通过智能感知、识别技术与普适计算、泛在网络的融合应用，打破了之前的传统思维，人们可以实现无所不在的计算和网络连接。传统的思路一直是将物理基础设施和 IT 基础设施分开，一方面是机场、公路、建筑物，另一方面是数据中心、个人计算机、宽带等。而在"物联网"时代，钢筋混凝土、电缆将与芯片、宽带整合为统一的基础设施，在此意义上，基础设施更像是一块新的地球工地，世界就在它上面进行运转，其中包括经济管理、生产运行、社会管理乃至个人生活。"物联网"使得人们可以更加精细和动态的方式管理生产和生活，管理未来的城市，达到"智慧"状态，提高资源利用率和生产力水平，改善人与自然的关系。

（三）物联网的关键技术

技术是应用的基础，物联网要实现物与物之间的感知、识别、通信等功能，需要有大量先进技术的支持。物联网关键性的技术包括感知事物的传感器节点技术、联系事物的组网和互联技术、判别事物位置的全球定位系统、实现事物思考的应用技术及提高事物性能的新材料技术。

1. 传感器节点技术

传感器是一种物理装置或生物器官，能够探测、感受外界的信号、物理条件或化学组成，并将探知的信息传递给其他装置或器官。传感器节点技术的研究主要包括传感器技术、RFID 射频技术、微型嵌入式系统。其中，传感器技术是研究的重点，因为传感器节点技术是传感网信息采集和数据预处理的基础和核心，而传感器技术则是传感器节点技术的前提。随着材料、工艺等技术的进步，传感器已经实现了微型化、网络化、信息化，但是在某些领域，尤其是在传感器供电技术方面，相关的研究遇到了很大的阻力。因为传感器往往是依靠自身或者太阳能来进行供电的，而太阳能电池的供电效率及可靠性都无法满足要求，目前一个比较理想的途径是大力研究无线电能传输技术和高性能锂电池技术，定期对传感器进行远程充电，以大规模延长传感器的使用时间。

2. 组网和互联技术

传感器组网和互联技术是实现物联网功能的纽带，这一领域的主要研究方向包括构建新型分布式无线传感网络组网结构，基于分布式感知的动态分组技术，实现高可靠性的物联网单元冗余技术，无缝接入、断开和网络自平衡技术。

一个高效的物联网是由数以万计的传感器节点构成的，而要使这些传感器能够相互协作，高效率的运行就必须有一个强大的组网和互联技术作为支撑。在节点过多时，关闭其中的某些节点以延长网络的可用时间，当某些传感器节点出现故障或者脱离网络时能够及时开启备用的节点，在保证整个网络各项功能满足要求的前提下尽可能地延长网络的使用时间。

3. 全球定位系统（GPS）

GPS是一种结合卫星及通信发展的技术，利用导航卫星进行测时和测距，从而实现物体的精确定位。GPS由3个部分组成：空间部分——GPS星座；地面控制部分——地面监控系统；用户设备部分——GPS信号接收机。GPS最主要的指标是定位的精度，其精度在民用领域为30m。为了打破GPS的垄断地位，各国都在争相发展全球定位系统，典型的例子有欧盟的"伽利略"卫星定位系统、俄罗斯的"格格纳斯"卫星定位系统及我国的"北斗"卫星定位系统。

4. 应用技术

物联网应用技术是根据具体的物联网应用要求，在传感器节点构成的网络基础上具体服务于特定行业或者实现特定功能的技术。按照具体的任务来分，物联网应用技术主要包括感知信息处理技术、系统软件、传感器应用抽象和标准化、应用软件及平台技术。物联网服务的行业领域极其广泛，这决定了物联网的工作平台必须具有极高的开放性。因此，系统软件、感知信息处理技术及传感器应用抽象和标准化将是研究的重点，也是为应用软件及平台技术打下坚实的基础。从目前的趋势来看，传感器系统软件将会走模块化设计的思路，并且寻求一种基于新型开放性互联平台的层次化系统解决方案，其他应用技术都将基于这个平台来研发。

5. 新材料技术

新材料是指那些新近发展或正在发展之中的具有比传统材料的性能更为优异的一类材料。为了进一步提高传感器的性能，新材料技术是不可或缺的。物联网新材料技术的研究主要包括使传感器节点进一步小型化的纳米技术、提高传感器可靠性的抗氧化技术、减小传感器功耗的集成电路技术。可以预见，随着新材料技术的发展，物联网系统器件会变得更小、能耗更低、可靠性更高。

（四）物联网的技术体系结构

虽然关于物联网的定义目前没有统一的说法，但物联网的技术体系结构基本形成了统一认识，分为应用层、网络层、感知层3个层次，如图5.5所示。

1. 应用层

应用层完成物品信息的汇总、协同、共享、互通、分析、决策等功能，相当于物联网的控制层、决策层。物联网的根本还是为人服务，应用层完成物品与人的最终交互，前面两层将物品的信息大范围地收集起来，汇总在应用层进行统一分析、决策，用于支撑跨行业、跨应用、跨系统之间的信息协同、共享、互通，提高信息的综合利用度，最大限度地为人类服务。其具体的应用服务又回归到前面提到的各个行业应用，如智能交通、智能医疗、智能家居、智能物流、智能电力等。

2. 网络层

网络层完成大范围的信息沟通，主要借助于已有的广域网通信系统，把感知层感知到的信息快速、可靠、安全地传送到地球的各个地方，使物品能够进行远距离、大范围的通信，以实现在地球范围内的通信。这相当于人们借助火车、飞机等公众交通系统，在地球范围内的交流。当然，现有的公众网络是针对人的应用而设计的，当物联网大规模发展之后，能否完全满足物联网数据通信的要求还有待验证。即便如此，在物联网的初期，借助已有公众网络进行广域网通信也是必然的选择，如同20世纪90年代中期在ADSL与小区宽带发展起来之前，用电话线进行拨号上网一样，它也发挥了巨大的作用，完成了其应有的阶段性历史任务。

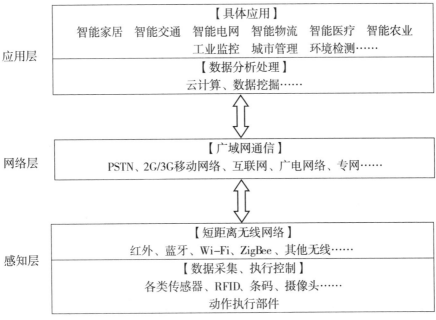

图 5.5 物联网的技术体系结构

3. 感知层

感知层是让物品说话的先决条件,主要用于采集物理世界中发生的物理事件和数据,包括各类物理量、身份标识、位置信息、音频、视频数据等。物联网的数据采集涉及传感器、RFID、多媒体信息采集、二维码和实时定位等技术。感知层又分为数据采集与执行、短距离无线通信两个部分。数据采集与执行主要是运用智能传感器技术、身份识别及其他信息采集技术,对物品进行基础信息采集,同时接收上层网络送来的控制信息,完成相应执行动作。这相当于给物品赋予了嘴巴、耳朵和手,既能向网络表达自己的各种信息,又能接收网络的控制命令,完成相应动作。短距离无线通信能完成小范围内的多个物品的信息集中与互通功能,相当于物品的脚。

二、物联网的应用

通过物联网应用,人类社会将实现方便和精确管理,极大地提高管理的效率和准确率,因此物联网的应用是不可阻挡的世界潮流。

1. 物联网中的信息流

图 5.6 所示的是物联网的应用原理:首先是从现实世界获取相关信息,然后通过网络将信息传递至智能运算部件,经过信息处理与加工后,再将结果信息传输到相应部件,最后信息重返现实世界,驱动相应部件做出指定的操作。

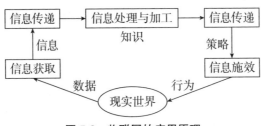

图 5.6 物联网的应用原理

2. 物联网的应用范围

物联网用途广泛，遍及国防和安全、能源和公共事业、交通运输、建筑自动化、生产和制造等领域，在人类生产和生活的方方面面几乎都能应用。

（1）在国防和安全领域的应用。

国防和安全一直是各国关注的焦点，而物联网被许多军事专家称为"一个未探明储量的金矿"，正在孕育军事变革深入发展的契机。目前，物联网在国防领域的主要应用是战场信息的整体化感知，从而实现战场信息的实时监测和反馈，为作战计划的制订和实施提供必要的信息资源。物联网在国防和安全领域研究的一个热点是实现国防要素及作战单元甚至整个国家军事力量的全信息和全数字化状态，也就是使国防科研、军工企业及武器平台等各个环节通过无线和有线网络连接起来，使其能够协同工作，实现功效最大化；另一个热点是武器装备的智能化，配合智能机器人的研制，再运用物联网将智能化作战装备和指挥系统相连，最终实现高精度、高可靠性等。

（2）在能源和公共事业领域的应用。

物联网在能源和公共事业领域的一个应用是自动抄表，实现包括电、水、气等用户使用量数据的自动读取，以及随后的根据使用量计算费用、寄发账单；另一个应用是电力传输线路及其他基础设施的远程监测和维护，鉴于能源领域，尤其是电力供应的连续性和实时性，相关的安全性指标将会十分苛刻。物联网在能源和公共事业领域的研究热点是智能电网的建设，智能电网的核心在于，构建具备智能判断与自适应调节能力的多种能源统一入网和分布式管理的智能化网络系统，可对电网与客户用电信息进行实时监控和采集，且采用最经济与最安全的输配电方式将电能输送给终端用户，实现对电能的最优配置与利用，提高电网运行的可靠性和能源利用效率。可再生能源及减少能源消耗已经成为物联网在能源领域发展的巨大动因，而智能电网的建设恰好迎合了这样的要求。可以预见，随着物联网技术水平的提高，电网的可靠性、效率、调峰调压能力将会达到一个新的高度。

（3）在交通运输领域的应用。

交通是国民经济的重要组成部分，对于经济和社会的发展有着巨大的助推作用，这从"高铁经济"中可以明显地感受到。物联网在交通领域的应用已经到了实质性阶段。交通行业是一个低利润行业，效率是关键，而效率的提高是通过车辆和司机的最佳利用及节省燃料来实现的。物联网应用到交通中，可以实现车辆和司机信息的实时获取，从而为合理安排车辆和司机提供可靠的依据，并且可以进一步通过路况实时信息选择合理的运行线路。

目前，交通拥堵问题已经成为困扰每座特大城市发展的问题，而物联网技术的发展则为这个问题提供了解决方案。基于物联网的智能交通，通过采用非接触式地磁传感器来定时收集和感知区域内车辆的速度、车距等信息，多个终端节点将各自采集并初步处理后的信息通过汇聚节点汇聚到网关节点，进行数据融合，获得道路车流量与车辆行驶速度等信息，从而为路口交通信号控制提供精确的输入信息，从而实现现有基础设施条件下交通流量的错峰调峰，可以有效地减少城市拥堵情况的出现。

（4）在建筑自动化领域的应用。

建筑自动化、智能化一直是各国研究的热点，但是由于技术的制约，停留在物件和房间自动化方面。物联网在建筑自动化领域的一个应用是使得建筑物可以从整体角度实现智能化，其在建筑物智能化控制方面最大的应用是根据各栋建筑的设计、温度等信息，控制相应的调温设施，提高建筑物能源利用的效率，通过在建筑物上加装太阳能发电设备进一步减小对于电网的依赖，并且在合适的时间可以将富余的电量回传给电网。物联网在建筑自动化领域的另一个应用是智能家居，届时，家里的各种家具、电器能够与人交流，通过人的信息传递，家具及电器能够自动完成从最简单的煮饭到复杂的整理房屋，甚至招待客人等一系列的事务。

（5）在生产和制造领域的应用。

制造业是自动化应用最早，也最广泛的领域。随着物联网技术的发展，生产和制造业的自动化程度将有质的提高，实现从原材料采购、库存管理、资金管理到生产控制、销售反馈的全过程监控和管理。目前，一些大型的制造业企业使用的远程监控解决方案是基于内部解决方案和第三方解决方案，因此，物联网在制造业的发展将是不可限量的。物联网的应用无疑将会大大减少人力成本，提高生产效率，加快商品的流通度，但同时生产行业的高要求也会使基于制造业的物联网的安全性达到前所未有的高度，尤其是在商业信息的保护、突发事件的处理能力上。

3. 我国物联网的发展状况及存在的问题

我国在传感器网络方面处于发展初级阶段，但一直在积极创造条件，如在无锡建立的中国传感网中心（"感知中国"中心）以发展物联网，各地纷纷出台各项举措，推动物联网发展。《国家中长期科学与技术发展规划》和"新一代宽带移动无线通信网"重大专项中均将传感网列入重点研究领域。但是，我国物联网的发展也存在一些问题：

（1）缺乏健全的政策和立法支持。国家必须具有长远的战略眼光，在产业政策的制定和专利及行业立法保障方面未雨绸缪，先试先行。

（2）缺乏统一的技术标准与协调机制。从目前我国物联网行业的发展情况来看，由于没有一个统一的技术标准和协作平台，导致进入这个行业的大大小小的企业各自为政，开发出大量不能相互适配和连通的技术，如果这一问题解决不好，势必成为制约我国物联网长期发展的瓶颈。

（3）高昂的开发成本，导致目前我国的物联网技术很难推进到产业化发展和应用的良性循环轨道。

（4）安全问题亟待从技术和法律上得到妥善的解决。物联网的兴起既给人们生活带来了诸多便利，也使得人们对它的依赖性越来越大。如果物联网被恶意的入侵和破坏，那么个人的隐私和信息就会被窃取，更不必说国家的军事和财产安全。

拓展阅读

RFID 技术在烟草物流中的应用

一、行业背景

基于 RFID 技术的卷烟行业物流信息管理系统对于我国烟草行业发展的意义重大。之前，烟草行业主管部门的信息获取主要是通过手工录入汇总的统计年报和快报等形式实现，在信息获取的及时性、准确性和监管力度等方面均存在不足。在该系统实施后，烟草企业的进货、生产、销售全部透明，主管部门将能够更加快速、清晰、透明地了解全国各个烟厂的生产流通情况，使全国的卷烟生产经营得到更加有效的宏观调控。

基于 RFID 技术的卷烟行业物流信息管理系统要求对生产的每件烟进行打贴主管部门统一下发的条形码，并进行扫描出库销售，但卷烟厂的物流环节是件烟成垛运输（每箱 50 条烟为 1 件，30 件烟为 1 垛），如果在物流环节中将件垛的成烟拆散扫描后再堆垛，不但费时费力，而且会造成成品的损坏。因此，主管部门从跟踪世界先进的自动识别技术的角度出发，结合卷烟厂的卷烟成品托盘物流周转的实际情况，提出了在成垛运输的托盘中采用 RFID 电子标签的方法，通过条形码与 RFID 电子标签的结合，解决成垛卷烟的物流和信息流的交互与统一问题。

二、面临的问题

1. 仓储作业方面

仓储管理一般由 3 个部分组成：入库管理、库存管理、出库管理。在出/入库及库存盘点中的产品信息往往是手工填写到纸面单据或人工录入计算机中。产品出/入库登记手续烦琐，库存盘点统计困难，信息传递滞后，管理人员不能及时掌握库存量，更谈不上动态调节最低库存或实现零库存，加快资金流动。

不管是手工填写还是人工录入，造成数据错误的概率较高，录入数据的错误也降低了系统可靠性。一些单位为了避免手工操作的失误，采取增设验单人员的办法，但其副作用是使人工投入非增值性重复劳动造成浪费，还会影响指令处理速度，加剧信息滞后。由于这种数据收集方式难以标准化，降低了仓库空间利用率，劳动生产率低下，最终会影响企业效益。

2. 过程管理方面

目前，多数企业在原材料采购、进库作业、库存管理和出库作业等流通过程依赖于纸面的流转单，产生过程数据难以进行统计分析，更难以进行追踪管理。不利于生产品质的改进和提升，甚至造成许多早该发现的问题迟迟不能发现，为日后经营活动留下隐患。

3. 信息共享方面

各单位、各环节信息资源相互独立，无法实现有效的共享，并且现在大部分信息资料以纸单方式进行流通，导致信息共享缺乏介质基础。

三、解决方案

带有商品信息的RFID电子标签依附在货物或者包装上，通过阅读器在各个工作环节采集RFID标签信息，并即时传输给信息中心。信息中心对内连接各个生产车间、采购部、市场部、财务部等相关部门，对外连接供应商和客户，RFID标签信息一次采集，多次共享使用，大大节省了作业时间、提高了物流运作效率。

1. 项目实施的目标

采用RFID技术，对成垛卷烟进行标识、存储成垛卷烟中的件烟条形码信息，并利用RFID的可读写功能，将条形码与RFID电子标签相结合，实现烟厂以垛为单位进行出厂扫描、卷烟流通企业以垛为单位进行商业到货扫描验收，简化操作流程提高工作效率，减轻工人的劳动强度。

2. 系统设计

针对卷烟厂和卷烟流通企业（图5.7中简称"市公司"）的实际情况，系统设计有4个组成部分：码垛数据生成、写入电子标签环节，仓库件烟信息数据调整环节，按托盘出厂扫描环节，市公司到货扫描环节。RFID技术在烟草物流中的应用如图5.7所示。

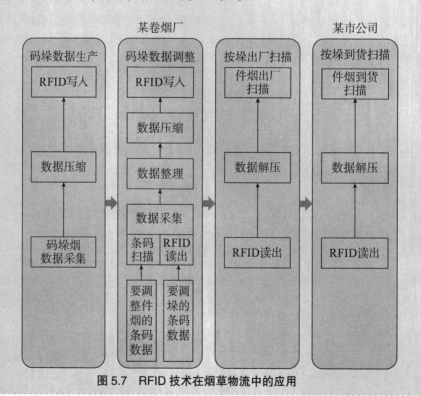

图5.7 RFID技术在烟草物流中的应用

3. 系统的基本运作流程

（1）码垛数据生成。在码垛环节，通过固定式扫描器采集每一个垛对应的件烟条形码信息，并把这些件烟条形码数据组进行数据压缩后，通过电子标签读写设备将该压缩信息写入垛托盘上安装的电子标签中。

（2）码垛数据调整。在仓储环节，通过条形码采集设备将要调整的件烟条形码数据A，通过移动式电子标签读写设备采集调整垛托盘中存放的件烟条形码数据B，再将B进行数据解压形成垛条形码数据组C，根据A调整的功能（调增、调减、替换）与C进行比对调整，得到调整后的垛数据组D，将D进行数据压缩得到E，再通过移动式电子标签读写设备将E写入垛托盘上安装的电子标签中。

（3）按垛出厂扫描。在出厂时，利用RFID读写器读出垛托盘上电子标签存放的件烟条形码数据，进行数据解压，最后实现与一打两扫出厂扫描系统的对接。

（4）按垛到货扫描。在到货环节时，利用RFID读出垛托盘上电子标签存放的件烟条形码数据，进行数据解压，最后实现与一打两扫商业到货扫描系统的对接。

4. 设备介绍

（1）RFID电子标签。针对该项目的要求，专门设计一款能够直接方便的安装在托盘内的RFID电子标签，可以有效防止标签掉落，同时又方便拆卸的专用标签。

（2）RFID读写设备。根据以上4个环节的实际情况，在原有读写器的基础上，专门设计了3款新型的读写器。

5. 应用效果分析

采用RFID技术将单件烟的30次扫码次数缩减至1次，而且减少了拆垛码垛的工作环节，缩短了时间、降低了劳动力和成本，提高了物流的效率和数据的准确性。同时，将RFID技术实际应用在生产、物流领域，实现产品从生产、仓储到销售的"一体化"管理，通过彻底实施"源头"追踪解决方案及在供应链中完全体现其透明度的能力，有效遏制甚至杜绝体外循环，能够在烟草专卖管理上发挥出巨大的作用。

（资料来源：https://wenku.baidu.com/view/1b5cc1a358fafab068dc020a.html，有改动）

项目实训

在一家高级服装门店外，正好从这里经过的X小姐的手机接收到一条短消息。看完消息后，X小姐欣喜地走进这家门店，她的神奇购衣之旅也随之开始了。

原来，那条短消息是提示X小姐这家门店最新款服装已经到货，而且各款新品的图片及介绍都在手机上显示出来。她走入门店，随即自己的体型特征、过往购买记录、搭配风格等信息就都显示在店内的玻璃幕墙上。细心的店员根据X小姐以往的信息，为她挑选了几件新款外套，可是她这次想改变一下风格。于是，她走到店内的玻璃幕墙前，按照自己的要求输入搜索条件，查找了一件橙色翻领外套。她对这件外套非常满意，接着，就开始试衣和进行搭配了。

这家门店的试衣间让所有顾客都觉得新鲜刺激，它的四面都由玻璃幕墙围成，但实际上，这些玻璃幕墙统统是电子显示屏。当X小姐进入虚拟试衣间之后，电子显示屏上会出现一个虚拟设计师跟她打招呼，帮她分析身材、肤色及气质等特征，告诉她应该选一条白色长裤进行搭配。随之，四面的电子显示屏滚动显示出门店所有款式的白色长裤，X小姐选中了其中一条。按照她的身形尺寸，电子显示屏上会出现她身着橙色外套和白色长裤的整体形象。这让她感到异常惊喜，因为她不用麻烦地脱衣穿衣也能看到自己试穿衣服之后的形象。

但遗憾的是，门店内没有适合她的橙色外套的尺寸。那该怎么办呢？店员安慰她不用担心，很快就能为她调货。店员在销售系统上向总部提出申请，很快，其他有货门店的店员就出现在电子显示屏上，与他们对话，并取出货品让X小姐通过电子显示屏确认是否为她所需要的那件，确认完毕便可以发货。

衣裤选完之后，X小姐希望店员能为她选一条白色宽腰带进行搭配。不过，为她服务的店员皱了皱眉头，因为这位店员是刚到岗的，对店内商品的摆放情况并不熟悉。而且，店面很大，货品也很多，但很快，她就通过那面神奇的电子显示屏查到了自己需求的货品。如此轻松的过程，X小姐就完成了她的购物之旅。

（资料来源：http://success.rfidworld.com.cn/2012_12/fb946ea9122558ba.html，有改动）

思考并讨论：
（1）指出放置读写器和标签的地点在哪些地方。
（2）结合实训材料，总结 RFID 系统的作用具体表现在哪些方面。

课后练习

一、单选题

1. 条形码技术比 RFID 技术应用广泛是因为条形码的(   )。
A. 输入速度更快　　　　B. 准确性更高　　　　C. 采集信息量更大　　　　D. 价格更低
2. 关于条形码识读技术和 RFID 技术，下列说法正确的是(   )。
A. 它们一次都只能识读一个标签
B. 它们一次都能同时识读数个标签
C. 条形码阅读器一次只能识读一个条形码标签，RFID 读写器可同时识读取数个标签
D. 条形码阅读器可同时识读取数个条形码标签，RFID 读写器一次只能识读一个标签
3. 射频识别技术的信息载体是(   )。
A. 射频磁场　　　　B. 射频标签　　　　C. 读写器　　　　D. 天线

二、多选题

1. 关于 RFID 技术，以下说法正确的是(   )。
A. RFID 是一种非接触式的自动识别技术　　　　B. 出错率高
C. 它通过射频信号自动识别目标对象并获取相关数据　　　　D. 可识别高速运动物体
2. 根据工作方式不同，RFID 电子标签可分为(   )几类。
A. 主动式标签　　　　B. 移动式标签　　　　C. 固定式标签　　　　D. 被动式标签
3. RFID 系统根据使用工作频率的不同，可以分为(   )几类。
A. 低频　　　　B. 中频　　　　C. 高频　　　　D. 超高频
4. RFID 系统构成主要包括(   )几个部分。
A. 电子标签　　　　B. 读写器　　　　C. 天线　　　　D. 传感器

项目 6
利用数据库技术优化客户关系管理

【学习目标】

知识目标	能力目标	素养目标
(1) 了解数据库技术的基本原理。 (2) 理解数据库技术对于分析库存商品信息、客户信息的重要作用。 (3) 掌握数据集市、数据挖掘的含义和使用。 (4) 掌握客户关系管理的方法	(1) 能利用数据库技术进行盘点作业，确保在库物资安全。 (2) 能通过查询库存数据和历史库存数据分析商品周转率，合理安排货仓资源，提升仓库的利用率。 (3) 能通过查询分析订单资料数据，预测客户需求。 (4) 能利用数据库技术优化客户关系	(1) 培育和践行社会主义核心价值观。 (2) 养成认真负责的劳动态度和精益求精的工匠精神。 (3) 激发创新创业意识，培养批判性思维能力。 (4) 具备良好的团队合作与沟通交流能力

【情境导入】

X 公司是一家第三方物流企业，专业经营国内知名体育品牌服装的物流业务。经过多年的努力，该公司已发展成为具有"一票到底、门到门"服务、重合同、守信用、证照齐全的专线零担、整车运输企业。该公司一直本着"客户至上、信誉为本、互惠互利"的经营理念，实行全程、全天候为广大新老客户提供上门提货、送货到位、货物跟踪管理，集装卸、仓储、运输、配送、信息反馈、代收货款等一条龙的综合性物流服务。

小李是 X 公司运输部经理，近一段时间以来，车辆资源与客户需求之间的矛盾让李经理非常苦恼。该公司自有车辆很少，70% 车辆依靠合作伙伴或个体司机提供。如果客户的运输任务不能提前预知，临时找车不但困难、成本也很高。李经理想通过了解往年客户的需求情况来预测未来的客户需求，然而公司却很难找到类似相关的数据。某物流咨询公司了解到李经理的问题后，建议 X 公司采用数据库技术，来收集、储存、处理有关客户需求任务等数据资料。

思考并讨论：
(1) 什么是数据库？什么是数据库技术？
(2) 数据库技术能解决 X 公司的问题吗？

任务 1　数据库技术认知

一、基本概念

（一）数据

1. 数据的定义

数据（Data）是用于描述现实世界中各种具体事物或抽象概念，可存储并具有明确意义的符号，是对事实、概念或指令的一种特殊表达形式，可以用人工的方式或自动化的装置进行通信、翻译转换或者进行加工处理。

数据包括两类：一类是能参与数字运算的数值型数据；一类是不能参与数字运算的非数值型数据，如文字、图画、声音、图像等。

2. 数据处理

数据处理是指对各种形式的数据进行收集、存储、加工和传播等一系列活动的总和，包括收集原始数据、编码转换、数据输入、数据处理、数据输出。数据处理的过程如图6.1所示。

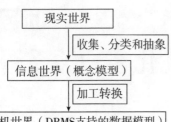

图6.1 数据处理的过程

数据处理目的是：

（1）从大量的、原始的数据中找寻数据之间的联系与规律，推导出对人们有价值的信息，以作为行动和决策的依据。

（2）借助计算机技术科学地保存和管理复杂的、大量的数据，以便人们能够方便且充分地利用这些宝贵的信息资源。

3. 数据在计算机中的表示方法

（1）位（bit）是信息技术所能处理的最小数据单位，有两个数值，即1或0。

（2）字节（byte）由8位二进制码组成，1byte=8bits。

（3）字段（field）或称数据元，是对人类来说具有意义的最小数据元，是由一个或多个字节组成的。字段通常指字段名称，数据元通常指字段的数据内容。

（4）记录则是一系列字段的集合，包含关于某一特殊事件的全部信息。

例如，一个典型的雇员记录至少应该包括以下字段：

雇员编号 = "2020010121"

雇员姓名 = "王芳"

所属部门 = "物流部"

参加工作日期 = "05/01/2020"

（5）具有相同字段的记录组成一个工作表，在一个工作表里，数据由特定的字段代表，称为"关键字"。

（6）一系列相关的工作表组成数据库。

小思考

在欧洲杯烽烟四起时，"女人"又一次被推到了与足球对立的风口浪尖，"足球寡妇"这个带着幽怨的词汇也同时跃入人们的视线。当"老公们"喝着啤酒，啃着鸭脖，对着电视机狂欢的时候，"足球寡妇"们也开始用网购的方式排遣被冷落的不良情绪。在欧洲杯期间，"足球寡妇"组成了一支具有强大消费力的"网购军团"，创造了新一轮的网购高潮。

据淘宝网相关数据显示，自欧洲杯开赛以来，访问的女性用户数占比从52%提高到62%。此外，以往一天的网购高峰期都是在21:00—22:00，但由于欧洲杯的原因，导致"午夜消费"大爆发，也导致网购高峰期推迟2h，延长到23:00—24:00。同时，数据显示，每天凌晨1:45第一场球结束到凌晨2:45第二场球开始，这中间的1h网购交易量明显增多，同期增长超过260%。

（资料来源：https://www.ebrun.com/20120625/48839.shtml，有改动）

思考并讨论：

（1）从欧洲杯期间的网购数据来看，淘宝网卖家面临怎样的商机？

（2）淘宝网卖家为了能抓住这个商机，可以采取哪些策略？

4. 数据处理技术的发展

数据处理技术的发展阶段大致可以划分为 3 个阶段，即人工管理阶段、文件系统阶段和数据库系统阶段。

（1）人工管理阶段（20 世纪 50 年代中期以前）。

20 世纪 50 年代中期之前，计算机的软硬件技术均不完善。硬件存储设备只有磁带、卡片和纸带，软件方面还没有操作系统，当时的计算机主要用于科学计算。这个阶段由于还没有软件系统对数据进行管理，程序员在程序中不仅要规定数据的逻辑结构，而且要设计物理结构，包括存储结构、存取方法、输入输出方式等。当数据的物理组织或存储设备改变时，用户程序就必须重新编制。由于数据的组织面向应用，不同的计算程序之间不能共享数据，使得不同的应用之间存在大量的重复数据，很难维护应用程序之间数据的一致性。人工管理阶段应用程序与数据的关系如图 6.2 所示。

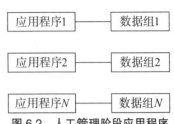

图 6.2　人工管理阶段应用程序与数据的关系

这一阶段的主要特征可归纳为以下几点：

① 计算机中没有支持数据管理的软件。
② 数据组织面向应用，数据不能共享、重复。
③ 在程序中要规定数据的逻辑结构和物理结构，数据与程序不独立。
④ 数据处理方式——批处理。

（2）文件系统阶段（20 世纪 50 年代后期至 60 年代中期）。

这一阶段的主要标志是计算机中有了专门管理数据的软件——操作系统（文件管理）。20 世纪 50 年代中期到 60 年代中期，由于计算机大容量存储设备（如硬盘）的出现，推动了软件技术的发展，而操作系统的出现标志着数据管理步入一个新的阶段。在文件系统阶段，数据以文件为单位存储在外部空间，且由操作系统统一管理。操作系统为用户使用文件提供了友好界面。文件的逻辑结构与物理结构脱钩，程序和数据分离，使数据与程序有了一定的独立性。用户的程序与数据可分别存放在外存储器上，各个应用程序可以共享一组数据，实现了以文件为单位的数据共享，但由于数据的组织仍然面向程序，所以存在大量的数据冗余。而且，数据的逻辑结构不能方便地修改和扩充，数据逻辑结构的每一点微小改变都会影响到应用程序。由于文件之间互相独立，所以它们不能反映现实世界中事物之间的联系，操作系统不负责维护文件之间的联系信息。如果文件之间有内容上的联系，那也只能由应用程序去处理。文件系统阶段应用程序与数据的关系如图 6.3 所示。

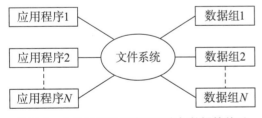

图 6.3　文件系统阶段应用程序与数据的关系

文件数据管理特点如下：

① 数据以文件形式可长期保存。
② 数据的逻辑结构与物理结构有了区别，但比较简单。
③ 文件组织已多样化。
④ 数据不再属于某个特定的程序，可以重复使用。
⑤ 对数据的操作以记录为单位。

（3）数据库系统阶段（20 世纪 60 年代后期以来）。

20 世纪 60 年代后期，随着计算机在数据管理领域的普遍应用，人们对数据管理技术提出了更高的要求：希望面向企业或部门，以数据为中心组织数据，减少数据的冗余，提供更高的数据共享能力，同时要求程序和数据具有较高的独立性；当数据的逻辑结构改变时，不涉及数据的物理结构，也不影响应用程序，以降低应用程序研制与维护的费用。数据库技术正是在这样一个应用需求的基础上发展起来的。数据库系统阶段应用程序与数据的关系如图 6.4 所示。图中，DBMS（数据库管理系统）是 Database Management System 的缩写。

图 6.4　数据库系统阶段应用程序与数据的关系

数据库技术具有以下特点：

① 面向企业或部门，以数据为中心组织数据，形成综合性的数据库，为各应用所共享。

② 采用一定的数据模型。数据模型不仅要描述数据本身的特点，而且要描述数据之间的联系。

③ 数据冗余小，易修改，易扩充。不同的应用程序根据处理要求，从数据库中获取需要的数据，这样就减少了数据的重复存储，便于增加新的数据结构，也便于维护数据的一致性。

④ 程序和数据有较高的独立性。

⑤ 具有良好的用户接口，用户可方便地开发和使用数据库。

⑥ 对数据进行统一管理和控制，保证数据的安全性、完整性，以便于掌控。

从文件系统发展到数据库系统，在信息领域中具有里程碑的意义。在文件系统阶段，人们在信息处理中关注的中心问题是系统功能的设计，因此程序设计占主导地位；在数据库方式下，数据开始占据了中心位置，数据的结构设计成为信息系统优先关心的问题，而应用程序则以既定的数据结构为基础进行设计。

拓展阅读

数据管理技术发展大事记

1951：Univac 系统使用磁带和穿孔卡片作为数据存储。
1956：IBM 公司在其 Model 305 RAMAC 中第一次引入磁盘驱动器。
1961：GE 公司的 Charles Bachman 开发了第一个数据库管理系统——IDS。
1969：E.F. Codd 发明了关系数据库。
1973：由 John J.Cullinane 领导 Cullinane 公司开发了 IDMS——一个针对 IBM 主机的基于网络模型的数据库。
1976：Honeywell 公司推出了 Multics Relational Data Store——第一个商用关系数据库产品。
1979：Oracle 公司引入第一个商用 SQL 关系数据库管理系统。
1983：IBM 公司推出了 DB2 数据库产品。
1985：为 Procter & Gamble 系统设计的第一个商务智能系统产生。
1991：W.H.Bill Inmon 发表了《构建数据仓库》。

（二）数据库

数据库（Data Base，DB）是存储在计算机辅助存储器中的、有组织的、可共享的相关数据集合。这种集合是具有逻辑关系和确定意义的数据集合，针对明确的应用目标而设计、建立和加载。每个数据库都有一组用户，并为这些用户的应用需求服务。一个数据库反映了客观事物的某些方面，而且与客观事物的状态始终保持一致。

1. 数据库的特点

（1）可以实现数据共享。数据共享既包括所有用户可同时存取数据库中的数据，也包括用户可以用各种方式通过接口使用的数据库。

（2）数据的冗余度小。同文件系统相比，由于数据库实现了数据共享，从而避免了用户各自建立应用文件，既减少了大量重复数据，也减少了数据冗余，维护了数据的一致性。

（3）确保数据的独立性。数据的独立性既包括数据库中数据库的逻辑结构和应用程序相互独立，也包括数据物理结构的变化不影响数据的逻辑结构。

（4）实现数据的集中控制。在文件管理方式中，数据处于一种分散的状态，不同的用户或同一用户在不同处理业务中其文件之间毫无关系。利用数据库可对数据进行集中控制和管理，并通过数据模型表示各种数据的组织及数据间的联系。

（5）实现数据的一致性和可维护性，以确保数据的安全性和可靠性。这主要包括：安全性控制，以防止数据丢失、错误更新和越权使用；完整性控制，保证数据的正确性、有效性和相容性；并发控制，使在同一时间周期内，允许对数据实现多路存取，又能防止用户之间的不正常交互作用；故障的发现和恢复，由数据库管理系统提供一套方法，可及时发现故障和修复故障，从而防止数据被坏。数据库系统能尽快修复数据库系统运行时出现的故障，这些故障可能是物理上或逻辑上的错误，如对系统的误操作造成的数据错误等。

2. 数据库的结构

数据库的基本结构分 3 个层次，反映了观察数据库的 3 种不同角度。以内模式为框架所组成的数据库叫物理数据库，以概念模式为框架所组成的数据叫概念数据库，以外模式为框架所组成的数据库叫用户数据库。

（1）物理数据库。它是数据库的最内层，是物理存储设备上实际存储的数据的集合。这些数据是原始数据，是用户加工的对象，由内部模式描述的指令操作处理的位串、字符和字组成。

（2）概念数据库。它是数据库的中间一层，是数据库的整体逻辑表示。它指出了每个数据的逻辑定义及数据间的逻辑联系，是存储记录的集合。它所涉及的是数据库所有对象的逻辑关系，而不是它们的物理情况，是数据库管理员概念下的数据库。

（3）用户数据库。它是用户所看到和使用的数据库，表示一个或一些特定用户使用的数据集合，即逻辑记录的集合。

数据库不同层次之间的联系是通过映射进行转换的。

小思考

在日常工作中，常常需要把某些相关的数据放进"数据仓库"，并根据管理的需要进行相应的处理。例如，企事业单位的人事部门常常要把本单位职工的基本情况（职工号、姓名、年龄、性别、籍贯、工资、简历等）存放在表中，这张表就可以看作一个"数据仓库"。有了这个"数据仓库"，人们就可以根据需要随时查询某个职工的基本情况，也可以查询工资在某个范围内的职工人数等。这些工作如果都能在计算机上自动进行，那么人事管理水平就可以得到提高。此外，在财务管理、仓库管理、生产管理中也需要建立众多"数据仓库"，使其可以利用计算机实现财务、仓库、生产的自动化管理。

思考并回答：

（1）请举例说明，在学习或生活中你用过什么数据库？

（2）你用过的这些数据库有哪些好处？

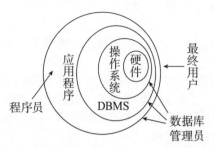

图 6.5 数据库管理系统在计算机系统中的地位

二、数据库管理系统

数据库管理系统（DBMS）是一种操纵和管理数据库的大型软件，用于建立、使用和维护数据库。它对数据库进行统一的管理和控制，以保证数据库的安全性和完整性。用户通过 DBMS 访问数据库中的数据，数据库管理员也通过 DBMS 进行数据库的维护工作。DBMS 可使多个应用程序和用户用不同的方法在同时或不同时刻去建立、修改和询问数据库。数据库管理系统在计算机系统中的地位如图 6.5 所示。

1. 数据库管理系统的主要功能

（1）数据定义。DBMS 提供数据定义语言（Data Definition Language，DDL），供用户定义数据库的三级模式结构、两级映像及完整性约束和保密限制等约束。DDL 主要用于建立、修改数据库的库结构，其所描述的库结构仅仅给出了数据库的框架，而数据库的框架信息被存放在数据字典（Data Dictionary）中。

（2）数据操作。DBMS 提供数据操作语言（Data Manipulation Language，DML），供用户实现对数据的追加、删除、更新、查询等操作。

（3）数据库的运行管理。数据库的运行管理功能是 DBMS 的运行控制、管理功能，包括多用户环境下的并发控制、安全性检查和存取限制控制、完整性检查和执行、运行日志的组织管理、事务的管理和自动恢复。这些功能保证了数据库系统的正常运行。

（4）数据组织、存储与管理。DBMS 要分类组织、存储和管理各种数据，包括数据字典、用户数据、存取路径等，需确定以何种文件结构和存取方式在存储器上组织这些数据，如何实现数据之间的联系。数据组织和存储的基本目标是提高存储空间利用率，选择合适的存取方法提高存取效率。

（5）数据库的保护。数据库中的数据是信息社会的战略资源，所以数据的保护至关重要。DBMS 对数据库的保护通过 4 个方面来实现：数据库的恢复、数据库的并发控制、数据库的完整性控制、数据库安全性控制。DBMS 的其他保护功能还有系统缓冲区的管理、数据存储的某些自适应调节机制等。

（6）数据库的维护。包括数据库的数据载入、转换、转储、数据库的重组和重构及性能监控等功能，这些功能分别由各个使用程序来完成。

（7）通信。DBMS 具有与操作系统的联机处理、分时系统及远程作业输入的相关接口，负责处理数据的传送。网络环境下的数据库系统，还应该包括 DBMS 与网络中其他软件系统的通信功能及数据库之间的互操作功能。

2. 数据库管理系统的组成部分

（1）模式翻译。模式翻译提供数据定义语言，用它书写的数据库模式被翻译为内部表示。数据库的逻辑结构、完整性约束和物理储存结构保存在内部的数据字典中。数据库的各种数据操作（如查找、修改、插入和删除等）和数据库的维护管理都是以数据库模式为依据的。

（2）应用程序的编译。把包含访问数据库语句的应用程序，编译成在 DBMS 支持下可运行的目标程序。

（3）交互式查询。提供易使用的交互式查询语言，如 SQL、DBMS 负责执行查询命令，并将查询结果显示在屏幕上。

（4）数据的组织与存取。提供数据在外围储存设备上的物理组织与存取方法。

（5）事务运行管理。提供事务运行管理及运行日志、事务运行的安全性监控和数据完整性检查、事务的并发控制及系统恢复等功能。

（6）数据库的维护。为数据库管理员提供软件支持，包括数据安全控制、完整性保障、数据库备份、数据库重组及性能监控等维护工具。

基于关系模型的数据库管理系统已日臻完善，并已作为商品化软件广泛应用于各行各业。随着新型数据模型及数据管理的实现技术的推进，可以预期，DBMS 软件的性能还将更新和完善，其应用领域也将进一步地拓宽。

3. 数据库管理系统的层次结构

根据处理对象的不同，数据库管理系统的层次结构由高级到低级依次分为应用层、语言翻译处理层、数据存取层、数据存储层、操作系统。

（1）应用层。应用层是 DBMS 与终端用户和应用程序的界面层，处理的对象是各种各样的数据库应用。

（2）语言翻译处理层。语言翻译处理层是对数据库语言的各类语句进行语法分析、视图转换、授权检查、完整性检查等。

（3）数据存取层。数据存取层处理的对象是单个元组，它将上层的集合操作转换为单记录操作。

（4）数据存储层。数据存储层处理的对象是数据页和系统缓冲区。

（5）操作系统。操作系统是 DBMS 的基础，其提供的存取原语和基本的存取方法通常作为和 DBMS 存储层的接口。

4. 数据库管理系统的技术特点

（1）采用复杂的数据模型表示数据结构，数据冗余小，易扩充，实现了数据共享。

（2）具有较高的数据和程序独立性，数据库的独立性有物理独立性和逻辑独立性。

（3）数据库系统为用户提供了方便的用户接口。

（4）数据库系统提供 4 个方面的数据控制功能，分别是并发控制、恢复、完整性和安全性。数据库中各个应用程序所使用的数据由数据库系统统一规定，按照一定的数据模型组织和建立，由系统统一管理和集中控制。

（5）增加了系统的灵活性。

5. 数据库管理系统的选择原则

（1）构造数据库的难易程度。需要分析数据库管理系统有没有范式的要求，即是否必须按照系统所规定的数据模型分析现实世界，建立相应的模型；数据库管理语句是否符合国际标准，符合国际标准则便于系统的维护、开发、移植；有没有面向用户的易用的开发工具；所支持的数据库容量，数据库的容量特性决定了数据库管理系统的使用范围。

（2）程序开发的难易程度。有无计算机辅助软件工程工具 CASE——计算机辅助软件工程工具可以帮助开发者根据软件工程的方法提供各开发阶段的维护、编码环境，便于复杂软件的开发、维护。有无第四代语言的开发平台——第四代语言具有非过程语言的设计方法，用户不需编写复杂的过程性代码，易学、易懂、易维护。有无面向对象的设计平台——面向对象的设计思想十分接近人类的逻辑思维方式，便于开发和维护。对多媒体数据类型的支持——多媒体数据需求是今后发展的趋势，支持多媒体数据类型的数据库管理系统必将减少应用程序的开发和维护工作。

（3）数据库管理系统的性能分析。包括性能评估（响应时间、数据单位时间吞吐量）、性能监控（内外存使用情况、系统输入/输出速率、SQL 语句的执行，数据库元组控制）、性能管理（参数设定与调整）。

（4）对分布式应用的支持。包括数据透明和网络透明。数据透明是指用户在应用中不需要指出数据在网络中的什么节点上，数据库管理系统可以自动搜索网络，提取所需数据；网络透明是指用户在应用中无须指出网络所采用的协议。数据库管理系统自动将数据包转换成相应的协议数据。

（5）并行处理能力。支持多CPU模式的系统，负载的分配形式，并行处理的颗粒度、范围。

（6）可移植性和可扩展性。可移植性指垂直扩展和水平扩展能力。垂直扩展要求新平台能够支持低版本的平台，数据库客户机/服务器机制支持集中式管理模式，这样保证用户以前的投资和系统；水平扩展要求满足硬件上的扩展，支持从单CPU模式转换成多CPU并行机模式。

（7）数据完整性约束。数据完整性指数据的正确性和一致性保护，包括实体完整性、参照完整性、复杂的事务规则。

（8）并发控制功能。对于分布式数据库管理系统，并发控制功能是必不可少的。因为它面临的是多任务分布环境，可能会有多个用户点在同一时刻对同一数据进行读或写操作，为了保证数据的一致性，需要由数据库管理系统的并发控制功能来完成。评价并发控制的标准应从几个方面加以考虑：保证查询结果一致性方法、数据锁的颗粒度（数据锁的控制范围）、数据锁的升级管理功能、死锁的检测和解决方法。

（9）容错能力。异常情况下对数据的容错处理，评价标准是：硬件的容错，有无磁盘镜像处理功能软件的容错，有无软件方法。

（10）安全性控制。包括安全保密的程度，如账户管理、用户权限、网络安全控制、数据约束。

（11）支持多种文字处理能力。包括数据库描述语言的多种文字处理能力（表名、域名、数据）和数据库开发工具对多种文字的支持能力。

（12）数据恢复的能力。当突然停电、出现硬件故障、软件失效、病毒或严重错误操作时，系统应提供恢复数据库的功能，如定期转存、恢复备份等，使系统有能力将数据库恢复到损坏以前的状态。

> **案例分析**
>
> 请用微信扫一扫旁边的二维码，或登录在线精品开放课程，阅读案例尿不湿和啤酒的故事，回答下列问题：
> （1）麦德龙为了提升销售业绩采取了哪些手段？
> （2）该案例对你有何启示？

【尿不湿和啤酒的故事】

任务2　数据仓库与数据集市

一、数据仓库

数据仓库不是数据的简单堆积，而是从大量的事务型数据库中抽取数据，并将其清理、转换为新的存储格式，即为决策目标把数据聚合在一种特殊的格式中。公认的数据仓库之父W.H.Inmon将数据仓库定义为："数据仓库是支持管理决策过程的、面向主题的、集成的、相对稳定的、反映历史变化的数据集合。"

对于数据仓库的概念，可以从两个层次加以理解：其一，数据仓库用于支持决策，面向分析型数据处理，它不同于企业现有的操作型数据库；其二，数据仓库是对多个异构的数据源有效集成，集成后按照主题进行了重组，并包含历史数据，而且存放在数据仓库中的数据一般不再修改。

> **小思考**
>
> 结合现实生活中的应用场景，思考并讨论为什么需要数据仓库。
> （1）超市的经营者希望将经常被同时购买的商品放在一起，以增加销售量。
> （2）保险公司想知道购买保险的客户一般具有哪些特征。
> （3）医学研究人员希望从已有的成千上万份病历中找出患有某种疾病的病人的共同特征，从而为治愈这种疾病提供一些帮助。
> ……

（一）从数据库到数据仓库

由数据库发展到数据仓库主要有以下几个原因：

（1）数据太多，但辅助决策信息欠缺。随着数据库技术的发展，企事业单位建立了大量的数据库，数据越来越多，而辅助决策信息却很贫乏，如何将大量的数据转化为辅助决策信息成为研究的热点。

（2）异构环境数据的转换与共享。由于各类数据库产品的增加，异构环境的数据随之增加，如何实现这些异构环境数据的转换和共享也成了研究的热点。

（3）利用数据进行事务处理转变为利用数据支持决策。数据库用于事务处理，若要达到辅助决策，则需要更多的数据。例如，如何利用历史数据的分析来进行预测，获得综合的宏观信息等，均需要大量的数据。

（二）数据仓库的产生和发展

数据仓库的出现和发展是计算机应用发展到一定阶段的必然产物。经过多年的市场积累，许多商业企业保存了大量原始数据和各种业务数据，这些数据真实地反映了商业企业主体和各种业务环境的经济动态。然而，由于缺乏集中存储和管理，这些数据不能为企业进行有效的统计、分析和评估提供帮助，也就是说，无法将这些数据转化成企业有用的信息。

20世纪70年代出现并被广泛应用的关系型数据库技术为解决这一问题提供了强有力的工具。从20世纪80年代中期开始，随着市场竞争的加剧，商业信息系统用户已经不满足于用计算机仅仅去管理复杂的数据，更需要的是支持决策制定过程的信息。

20世纪80年代中后期，出现了数据仓库思想的萌芽，为数据仓库概念的最终提出和发展打下了基础。20世纪90年代初期，W.H.Inmon在其里程碑式的著作《建立数据仓库》中提出了"数据仓库"的概念，自此数据仓库的研究和应用得到了广泛的关注。这对处于激烈竞争中的商业企业，有着非同小可的现实意义。

就在数据仓库的概念提出后的几年时间内，数据仓库就得到了迅速的发展，各种各样的数据仓库产品也不断出现并陆续进入市场。目前，市场上主流的数据仓库产品有：Business Objects、Oracle、IBM、Sybase、Informix、NCR、Microsoft、SAS、CA几种。

（三）联机事务处理系统与联机分析处理系统

1.联机事务处理系统

联机事务处理系统（On-Line Transaction Processing，OLTP）也称面向交易的处理系统，其基本特征是顾客的原始数据可以立即传送到计算中心进行处理，并在很短的时间内给出处理结果。这样做的最大优点是，可以即时地处理输入的数据、及时地回答，也称为实时系统。衡量OLTP的一个重要性能指标是系统性能，具体体现为实时响应时间，即用户在终端上送入数据之后，到计算机对这个请求给出答复所需要的时间。

OLTP 数据库旨在使事务应用程序仅写入所需的数据，以便尽快处理单个事务。

2. 联机分析处理系统

联机分析处理系统（On-Line Analysis Processing，OLAP）的概念最早是由关系数据库之父 E.F.Codd 于 1993 年提出的。当时，Codd 认为 OLTP 已不能满足终端用户对数据库复杂查询分析的需要，SQL 对大数据库进行的简单查询也不能满足用户分析的需求。用户的决策分析需要对关系数据库进行大量计算才能得到结果，而查询的结果并不能满足决策者提出的需求，因此 Codd 提出了多维数据库和多维分析的概念即 OLAP。OLAP 是数据仓库系统的主要应用，支持复杂的分析操作，侧重决策支持，并且提供直观易懂的查询结果。

（四）数据仓库的特点

1. 数据仓库的数据是面向主题的

与传统数据库面向应用进行数据组织的特点相对应，数据仓库中的数据是面向主题进行组织的。什么是主题？首先，主题是一个抽象的概念，是较高层次上企业信息系统中的数据综合、归类并进行分析利用的抽象。其次，在逻辑意义上，它对应企业中某一宏观分析领域所涉及的分析对象。面向主题的数据组织方式，就是在较高层次上对分析对象的数据的一个完整、一致的描述，能完整、统一地刻画各个分析对象所涉及的企业的各项数据，以及数据之间的联系。所谓较高层次，是相对面向应用的数据组织方式而言的，是指按照主题进行数据组织的方式具有更高的数据抽象级别。

2. 数据仓库的数据是集成的

数据仓库的数据是从原有分散的数据库数据抽取来的。操作型数据与 DSS 分析型数据之间差别甚大，第一，数据仓库的每一个主题所对应的源数据在原有的各分散数据库中有许多重复和不一致的地方，且来源于不同的联机系统的数据都和不同的应用逻辑捆绑在一起；第二，数据仓库中的综合数据不能从原有的数据库系统直接得到。因此，在数据进入数据仓库之前，必然要经过统一与综合，这一步是数据仓库建设中最关键、最复杂的一步，所要完成的工作有以下方面：

（1）要统一源数据中所有矛盾之处，如字段的同名异义、异名同义、单位不统一、字长不一致等。

（2）进行数据综合和计算。数据仓库中的数据综合工作可以在从原有数据库抽取数据时生成，但许多是在数据仓库内部生成的，即进入数据仓库以后综合生成的。

3. 数据仓库的数据是相对稳定的

数据仓库的数据主要供企业决策分析之用，所涉及的数据操作主要是数据查询，一般情况下并不进行修改操作。数据仓库的数据反映的是一段相当长的时间内历史数据的内容，是不同时点的数据库快照的集合，以及基于这些快照进行统计、综合和重组的导出数据，而不是联机处理的数据。数据库中进行联机处理的数据经过集成输入数据仓库中，一旦数据仓库存放的数据已经超过数据仓库的数据存储期限，这些数据将从当前的数据仓库中删去。因为数据仓库只进行数据查询操作，所以数据仓库管理系统相比数据库管理系统而言就简单得多。数据库管理系统中存在许多技术难点，如完整性保护、并发控制等，在数据仓库的管理中几乎可以省去。但是，由于数据仓库的查询数据量往往很大，所以就对数据查询提出了更高的要求，要求采用各种复杂的索引技术；同时，由于数据仓库面向的是商业企业的高层管理者，它们会对数据查询的界面友好性和数据表示提出更高的要求。

4. 数据仓库的数据是反映历史变化的

数据仓库中的数据不可更新是针对应用来说的，也就是说，数据仓库的用户进行分析处理时是不进行数据更新操作的。但并不是说，在从数据集成输入数据仓库开始到最终被删除的整个数据生存周期中,所有的数据仓库数据都是永远不变的。

数据仓库的数据是随时间的变化而不断变化的,这是数据仓库数据的第四个特征。这一特征表现在以下3个方面:

(1)数据仓库随时间变化不断增加新的数据内容。数据仓库系统必须不断捕捉 OLTP 数据库中变化的数据,追加到数据仓库中去,也就是要不断地生成 OLTP 数据库的快照,经统一集成后增加到数据仓库中去。但对于确实不再变化的数据库快照,如果捕捉到新的变化数据,则只生成一个新的数据库快照增加进去,而不会对原有的数据库快照进行修改。

(2)数据仓库随时间变化不断删去旧的数据内容。数据仓库的数据也有存储期限,一旦超过了这一期限,过期数据就要被删除,只是数据仓库内的数据时限要远远长于操作型环境中的数据时限。在操作型环境中一般只保存有 60~90d 的数据,而在数据仓库中则需要保存较长时限(如 5~10 年)的数据,以适应 DSS 进行趋势分析的要求。

(3)数据仓库中包含有大量的综合数据,这些综合数据中很多跟时间有关,如数据经常按照时间段进行综合,或隔一定的时间片段进行抽样等。这些数据要随着时间的变化不断地进行重新综合。

因此,数据仓库的数据特征都包含时间项,以标明数据的历史时期。

(五)数据库与数据仓库的关系

1. 数据库与数据仓库的联系

数据仓库的出现,并不是要取代数据库。目前,大部分数据仓库还是用关系数据库管理系统来管理的。可以说,数据库、数据仓库相辅相成,各有其特定的应用场合和使用目的。

2. 数据库与数据仓库的区别

(1)出发点不同。数据库是面向事务的设计;数据仓库是面向主题设计的。

(2)存储的数据不同。数据库一般存储在线交易数据;数据仓库存储的一般是历史数据。

(3)设计规则不同。数据库设计是尽量避免冗余,一般采用符合范式的规则来设计;数据仓库在设计上有意引入冗余,采用反范式的方式来设计。

(4)提供的功能不同。数据库是为捕获数据而设计;数据仓库是为分析数据而设计。

(5)容量不同。数据库在基本容量上要比数据仓库小得多。

(6)服务对象不同。数据库是为了高效地处理事务而设计的,服务对象为企业业务处理方面的工作人员;数据仓库是为了分析数据进行决策而设计的,服务对象为企业高层决策人员。

(六)数据仓库的发展现状和趋势

随着各种计算机技术,如数据模型、数据库技术和应用开发技术的不断进步,数据仓库技术也不断发展,并在实际应用中发挥了巨大的作用。IDC 在对 20 世纪 90 年代前期进行的 62 个数据仓库项目的调查结果表明:进行数据仓库项目开发的公司在平均 2.73 年的时间内获得了平均为 321% 的投资回报率。使用数据仓库所产生的巨大效益,同时又刺激了对数据仓库技术的需求,数据仓库市场正以迅猛势头向前发展:一方面,数据仓库市场需求量越来越大,每年约以 400% 的速度扩张;另一方面,数据仓库产品越来越成熟,生产数据仓库工具的厂家也越来越多。

1. 并行化和可扩展性

为提高数据仓库的性能和可扩展能力,数据仓库已趋向并行化。在硬件层次上,已越来越明显地采用多处理器并行结构；在数据库层次上，许多数据库厂商已推出并行产品，以适应数据仓库市场的需要。

2. 集中化

数据仓库项目将越来越大，Gartner Group 预测：到 2030 年，约有 70% 的集中化信息管理将依赖于数据仓库市场。

3. 数据仓库与 Internet/Intranet 的集成

随着 Internet/Intranet 技术的广泛应用和发展，数据仓库将 Internet/Intranet 进行很好的集成，即前台是 Web 服务器，后台是数据仓库系统。

4. 数据挖掘工具的成熟和广泛使用

数据挖掘工具和人工智能代理将是以后推动决策支持演变过程的主要力量。

5. 通用数据库

数据仓库将支持多媒体、支持结构化和非结构化数据，即向通用数据库发展，具有面向对象的能力。

6. 数据仓库打包应用

数据仓库将集成一些工具和应用，打包推向用户。

二、数据集市

1. 基本概念

数据集市也叫数据市场，是一个从操作的数据和其他的为某个特殊专业人员团体服务的数据源中收集数据的一种特定数据仓库，是为了特定的应用目的或应用范围，而从数据仓库中独立出来的一部分数据，有时也可称为部门数据或主题数据。

从范围上来说，数据集市中的数据是从企业范围的数据库、数据仓库，或者更加专业的数据仓库中抽取出来的。数据中心的重点就在于，它迎合了专业用户群体的特殊需求，如分析、内容、表现及易用方面。数据集市的用户希望数据是由它们熟悉的术语表现的。

数据集市可以分为两种类型，即独立型和从属型。独立型数据集市直接从操作型环境获取数据，从属型数据集市从企业级数据仓库获取数据。

2. 数据集市的由来

数据仓库构建了一种以集中式的数据存储为核心的体系结构，数据存储的模式为了适应决策分析的要求，从而形成一种与原来业务系统构成的操作型环境（OLTP）相独立的决策支持环境。数据仓库最基本的体系结构如图 6.6 所示。

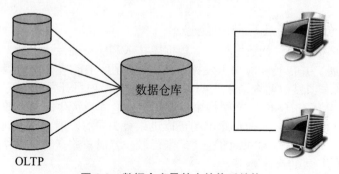

图 6.6 数据仓库最基本的体系结构

项目 6 利用数据库技术优化客户关系管理

图 6.6 所示的以数据仓库为基础的决策支持环境，要求数据仓库能够满足所有最终用户的需求。然而，最终用户的需求是不断变化的，而且各种类型的用户对信息的需求也不一样，这就要求数据仓库存储的数据具有充分的灵活性，能够适应各类用户的查询和分析。另外，最终用户对信息的需求必须易于访问，越快越好，能够在较高的性能上获得结果。

但是，灵活性和高性能是对数据仓库而言的，它们是一对矛盾体。为了适应灵活性的要求，数据仓库需要存储各种历史数据，并以规范化的模式存储。于是，对于特定的用户所需要的信息就需要在许多张大表上连接后得到结果，这样就无法满足用户对快速访问的性能需求。为了解决灵活性和性能之间的矛盾，数据仓库体系结构中增加了数据集市，数据集市存储为特定用户需求预先计算好数据，从而满足用户对性能的需求。带有数据集市的数据仓库体系结构如图 6.7 所示。

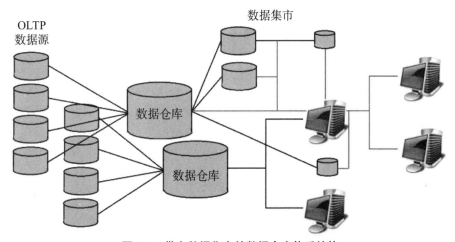

图 6.7 带有数据集市的数据仓库体系结构

数据集市实际上就是企业级数据仓库的一个子集，主要面向部门级业务，并且只面向某个特定的主题。数据集市在一定程度上可以缓解访问数据仓库的瓶颈。

3. 数据集市的特征

数据集市的特征是规模小，有特定的应用，面向部门，由业务部门定义、设计和开发，业务部门管理和维护，能快速实现，购买较便宜，投资快速回收，提供更详细的、预先存在的、数据仓库的摘要子集，可升级到完整的数据仓库。

> **案例分析**
>
> 假设先要为某银行构建一个分行级别的数据仓库，再为分行国际业务部构建数据集市。数据仓库的数据来源于银行的业务系统，包括储蓄、卡、个贷、外汇宝、中间业务等，分析的主题包括客户、渠道、产品等。数据仓库的数据一般包括具体的历史记录（存款、取款、外汇交易、POS 消费、中间业务缴费记录）。然后，将这些记录汇总到天、周、月、季度、年等各个层次。另外，数据仓库还存储一些业务逻辑——为分析而计算的一些指标，如客户的价值或客户的忠诚度。这些指标不能通过单一的业务系统计算得来，需要对所有业务进行综合考虑，这也是数据仓库系统的优点之一。
>
> 假设整个分行有 20 万个客户，那么数据仓库将包含 20 万个客户的所有业务的历史数据、汇总数据及数据仓库指标数据，数据量会达到几十甚至数百吉字节（这只是非常小规模的数据仓库）。数据仓库为了满足全行所有部门用户的查询和分析，只能采用范式化设计，这样不管用户有什么需求，只要有数据存在，就能满足。再假设国际业务部门的客户有 2 万人（使用外汇宝），如果不构建数据

集市,他们会直接在数据仓库上查询相关的信息,如外汇宝客户一年外汇交易额在各种交易方式上(如柜台、网上、电话银行等)的分布。查询的效率和性能是非常低的,如果各个部门的所有用户都直接在数据仓库上查询相关的信息,数据仓库的性能会下降,而且无法满足用户对性能的需求,谁都不愿意为一个简单的查询等待数分钟甚至数小时。因此,构建部门级的数据集市是非常有必要的,且主要基于性能上的考虑。国际业务部门的数据集市包括2万个客户的外汇交易历史及汇总,以方便OLAP工具的查询和分析。

可以看出,数据集市的数据来源于数据仓库,主要是经过重新组织的汇总数据。因此,多个数据集市不能构成一个企业级的数据仓库,借用一个比喻:不可能将大海里的小鱼堆在一起就组成一头大鲸鱼。这也说明,数据仓库和数据集市有本质的不同。

根据案例,分析总结一下数据仓库与数据集市的区别有哪些?

三、数据挖掘

1. 数据挖掘的定义

数据挖掘(Data Mining)是指从大量的、不完全的、有噪声的、模糊的、随机的数据中提取隐含在其中的、人们事先不知道的、但又是潜在有用的信息和知识的过程。

数据的丰富往往伴随着对强有力的数据分析工具的需求。快速增长的海量数据收集、存放在大型和大量数据库中,如果没有强有力的工具,人们就很难去理解它们。结果收集在大型数据库中的数据变成了"数据坟墓"——难得再访问的数据档案。这样,重要的决定常常不是基于数据库中信息丰富的数据,而是基于决策者的直观,因为决策者缺乏从海量数据中提取有价值知识的工具。数据和信息、知识之间的鸿沟要求系统地开发数据挖掘工具,将数据坟墓转换成知识"金块"。

小思考

随着网络技术的发展,电子化数据越来越多。据估算,全球的信息量每20个月翻一番,人们正面临着"数据丰富而知识贫乏"的状况。然而,人们目前所使用的数据库技术无法将隐藏在数据背后的重要信息挖掘出来并加以利用。所以,如何迅速、准确、有效但适量地提供用户所需的信息,发现信息之间潜在的联系,支持管理决策,就是数据挖掘要解决的课题。

思考:
(1)如何在堆积如山的企业交易数据中发现具有商业价值的信息?
(2)如何预先发现和避免企业运作过程中不易察觉的商业风险?

2. 数据挖掘的特点

(1)处理的数据规模十分庞大,达到吉字节、太字节数据级,甚至更大。

(2)查询一般是决策制定者提出的即时随机查询,往往不能形成精确的查询要求,需要靠系统本身寻找其可能感兴趣的东西。

(3)在一些应用中(如商业投资等),由于数据变化迅速,因此要求数据挖掘能快速做出相应反应,以随时提供决策支持。

(4)在数据挖掘中,规则的发现基于统计规律。所发现的规则不必适用于所有数据,而是当其达到某一临界值即认为有效,因此利用数据挖掘技术可能会发现大量的规则。

(5)数据挖掘所发现的规则是动态的,它只找到了当前状态的数据库具有的规则,不断地向数据库中加入新数据,所以需要随时对其进行更新。

3. 数据挖掘的一般过程

数据挖掘过程可以大体分为4个步骤,即数据准备、数据挖掘、结果的解释及评价、用户界面,如图6.8所示。

项目 6　利用数据库技术优化客户关系管理

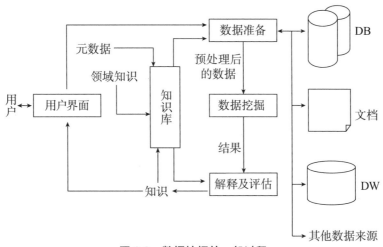

图 6.8　数据挖掘的一般过程

步骤 1，数据准备。

（1）数据的选择。搜索所有与业务对象有关的内外部数据信息，并从中选择出适用于数据挖掘应用的数据。以物流领域中的仓库管理为例，仓库管理中通常会对货物进行一定的分类，从而有效利用平面、空间利用率，同时让工作流程更加的高效。在物流中，通常取用 ABC 分类法（即按货物的价值与数量）进行分类。而这些数据多从市场上收集得来，部分是直接从零售商处取得的。在这种情况下，数据选择应选择那些跟市场销售上有更多关联的数据。

（2）数据的预处理。研究数据的质量，为进一步的分析做准备，并确定将要进行的挖掘操作的类型。通过各类市场收集回来的各种数据中存在很多问题，如由于某些特别的原因，导致某产品在特定的短时期内价格有所上升，偏离平时情况。数据预处理则是要先对这样偏离的数据预先进行剔除。

（3）数据的转换。将数据转换成一个分析模型，这个分析模型是针对挖掘算法建成的，建立一个真正的适合挖掘算法的分析模型是数据挖掘成功的关键。

步骤 2，数据挖掘。

对所得到的经过转换的数据进行挖掘，除了进一步完善挖掘算法外，其余一切工作都能自动完成。以下一些情况可能影响数据挖掘的效果：出现填写错误的订单；部分重复的订单数据；缺少相应可以实施的功能；挖掘出来的结果缺乏充分的理由；耗时太长；等等。

步骤 3，结果的解释及评估。

解释及评估结果，其使用的分析方法一般应视不同的数据挖掘操作而定。根据最终用户的决策目的对提取的信息进行分析，把最有价值的信息区分出来，并且通过决策支持工具提交给决策者。因此，这一步骤的任务不仅要把结果表达出来，而且要对信息进行过滤处理，如果不能令决策者满意，则需要重复以上数据挖掘过程。

步骤 4，用户界面。

将分析所得到的知识集成到业务信息系统组织结构中去。

数据挖掘的过程步骤会随不同领域的应用而有所变化，每一种数据挖掘技术也会有各自的特性和使用步骤，针对不同问题和需求所制定的数据挖掘过程也会存在差异。此外，数据的完整程度、专业人员支持的程度等，都会对建立数据挖掘过程有所影响。这些因素造成了数据挖掘在各不同领域中的运用、规划及流程的差异性，即使同一产业，也会因为分析技术和专业知识的掌握程度不同而不同，因此对于数据挖掘过程的系统化、标准化来说就显得格外重要。如此一来，其不仅可以较容易地跨领域应用，而且可以结合不同的专业知识，发挥数据挖掘的真正精神。

> **小思考**
>
> 目前，数据挖掘技术已经被广泛应用于金融行业中，它可以成功预测银行客户需求。一旦获得了这些信息，银行就可以改善自身营销能力水平。银行天天都在开发新的沟通客户的方法，各个银行在自己的ATM机上就捆绑了顾客可能感兴趣的本行产品信息，以供使用本行ATM机的用户了解。例如，如果数据库中显示，某个高信用限额的客户更换了地址，这个客户很有可能新近购买了一栋更大的住宅，因此会有可能需要更高的信用限额、更高端的新信用卡，或者需要一个住房改善贷款，这些产品都可以通过信用卡账单邮寄给客户。当客户打电话咨询的时候，数据库可以有力地帮助电话销售代表，销售代表的计算机屏幕上可以显示出客户的特点，同时也可以显示出顾客会对什么产品感兴趣。
>
> 一些知名的电子商务网站也从强大的数据挖掘中获益匪浅。这些电子购物网站使用关联规则进行数据挖掘，然后设置用户有意要一起购买的捆绑包。也有一些购物网站使用它们设置相应的交叉销售，也就是说，购买某种商品的顾客会看到相关的另外一种商品的广告。
>
> 回想自己的网上购物体验，思考一下：电子商务网站是如何预测你的需求，并将你可能需要的产品展现在你眼前的屏幕上？

四、数据挖掘与数据仓库的关系

1. 数据仓库是数据挖掘的前提

若将数据仓库比作矿坑，数据挖掘就是深入矿坑采矿的工作。毕竟数据挖掘不是一种无中生有的魔术，也不是点石成金的炼金术，若没有足够丰富完整的数据，是很难期待数据挖掘出什么有意义的信息。

要将庞大的数据转换成为有用的信息，必须先要有效地收集信息。随着科技的进步，功能完善的数据库系统就成了最好的收集数据的工具。数据仓库，简单地说，就是收来自其他系统的有用数据，存放在一个整合的储存区内。所以，数据仓库其实就是一个经过处理整合且容量特别大的关系型数据库，用以储存决策支持系统所需的数据，供决策支持或数据分析使用。从信息技术的角度来看，数据仓库的目标是在组织中，在正确的时间将正确的数据交给正确的人。

2. 数据挖掘是获得有价值信息的关键

数据仓库本身是一个非常大的数据库，它储存着从组织作业数据库中整合而来的数据，特别是指事务处理系统OLTP所得来的数据。将这些整合过的数据置于数据仓库中，决策者利用这些数据作决策；但是，这个转换及整合数据的过程，是建立一个数据仓库最大的挑战，因为将作业中的数据转换成有用的策略性信息是整个数据仓库的重点。综上所述，数据仓库应该具有这些数据：整合性数据、详细和汇总性的数据、历史数据、解释数据的数据。从数据仓库挖掘出对决策有用的信息与知识，是使用数据挖掘的最大目的，两者的本质与过程是两回事。换句话说，数据仓库应先行建立完成，数据挖掘才能有效地进行，因为数据仓库本身所含数据是干净（不会有错误的数据参杂）、完备且经过整合的。因此，两者的关系或许可解读为数据挖掘是从巨大数据仓库中找出有用信息的一种过程与技术。

3. 数据仓库影响数据挖掘的效率

在大部分情况下，数据挖掘都要先把数据从数据仓库中导入数据挖掘库或数据集市中，从数据仓库中直接获得进行数据挖掘的数据有许多益处。如果数据在导入数据仓库时已经清理过，那在做数据挖掘时就没必要再清理一次了，而且所有的数据不一致的问题都已经被解决了。

数据挖掘库可能是数据仓库的一个逻辑上的子集，而不一定非得是物理上单独的数据库。建立一个巨大的数据仓库，把各个不同源的数据统一在一起，解决所有的数据冲突问题，然后把所有的数据导入一个数据仓库内，是一项巨大的工程，可能要用几年的时间且花上百万的资金才能完成。如果只是为了数据挖掘，可以把一个或几个事务数据库导入一个只读的数据库中，把它当作数据集市，然后在它上面进行数据挖掘。

五、数据挖掘在物流管理中的应用

现代物流业的飞速发展要求企业能够做到反应快速化、服务全面化、作业规范化、目标系统化、手段现代化、组织网络化、经营市场化，而这些都离不开完善的信息系统的支撑。随着信息系统中数据量的剧增，数据挖掘技术将成为深化物流信息管理的最有效方法，在解决选址、仓储和配送等基础物流问题方面可以发挥很大的作用。

1. 选址问题

物流中心的选址属于最小成本问题，即求解运输成本、变动处理成本和固定成本等之和的最小化问题。选址需要考虑到中心点数量和中心点如何分布等问题，尤其是多中心选址的问题。多中心选址是指在一些已知的备选地点中选出一定数目的地点来设置物流中心，使形成的物流网络的总费用最低。在实际操作中，当问题规模变得很大或者要考虑一些市场因素（如顾客需求量）时，规划就存在一些困难。针对这一问题，可以用数据挖掘中的分类树方法来加以解决。分类树的目标是连续地划分数据，使依赖变量的差别最大。分类树的真正目的是将数据分类到不同组或分支中，在依赖变量的值上建立最强划分。用分类树的方法解决这个问题时，通常需要中心点的位置、每个中心点的业务需求量、备选点的位置、中心点和备选点之间的距离4个方面的数据。通过分类树方法，不仅确定了物流系统中心点的位置，而且确定了每年各个位置间物品的运输量，使整个企业必要的销售量得到保证，企业长期折现的总成本也会达到最小值。

2. 配送问题

配送问题包括配送计划的编制、配送路线的设计优化及配送过程中的配载（混载）问题。在许多配送体系中，管理人员需要采取有效的配送策略以提高服务水平、降低货运费用。其中首要的难题，就是车辆的路径问题。车辆路径问题是为车辆确定到达客户的路径，每一位客户只能被访问一次且每条路径上的客户需求量之和不能超过车辆的承载能力。要合理解决这个问题，需要物流设计人员考虑车辆的利用能力，如果车辆在运输过程中的空载率过高或整车的运力不能被完全利用，无疑会增加企业的运输成本。此外，还涉及车辆的运输能力，这就必须考虑货品的规格大小和利润价值的大小。在采取有效的配送策略时，这些因素都必须同时考虑，如果能够将顾客的需求和运输路径综合起来进行分类，对整个配送策略中车辆的合理选择分派会起到较大的作用。

3. 仓储问题

在电子商务、供应链合作、全球化及快速反应需求背景的影响下，现代物流管理对仓库的要求越来越高了，如交易更频繁、处理和存储更多货品、提供更多客户自定义产品和服务、提供更多的增值服务等。仓储问题在物流管理中正扮演着非常重要的角色。仓储问题包括存储货物、中转运输、顾客服务3个方面的内容，在这3个方面的成本计算中，仓储成本无疑在企业总的成本核算中占很大一部分。因此，如何合理安排货品的存储、压缩货品的存储成本，正成为现代物流管理者要深入思考的问题。同时，对于货品的存放，哪些货品放在一起可以提高拣货效率？哪些货品放在一起却达不到这样的效果……这些问题也是需要物流管理者认真考虑的。采取数据挖掘中的关联模式分析技术可以帮助物流管理者解决这一问题。关联模式分析的目的就是挖掘出隐藏在数据间的相互关系，即通过量化的数字，描述产品 A 的出现对产品 B 的出现有多大影响。关联模式分析就是给定一组

Item 和一个记录集合，通过分析记录集合，推导出 Item 间的相关性。可以用 4 个属性来描述关联规则：一是可信度，即在产品集 A 出现的前提下，B 出现的概率；二是支持度，即产品集 A、B 同时出现的概率；三是期望可信度，即产品集 B 出现的概率；四是作用度，即可信度对期望可信度的比值。目前，大多数关联模式分析都基于"支持度—置信度"的框架，其目的是抽取形如"if A then B"的规则。

通过上述关联分析，可以得出一个关于同时购买商品的简单规则及每条规则的置信度和支持度。支持度高表示规则经常被使用，置信度高表示规则比较可靠。通过关联模式分析后，可以得到关于产品 A、产品 B 的关联程度，从而决定这两种货品在货架上的配置。

4. 逆向物流问题

零售业逆向物流具有流动对象数量大、种类多及物流业务频繁等特点。管理者更关心的是如何减少顾客的退货行为，降低退货数量。为了准确地反映某种商品的次品率，与销售量对应，在逆向物流数据中只选择来自顾客因质量缺陷的这部分退货数据。两者的比值即为该商品的次品率。这样做排除了零售商自身业务活动的干扰，在顾客足够理性的前提下，影响产品质量的因素只剩下一个，即供应商，对某种商品供货质量进行的统计分析就成为单因素分析。对于逆向物流问题，常使用单因素条件下的方差分析、基于成对数据的 t 检验、单个总体 t 检验等来进行数据挖掘。

【ABC 分类练习】

练一练

请用微信扫一扫旁边的二维码，或登录在线精品开放课程，根据作业周报制订合适的储位分配方案。

任务 3　客户关系管理

一、基本概念

1. 客户关系管理的定义

客户关系管理（Customer Relationship Management，CRM）是指秉承以客户为中心的理念，采用数据库等信息技术将海量复杂的客户行为数据集中起来，通过对数据进行标准化、抽象化、规范化，探寻隐藏在数据海洋里的"规律"和"趋势"，准确把握客户的需求，同时挖掘客户服务中的问题，建立一个与客户有效沟通交流的机制，持续不断地提升客户服务水平，实现客户忠诚的最终目标。

客户关系管理首先是一种管理理念，其核心思想是将企业客户作为重要的战略资源，通过完善的客户服务和深入的客户分析来满足客户的需求，保证实现客户的终生价值。客户关系管理也是一种管理软件和技术。现在市场中 CRM 供应商较多，国内的有用友、中圣、金蝶创智等，国外的有 Siebel、Oracol、Borland、Sybase 等。

CRM 起源于 20 世纪 80 年代初提出的接触管理，即专门收集整理客户与公司联系的所有信息，到 20 世纪 90 年代初期则演变成为包括服务中心与支持资料分析的客户服务。经过几十年的不断演变和发展，CRM 逐渐形成了一整套管理理论体系和应用技术体系。

2. 客户关系管理的功能

客户关系管理的功能在以下 3 个环节得到体现：

（1）市场开拓。客户关系管理系统在市场营销过程中，可有效帮助市场人员分析现有的目标客户群体，如主要客户群体集中在哪个行业、哪个职业、哪个年龄层次、哪个地域等，从而帮助市场人员进行精准的市场投放。客户关系管理也能有效分析每一次市场活动的投入产出比,根据与市场活动相关联的回款记录及举行市场活动的报销单据进行计算,就可以统计出所有市场活动的效果报表。

(2)销售促进。销售是客户关系管理系统中的主要组成部分,包括潜在客户、客户、联系人、业务机会、订单、回款单、报表统计图等模块。业务员通过记录沟通内容、建立日程安排、查询预约提醒、快速浏览客户数据有效缩短了工作时间,而大额业务提醒、销售漏斗分析、业绩指标统计、业务阶段划分等功能又可以有效帮助管理人员提高整个公司的成单率、缩短销售周期,从而实现最大效益的业务增长。

(3)客户服务。客户服务主要是用于快速及时地获得问题客户的信息及客户历史问题记录等,这样可以有针对性且高效地为客户解决问题,提高客户满意度,提升企业形象。客户服务主要功能包括客户反馈、解决方案、满意度调查等功能。应用客户反馈中的自动升级功能,可让管理者第一时间得到超期未解决的客户请求,解决方案功能使全公司所有员工都可以立刻给客户提交最满意的答案,而满意度调查功能又可以使高层管理者随时获知公司客户服务的真实水平。有些客户关系管理软件还会集成呼叫中心系统,这样可以缩短客户服务人员的响应时间,对提高客户服务水平也起到了很大的作用。

3. 客户关系管理的特征

客户关系管理依据先进的管理思想,利用先进的信息技术,帮助企业最终实现客户导向战略,具有以下特点:

(1)先进性。客户关系管理系统涉及种类繁多的信息技术,如数据仓库、网络、多媒体等许多先进的技术。同时,为了实现与客户的全方位交流和互动,它要求呼叫中心、销售平台、远端销售、移动设备及电子商务网站有机结合,这些不同的技术和不同规则的功能模块要结合成统一的客户关系管理系统,需要不同类型的资源和专门的技术支持。

(2)综合性。客户关系管理系统包含客户合作管理、业务操作管理、数据分析管理、信息技术管理4个子系统,综合了大多数企业的销售、营销、客户服务行为优化和自动化的要求,运用统一的信息库,开展有效的交流管理和执行支持,使交易处理和流程管理成为综合的业务操作方式。

(3)集成性。CRM 解决方案因具备强大的工作流引擎,可以确保各部门、各系统的任务都能够动态协调和无缝连接。因此,CRM 系统与其他企业信息系统的集成,可以最大限度地发挥企业各个系统的组件功能,实现跨系统的商业智能,全面优化企业内部资源,提升企业整体信息化水平。

(4)智能化。客户关系管理系统的成熟,不仅能够实现销售、营销、客户服务等商业流程的自动化,减少大量的人力物流,而且能为企业的管理者提供各种信息和数据的分析整合,为决策提供强有力的依据。同时,客户关系管理的商业智能对商业流程和数据采取集中管理,大大简化软件的部署、维护和升级工作;基于互联网的客户关系管理系统,使用户和员工可随时随地访问企业,减少大量的交易成本。客户关系管理系统与其他企业管理信息系统集成后,将使商业智能得到更大的发挥,为企业发现新的市场机会、改善产品定价方案、提高客户忠诚度,从而为提高市场占有率提供支持。

二、数据挖掘与客户关系管理

1. 数据挖掘在 CRM 中扮演的角色

(1)客户的获取。将客户根据其性别、收入、交易行为特征等属性细分为具有不同需求和交易习惯的群体,同一群体中的客户对产品的需求及交易心理等方面具有相似性,而不同群体间差异较大,这样就有助于企业在营销中更加贴近顾客需求。分类和聚类等挖掘方法可以把大量的客户分成不同的类,适合于进行客户细分。通过群体细分,CRM 用户可以更好地理解客户，发现群体客户的行为规律。在行为分组完成后，还要进行客户理解、客户行为规律发现和客户组之间的交叉分析，以帮助市场人员找到正确的目标客户，进而降低销售成本，也可以提高市场开发的成功率。

（2）重点客户发现。重点客户发现主要包括发现有价值的潜在客户、发现有更多的消费需求的同一客户、发现更多使用的同一种产品或服务、保持客户的忠诚度。根据"80/20 原则"中开发新客户的费用是保留老客户费用的 5 倍等可知，重点客户发现在 CRM 中具有举足轻重的作用。

（3）避免客户流失。在公司经营过程中经常会发现，原本属于公司的客户后来却转成竞争对手的客户，因此有必要分析这类客户的特征，找出可能流失的客户，然后有针对性地采取一些方法预防客户流失；更系统的做法是，根据客户的消费行为与交易纪录对客户忠诚度进行排序，如此则可区别流失率的等级，进而采取不同的策略。

（4）交叉营销。商家与其客户之间的商业关系是一种持续的不断发展的关系，通过不断地相互接触和交流，客户得到了更好更贴切的服务质量，商家则因为增加了销售量而获利。交叉营销是指向已购买商品的客户推荐其他产品和服务。这种策略成功的关键是要确保推销的产品是用户所喜好的，有几种挖掘方法都可以应用于此问题：关联规则分析能够发现顾客倾向于关联购买哪些商品；聚类分析能够发现对特定产品有爱好的用户群；神经网络、回归等方法能够猜测顾客购买该新产品的可能性。

利用数据挖掘有利于了解客户的消费模式，找出哪些产品客户最容易一起购买，或是预测客户在买了某一种产品之后，在多久会买另一种产品等。利用数据挖掘可以更有效地决定产品组合、产品推荐、进货量或库存量，或在店里要如何摆设货品等，同时可以用来评估促销活动的成效。

2. CRM 中数据挖掘的工作流程

（1）数据抽样。当进行数据挖掘时，首先要从企业大量客户信息数据中抽取出相关的数据子集。通过对数据样本的精选，不仅能减少数据处理量，节省系统资源，而且能通过对数据的筛选，使数据更加具有规律性。

（2）数据探索。数据探索就是通常所进行的对数据深入调查的过程，从样本数据集中找出规律和趋势，用聚类分析区分类别，最终要达到的目的就是搞清楚多因素相互影响的、十分复杂的关系，发现因素之间的相关性。

（3）数据调整。通过上述两个步骤的操作，对数据的状态和趋势有了进一步的了解，这时要尽可能对问题解决的要求进一步明确化、量化。

（4）模型化。在问题进一步明确、数据结构和内容进一步调整的基础上，就可以建立模型。这一步是数据挖掘的核心环节，运用神经网络、决策树、数理统计、时间序列分析等方法来建立模型。

（5）评价。从上述过程中将会得出一系列的分析结果、模式和模型，大多数情况下会得出对目标问题多侧面的描述，这时就要综合它们的规律性，提供合理的决策支持信息。

3. 在 CRM 中数据挖掘的主要方法

（1）关联分析。其目的就是挖掘出隐藏在数据间的相互关系。例如，80% 顾客会在购买 A 产品的同时购买 B 产品，这就是一条关联规则。

（2）时序模式。通过时间序列搜索重复发生概率较高的模式，这里强调时间序列的影响。例如，某段时间内，购买了 A 产品的人中，70% 的人会购买 B 产品。

（3）分类。找出一个类别的概念描述，它代表了这类数据的整体信息。分类是数据挖掘中应用最多的方法，先为每个类别做出准确的描述、建立分析模型或挖掘出分类规则，然后用这个分类规则对其他数据库中的记录进行分类。

（4）聚类。按一定规则将数据分为一系列有意义的子集，通俗地讲，就是多元统计中研究所谓"物以类聚"现象的一种方法。其职能是对一批样本或指标按其在性质上的亲疏程度来进行分类，采用不同的聚类方法，对于相同的记录集合可能有不同的划分结果。

（5）偏差分析。在小数据时代，企业行为是无序的、零散的；在大数据时代，企业的行为有稳定的规律。但规律的寻找往往容易受到某些特例事件的干扰，因此，有必要从数据库中找出异常数据，进行偏差分析，进而发现问题，找到相应对策。

（6）猜测。利用历史数据找出规律，建立模型，并用模型猜测未来数据的种类、特征等。猜测不是凭空拍脑袋，是建立在科学的数据分析基础上的。

CRM不是设一个客服专线就算了，更不只是把一堆客户基本数据输入计算机就够了，完整的CRM运作机制在相关的硬软件系统能健全的支持之前，有太多的数据准备工作与分析需要推动。企业透过数据挖掘，可以分别针对策略、目标定位、操作效能与测量评估等问题，有效地从市场与顾客所收集累积的大量数据中挖掘出对消费者来说最为重要的答案，并赖以建立真正由客户需求点出发的客户关系管理。

拓展阅读

数据挖掘解决客户关系管理中的"顽疾"

症状一：遗忘老客户，盲寻新客户。

由于公司营销人员在变动，客户也在变动，一名营销人员已经接触过的客户可能会被其他营销人员当作新客户来对待，这样不仅浪费了公司的财力和物力，而且不利于客户关系的维护。

处方：通过CRM系统，销售管理人员不仅可以根据实时数据，进行市场预测分析，制订可行性计划和目标，而且可以帮助销售人员更加有效地跟踪客户；同时，企业可以对销售人员实施动态业绩考核，让不同分公司、销售人员之间形成正激励效应，从而提升公司业绩。

症状二：客户信息散，企业竞争弱。

在传统的客户管理中，对于客户信息的管理十分凌乱，如存在客户信息不够全面、查询信息不够方便、客户分析缺乏工具等问题。这种客户信息的分散性和片段性，对公司的经营活动造成了极大困扰。

处方：通过CRM系统，可以将企业资源进行科学而全面的分类，包含进行客户、竞争对手、合作伙伴等具体分类。这样信息记录就更加全面，可以实现公司内部资源管理的标准化、自动化，减轻营销管理人员工作负担，提高工作效率，也有助于公司领导的监控和决策。

项目实训

X公司是一家知名的快速消费品制造企业，其仓储业务一直外包给Y物流公司，双方已经愉快地合作了很长时间，X公司对Y物流公司提供的仓储服务非常满意。即便如此，Y物流公司仍然倍感压力，总想着如何为客户降低成本，不断提供增值服务。

目前，Y物流公司提供仓储服务的模式有两种：包租和散租。包租是指将固定面积的场地长期租给客户，按年收费。该模式的特点是单位面积的租金较低、库位有保障、方便管理，但闲时空置率高。散租是指仓库场地及租用面积不固定，随要随租，按天收费。该模式的特点是单位面积租金较高、基本不存在库位闲置问题、浪费少，但库位难有保障。这些年来，Y物流公司为X公司提供的都是包租服务。

1. 实训要求

（1）请运用数据库技术为Y物流公司开展增值物流业务提出解决方案。

（2）分小组课堂汇报。

2. 评价标准

报告内容 （40分）	汇报表现 （30分）	PPT制作 （20分）	团队合作 （10分）	总分 （100分）

课后练习

选择题（不定项）

1. 数据库的特点包括（　　）。
A. 可以实现数据共享　　　　　　　　B. 数据的冗余度小
C. 确保数据的独立性　　　　　　　　D. 实现数据的集中控制

2. 数据管理技术的发展经历了（　　）。
A. 人工管理阶段　　　　　　　　　　B. 数据管理阶段
C. 文件系统阶段　　　　　　　　　　D. 数据库系统阶段

3. 应用数据库技术进行数据处理的类型一般有（　　）。
A. 事务型　　　　B. 主动型　　　　C. 被动型　　　　D. 分析型

4. 数据仓库的特点不包括（　　）。
A. 面向主题　　　B. 不稳定　　　　C. 集成的　　　　D. 反映历史变化

项目 7
利用 3S 技术实现跟踪定位

【学习目标】

知识目标	能力目标	素养目标
（1）了解 RS、GIS、GPS 技术的基本原理。 （2）掌握 3S 技术的使用方法及其应用场合。 （3）理解在途商品跟踪对于客户的重要意义	（1）能利用 3S 技术提前了解客户商品的到货时间以便做好充分的作业准备。 （2）能利用 3S 技术将出库商品的运输状态及时通知客户，让客户放心。 （3）能利用 3S 技术为客户确定运输路线提供参考建议，提升客户服务水平	（1）培育和践行社会主义核心价值观。 （2）养成认真负责的劳动态度和精益求精的工匠精神。 （3）激发创新创业意识，培养批判性思维能力。 （4）具备良好的团队合作与沟通交流能力

【情境导入】

位于 K 城市的某第三方物流公司同时服务于 A、B、C 这 3 家客户，在 X、Y、Z 这 3 座城市都有 3 家客户的供应商，在 M、N、L 这 3 座城市都有 3 家客户的市场。

思考并讨论：

（1）如何利用 3S 技术辅助该物流公司进行车辆调度决策？

（2）如何确定车辆的运输路线？

任务 1 RS 技术及应用

一、RS 技术概述

（一）RS 技术的定义

遥感（Remote Sensing，RS）技术是根据电磁波的理论，应用各种传感仪器对远距离目标所辐射和反射的电磁波信息，进行收集、处理并最后成像，从而对地面各种景物进行探测和识别的一种综合技术。

遥感技术是一种非接触的、远距离的探测技术，如图 7.1 所示。它是 20 世纪 60 年代在航空摄影和判读的基础上，随航天技术和电子计算机技术的发展而逐渐形成的综合性感测技术。任何物体都有不同的电磁波反射或辐射特征，

图 7.1 遥感技术

航空航天遥感就是利用安装在飞行器上的遥感器感测地物目标的电磁辐射特征，并将特征记录下来，供识别和判断。

RS 广义的定义：即遥远地感知，泛指一切无接触的远距离探测，包括对电磁场、力场、机械波（声波、地震波）等的探测。自然中的遥感现象有蝙蝠、响尾蛇、人眼和人耳等。

RS 狭义的定义：即应用探测仪器，不与探测目标相接触，从远处把目标的电磁波特性记录下来，通过分析揭示出物体的特性及其变化的综合性探测技术。

（二）遥感技术的基本原理

任何物体都具有光谱特性，具体来说，都具有不同的吸收、反射、辐射光谱的性能。在同一光谱区，各种物体反映的情况不同，同一物体对不同光谱的反映也有明显差别。即使是同一物体，在不同的时间和地点，由于太阳光照射角度不同，它们反射和吸收的光谱也各不相同。

遥感技术就是根据这些原理，对物体做出判断。遥感技术通常使用绿光、红光和红外光 3 种光谱波段进行探测。绿光段一般用来探测地下水、岩石和土壤的特性；红光段探测植物生长、变化及水污染等；红外段探测土地、矿产及资源。此外，还有微波段，用来探测气象云层及海底鱼群的游弋。

振动的传播称为波。电磁振动的传播是电磁波。电磁波的波段按波长由短至长可依次分为 γ-射线、X-射线、紫外线、可见光、红外线、微波和无线电波。电磁波的波长越短，穿透性就越强。遥感探测所使用的电磁波波段是从紫外线、可见光、红外线到微波的光谱段。

太阳作为电磁辐射源，它所发出的光也是一种电磁波。太阳光从宇宙空间到达地球表面必须穿过地球的大气层，太阳光在穿过大气层时，会受到大气层对太阳光的吸收和散射影响，因而使透过大气层的太阳光能量衰减。但是，大气层对太阳光的吸收和散射影响随太阳光波长的变化而变化，地面上的物体会对由太阳光所构成的电磁波产生反射和吸收。由于每一种物体的物理和化学特性及入射光的波长不同，因此它们对入射光的反射率也不同。各种物体对入射光反射的规律称为物体的反射光谱，通过对反射光谱的测定可得知物体的某些特性。

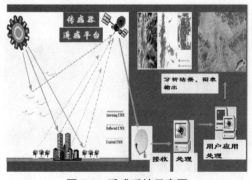

图 7.2 遥感系统示意图

（三）遥感系统及其组成

现代遥感技术主要包括信息的获取、传输、存储和处理等环节。完成上述功能的全套系统称为遥感系统，如图 7.2 所示。

遥感系统主要由以下四大部分组成：

（1）信息源。信息源是遥感需要对其进行探测的目标物。任何目标物都具有反射、吸收、透射及辐射电磁波的特性，当目标物与电磁波发生相互作用时会形成目标物的电磁波特性，这就为遥感探测提供了获取信息的依据。

（2）信息获取。信息获取是指运用遥感技术装备接受、记录目标物电磁波特性的探测过程。信息获取所采用的遥感技术装备主要包括遥感平台和传感器。其中，遥感平台是用来搭载传感器的运载工具，它如同在地面摄影时安放照相机的三脚架，是在空中或空间安放遥感器的装置。主要的遥感平台有高空气球、飞机、火箭、人造卫星、载人宇宙飞船等。传感器是用来探测目标物电磁波特性的仪器设备，是远距离感测地物环境辐射或反射电磁波的仪器。目前使用的传感器有 20 多种，除可见光摄影机、红外摄影机、紫外摄影机外，还有红外扫描仪、多光谱扫描仪、微波辐射和散射计、侧视雷达、专题成像仪、成像光谱仪等。

（3）信息处理。信息处理是指运用光学仪器和计算机设备对所获取的遥感信息进行校正、分析和解译处理的技术过程。信息处理的作用是通过对遥感信息的校正、分析和解译处理，掌握或清除遥感原始信息的误差，梳理、归纳出被探测目标物的影像特征，然后依据特征从遥感信息中识别并提取所需的有用信息。

（4）信息应用。信息应用是指专业人员按不同的目的将遥感信息应用于各业务领域的使用过程。信息应用的基本方法是将遥感信息作为地理信息系统的数据源，供人们对其进行查询、统计和分析利用。遥感的应用领域十分广泛，最主要的应用有军事、物流、地质矿产勘探、自然资源调查、地图测绘、环境监测、城市建设和管理等。

（四）遥感技术的特点

遥感作为一门对地观测综合性科学，它的出现和发展不仅仅是人们认识和探索自然的客观需要，更有其他技术手段无法与之比拟的特点。

1. 遥感可实现大面积同步观测

遥感探测能在较短的时间内，从空中乃至宇宙空间对大范围地区进行对地观测，并从中获取有价值的遥感数据。这些数据拓展了人们的视觉空间，如航摄飞机高度可达 10km 左右，陆地卫星轨道高度可达 910km 左右；一张陆地卫星图像覆盖的地面范围达到 3 万多平方千米，相当于我国海南岛的面积；我国只要 600 多张陆地卫星图像就可以全部覆盖。这种展示宏观景象的图像，对地球资源和环境分析极为重要。

2. 获取信息速度快、更新周期短

由于卫星围绕地球运转，能及时获取所经地区的各种自然现象的最新资料，以便更新原有资料，或根据新旧资料变化进行动态监测，这是人工实地测量和航空摄影测量无法比拟的。例如，实地测绘地图要几年、十几年甚至几十年才能重复一次，陆地卫星每 16d 可覆盖地球一遍，而 NOAA 气象卫星每天能收到两次图像。

3. 遥感数据具有可比性、宏观性和综合性

遥感数据能动态反映地面事物的变化，遥感探测能周期性、重复地对同一地区进行对地观测，这有助于人们通过所获取的遥感数据，发现并动态地跟踪地球上许多事物的变化。同时，研究自然的变化规律，尤其是在监视天气状况、自然灾害、环境污染甚至军事目标等方面，遥感的运用就显得格外重要。

遥感技术获取的数据具有综合性，遥感探测所获取的是同一时段、覆盖大范围地区的遥感数据，这些数据综合地展现了地球上许多自然与人文现象，宏观地反映了地球上各种事物的形态与分布，真实地体现了地质、地貌、土壤、植被、水文、人工构筑物等地物的特征，全面地揭示了地理事物之间的关联性，而且这些数据在时间上具有相同的现势性。

遥感技术获取信息的手段多，信息量大。根据不同的任务，遥感技术可选用不同波段和遥感仪器来获取信息，如可采用可见光探测物体，也可采用紫外线、红外线和微波探测物体；利用不同波段对物体不同的穿透性，还可获取地物内部信息，如地面深层、水的下层、冰层下的水体、沙漠下面的地物特性等，而且微波波段还可以全天候地工作。

4. 获取信息受条件限制少

在地球上有很多地方自然条件极为恶劣，人类难以到达，如沙漠、沼泽、高山峻岭等，采用不受地面条件限制的遥感技术，特别是航天遥感，可方便及时地获取各种宝贵资料。

（五）遥感技术的发展历程

遥感是以航空摄影技术为基础，在20世纪60年代初发展起来的一门新兴技术，开始为航空遥感，自1972年美国发射了第一颗陆地卫星后，标志着航天遥感时代的开始。经过几十年的发展，遥感技术已成为一门实用的、先进的空间探测技术。

1. 遥感萌芽时期

（1）无记录地面遥感阶段（1608—1838年）。

1608年，汉斯·李波尔赛制造了世界上第一架望远镜。

1609年，伽利略制作了放大3倍的科学望远镜，并首次观测月球。

1794年，气球首次升空侦察，为观测远距离目标开辟了先河，但望远镜观测不能把观测到的事物用图像的方式记录下来。

（2）有记录地面遥感阶段（1839—1857年）。

1839年，达盖尔发表了他和尼普斯拍摄的照片，第一次成功地将拍摄事物记录在胶片上。

1849年，艾米·劳塞达特制订了摄影测量计划，成为有目的、有记录的地面遥感发展阶段的标志。

2. 遥感初期发展

（1）空中摄影遥感阶段（1858—1956年）。

1858年，用系留气球拍摄了法国巴黎的鸟瞰相片。

1903年，飞机的发明。

1909年，出现第一张航空相片。

（2）第一次世界大战期间（1914—1918年）。

形成独立的航空摄影测量学的学科体系。

（3）第二次世界大战期间（1931—1945年）。

出现彩色摄影、红外摄影、雷达技术、多光谱摄影、扫描技术、运载工具和判读成图设备。

3. 遥感现代发展

1957年，苏联发射了人类第一颗人造地球卫星。

20世纪60年代，美国发射了TIROS、ATS、ESSA等气象卫星和载人宇宙飞船。

1972年，发射了地球资源技术卫星ERTS-1（后改名为Landsat Landsat-1），装有MSS感器，分辨率79m。

1982年，Landsat-4发射，装有TM传感器，分辨率提高到30m。

1986年，法国发射SPOT-1，装有PAN和XS遥感器，分辨率提高到10m。

1999年，美国发射IKNOS，空间分辨率提高到1m。

4. 遥感在中国的发展

20世纪50年代，组建专业飞行队伍，开展航摄和应用。

1970年4月24日，第一颗人造地球卫星上天。

1975年11月26日，发射返回式卫星，得到卫星相片。

20世纪80年代，遥感探测活动空前活跃，"六五计划"将遥感列入国家重点科技攻关项目。

1988年9月7日，发射第一颗"风云1号"气象卫星。

1999年10月14日，成功发射资源卫星1号。

之后，进入快速发展期，开展载人航天、探月工程等活动。

（六）遥感技术的分类

（1）根据工作平台层面，遥感技术分为地面遥感（包括三脚架、遥感塔、遥感车和遥感船等与地面接触的平台称为地面平台或近地面平台）、航空遥感（气球、飞机）、航天遥感（人造卫星、飞船、空间站、火箭）。

（2）根据记录方式层面，遥感技术分为成像遥感、非成像遥感。

（3）根据应用领域，遥感技术分为环境遥感、大气遥感、资源遥感、海洋遥感、地质遥感、农业遥感、林业遥感等。

（4）根据传感器的探测范围波段，遥感技术分为紫外遥感（探测波段在 $0.05\sim0.38\mu m$）、可见光遥感（探测波段在 $0.38\sim0.76\mu m$）、红外遥感（$0.76\sim1000\mu m$）、微波遥感（$1mm\sim1m$）、多波段遥感。

（5）根据工作方式，遥感技术分为主动遥感、被动遥感，如图 7.3 所示。

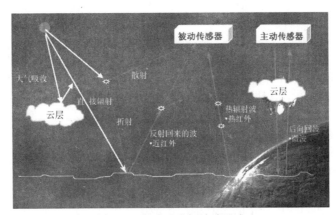

图 7.3 主动遥感与被动遥感

① 主动遥感。即由传感器主动地向被探测的目标物发射一定波长的电磁波，然后接受并记录从目标物反射回来的电磁波。

② 被动遥感。即传感器不向被探测的目标物发射电磁波，而是直接接受并记录目标物反射太阳辐射或目标物自身发射的电磁波。

> **拓展阅读**
>
> 　　未来，我国将建成天、空、地一体化遥感应用服务体系。在众多影视作品中，我们经常见到，"军方"通过遥感卫星可以实时监控某一条街道的情况，甚至连每个行人非常细微的举动都清晰可见。如今，看似遥不可及的遥感卫星开始"接地气"了，从军事应用转向民用和商用。
>
> 　　我国很早就将遥感测绘等相关产业列入高端新型电子信息产业的发展规划，中科院云计算中心则在遥感信息服务等领域实现了技术和产业化的突破。在应用方面，广东中科遥感技术有限公司（简称"中科遥感"）推出的"遥感集市"则受到业内高度关注，将产生可观的经济收益。
>
> 　　全球遥感产业市场规模较大，我国遥感相关产业产值也不断在上升。在《国家中长期科学和技术发展规划纲要（2006—2020年）》中，我国将高分辨率对地观测系统作为重大专项，并已于2010年启动实施。尤其是随着高分1号卫星和高分2号卫星相继升空，我国进入"高分时代"。
>
> 　　广东省东莞市多年以前已前瞻性地进行了遥感产业布局，中国资源卫星应用中心和中科遥感等联合打造的"遥感集市"如期上线。据介绍，中科遥感的"遥感集市"相当于空间服务的阿里巴巴，除了共享中国资源卫星应用中心民用遥感数据以外，中科遥感也提供云计算设施支撑，把软件开发商、数据提供商、应用服务商都邀请进来，通过平台共同运营，形成遥感资源的在线集散地，并建立一个生态圈。
>
> （资料来源：http://science.cankaoxiaoxi.com/2014/0928/513056.shtml，有改动）

> **小思考**
>
> 请思考 RS 与 RFID 的异同点。

二、RS 技术的应用

（一）RS 技术的应用范围

遥感技术已广泛应用于农业、林业、地质、海洋、气象、水文、军事、环保等领域。在未来，预计遥感技术将步入一个能快速、及时提供多种对地观测数据的新阶段，遥感图像的空间分辨率、光谱分辨率和时间分辨率都会有极大的提高。其应用领域随着空间技术发展，尤其是地理信息系统和全球定位系统技术的发展及相互渗透，将会越来越广泛。

1. 在地质找矿中的应用

遥感地质找矿是遥感信息获取含矿信息、提取含矿信息，并进行成矿分析与应用的过程，主要用于：遥感岩矿识别，遥感岩矿识别技术非常适宜于植被稀少基岩裸露区的区域性地质；矿化蚀变信息提取，矿化蚀变信息提取技术对于地质工作程度低的西部地区在一定程度上相当于区域化探扫面的功效，具体运用时应注意多种矿化蚀变信息提取方法的结合；植被波谱特征的找矿应用，高植被覆盖区遥感地质找矿可以结合植物波谱信息和植物地球化学方法来进行实践证明，对寻找隐伏矿床卓有成效但仍处于研究阶段。

2. 在土地荒漠化监测中的应用

在 20 世纪 70 年代，国外开始使用遥感技术进行土地荒漠化的监测，如阿根廷完全基于遥感手段对土地荒漠化的状态进行评估；Tripathy 等利用 MSS 和印度资源卫星（IRS）数据对印度古尔伯加的土地荒漠化进行评估；Michael 等应用遥感技术结合土地荒漠化的理论，通过对荒漠化动态变化规律的监测编制土地退化野外调查手册。我国从 20 世纪 70 年代开始利用国外卫星数据进行资源调查和灾害环境的监测；并于 80 年代初期开始运用遥感技术进行有关土地荒漠化的资源调查。

3. 遥感地理数据获取

遥感影像是地球表面的"相片"，真实地展现了地球表面物体的形状、大小、颜色等信息。这比传统的地图更容易被大众接受，影像地图已经成为重要的地图种类之一。遥感影像具有丰富的信息，多光谱数据的波谱分辨率越来越高，可以获取红边波段、黄边波段等。高光谱传感器也发展迅速，我国的环境小卫星也搭载了高光谱传感器。这些地球资源信息能在农业、林业、水利、海洋、生态环境等领域发挥重要作用。

遥感技术具有在不接触目标情况下获取信息的能力。在遭遇灾害的情况下，遥感影像能够立刻获取地理信息。在地图缺乏的地区，遥感影像甚至是能够获取的唯一信息。例如，在汶川大地震中，遥感影像在灾情信息获取、救灾决策和灾害重建中发挥了重要作用；海地发生强震后，有多家航天机构的 20 余颗卫星参与了救援工作。

4. 自然灾害遥感

我国已建立了重大自然灾害遥感监测评估运行系统，可以应用于台风、暴雨、洪涝、旱灾、森林大火等灾害的监测。特别是快速图像处理和评估系统的建立，具有对突发性灾害的快速应急反应能力，能在几小时内获得灾情数据，在一天内做出灾情的快速评估，在一周内完成详细的评估报告。例如，在台风天，通过灾害遥感就可以准确地划分出受台风影响区域，通过气象预警发布有效信息，人们便可依此对农产品进行防护措施，以降低损失。

5. 农业遥感监测

在农业方面，利用遥感技术监测农作物种植面积、农作物长势信息，快速监测和评估农业干旱和病虫害等灾害信息，估算全球范围、全国和区域范围的农作物产量，可为粮食供应数量分析与预测预警提供信息。遥感卫星能够快速准确地获取地面信息，结合 GIS 和 GPS 等其他现代高新技术，可以实现农情信息收集和分析的定时、定量、定位，客观性强，不受人为干扰，方便农事决策，使发展精准农业成为可能。

遥感影像的红波段和近红外波段的反射率及其组合与作物的叶面积指数、太阳光合有效辐射、生物量具有较好的相关性。通过卫星传感器记录的地球表面信息，可辨别作物类型，建立不同条件下的产量预报模型，集成农学知识和遥感观测数据，实现作物产量的遥感监测预报，同时又避免了手工方法收集数据费时费力且具有某种破坏性的缺陷。农业遥感精细监测的主要内容包括多尺度作物种植面积遥感精准估算产品、多尺度作物单产遥感估算产品、耕地质量遥感评估和粮食增产潜力分析产品、农业干旱遥感监测评估产品、粮食生产风险评估产品、植被标准产品集。

6. 水质监测遥感

我国的水污染问题越来越严重，随着工业化和城镇化的快速发展，江河湖泊面临着严峻的水质污染问题，这也推动了遥感技术在水质监测上的应用。

据介绍，我国拥有的水质监测及评估遥感技术是基于水体及其污染物质的光谱特性研究而成的。国内外许多学者利用遥感的方法估算水体污染的参数，以监测水质变化情况。具体做法是，在测量区域布置一些水质传感器，通过无线传感器网络技术可 24h 连续测量水质的多种参数，用于提高水质遥感反演精度，使其接近或达到相关行业要求。这种遥感技术信息获取快速、省时省力，可以较好地反映出研究水质的空间分布特征，而且更有利于大面积水域的快速监测。

（二）RS 技术在交通运输行业的应用

交通运输行业包括公路运输、水路运输、铁路运输、民航运输。以公路运输为例，从施工到后期维护主要包括路网规划、建设、运维、环境评估等几个重要阶段。高分辨率遥感数据所具有的宏观性、全面性、客观性及丰富的地物、地质信息，能够快速提供可靠的地形地貌、地质构造和地物判别的信息，因此在交通运输业中具有广泛的应用前景。

1. 在路网规划设计方面的应用

针对高速公路影响力大、涉及面广、工程量重等特点，高分辨率遥感影像数据能为公路规划应用中的功能分区图制作、地质调查、占地分析及施工图制作等任务提供基础、直观、丰富的信息。

（1）制作功能分区图和交通施工图。一方面，高分遥感影像的宏观性能够反映待建设路段区域的全局全貌，以及各类自然因素和人文因素的影响布局；另一方面，其高空间分辨率能够使制图实现精细化生产，信息量大、涵盖内容丰富，因此高分数据成为高速公路建设前期的勘察设计规划的主要资料。

（2）进行地质调查。一方面，高分辨率遥感影像的高空间分辨率具有对断裂段进行标注，对地面上的大型滑坡、桥梁、隧道等进行解译地质构造，对水域冲淤积、岸态变迁趋势等信息分析的优势；另一方面，高分数据能够用于提取地形、地貌、地质构造和地物信息，以识别不良地质现象、隐藏地质现象、特殊性岩土和水文地质、环境地质等，为路线方案的选择、桥梁和隧道的选址提供依据。

（3）进行占地分析与工程量估算。一方面，高速公路的施工阶段，规划者可以通过高分辨率遥感影像与其他资料进行动态对比分析，从而对高速公路的占地情况分析；另一方面，高分数据为高速公路规划应用提供内容全面、影像清晰、定位准确的空间信息，结合地形图，根据拟建公路的宽度、长度等信息，利用遥感信息可以对拟建公路的土石方、桥梁、隧道建设等施工量进行估算，并掌握施工进度情况。

2. 在路网运行维护方面的应用

加强对公路及其相关交通设施灾害监测与道路损毁评估，及时发现道路及周边环境的"细微"变化，对公路进行日常管理和灾害预警，对于确保交通要道和"生命线"的畅通，提高其通行能力，具有非常紧迫的意义。

（1）制作交通图。从高分辨率遥感影像图中获取土地利用、道路网络、交通流量、交叉口、主干道路等信息，结合 GIS 和地面采集数据，以直观、生动、形象的方式进行描述。

（2）进行路网变化检测。定期获取特定区域高分辨率遥感影像，通过不同时相的高分辨率遥感影像变化分析，及时提取新增道路、新增交通枢纽信息，实现路网更新。

（3）进行路面健康状况监测。主要采用高光谱分辨率数据或高空间分辨率数据，配合地面手段，对不同健康情况下的路面光谱反射率的差异进行识别，获取路基结构、路面裂缝、变形等信息，以及进行不均与沉降监测，实现路面健康状况调查。

（4）进行高速路网地质灾害监测。利用遥感技术结合相关监测模型，对现有道路的周边进行地质调查，获取道路周边的地形、地貌、不良地质现象和水文等信息，预防道路地质灾害的发生，减小损害程度。

（5）进行山体滑坡监测。利用遥感影像实现滑坡体坡度、坡向、形态及高程等的识别，同时对滑坡造成的周边环境的变化、引发的次生灾害进行监测，具体应用过程中可能需要结合地面 GPS 沉降监测仪开展应用。

（6）进行路网灾害损毁评估。利用遥感技术快速获取地表信息，对灾后公路沿线地质灾害、次生灾害对公路造成的断道、掩埋等损毁情况进行评估，能够为指挥决策和应急响应提供依据。

3. 在路网交通调查方面的应用

交通拥堵现象及由此引发的交通事故与交通环境污染等社会问题越来越严重，路网交通调查是指通过遥感影像及相关地面交通检测设备对当前交通路网、交通基础设施、交通流量等方面进行分析。遥感手段具有能够高效、准确地获取地面信息的特点，随着空间科技的发展，综合利用遥感技术开展路网交通调查能够大大节省人力和物力，为交通管理和规划提供基础数据。

（1）交通路网和基础设施调查。通过高分辨率遥感影像对当前路网状态、道路网络、车辆保有量与构成、交通信号、交叉口类型、交叉口形式、交叉口坐标、交通标志等信息进行识别提取。

（2）交通调查分析。利用高分遥感影像数据，对国省干线、重点高速公路路网上交通状态进行评估，具体包含两个方面：一是利用高分遥感影像数据对路网上车流量、车流密度、车流速度等信息进行提取，对区域或者特定路段的交通状态评估，分析路网的运行效率，分析路网投资的合理性；二是利用遥感影像数据，区分路网上运行的各种车辆类型，区分重卡、轻卡、客车、小车等，分析区域路网或者重点路段的货运变化情况。该数据可以作为国家经济指标的重要参考依据，也可为当地交通投资和基础设施建设提供决策支持。

（3）路网交通状态评估与变化趋势分析。基于高分遥感影像，并结合其他交通检测设备，对车流量、车流密度、车流速度、车型等道路交通信息进行提取，从而对当前交通状态进行评估，并对其变化趋势进行分析。

4. 在路域环境监测与评估方面的应用

随着公路交通运输业的蓬勃发展及机动车保有量的迅猛增加，公路交通对环境的破坏，如空气污染、植被破坏、水土流失等已经到了十分严重的地步。高分辨率卫星遥感数据不仅包含地物的几何结构和纹理信息，而且蕴含准确、精细的自然环境信息与生态背景信息，因此能够针对上述环境影响因素对公路周边环境影响进行有效的监测与评估。

（1）公路域空气污染监测。通过卫星所携高光谱分辨率大气成分探测仪探测到的数据计算公路域周边的空气组成成分，对公路周边的空气情况进行监测，监测有害气体含量是否超标，并结合路面尾气排放探测器实际测量的数据估算公路车辆每天的尾气排放量，从而评估高速公路是否会给自然保护区环境及其他环境带来负面影响。

（2）公路域植被破坏监测。采用高光谱数据或高空间分辨率数据，配合地面手段，对不同健康情况下的植被光谱反射率的差异进行识别，获取植被健康状况信息并生成植被覆盖度产品。

（3）水土流失监测。高速公路的建设需要开挖大量的土石，从而使得植被破坏和大量土壤裸露于地表，造成公路周边的水土保持系统极为脆弱。利用高分辨率遥感影像定期监测公路域周边地表裸露程度和典型地形地貌，并结合数字高程模型（DEM）数据，可以估算水土流失量。

（三）RS 技术的发展趋势

随着科学技术的进步，光谱信息成像化、雷达成像多极化、光学探测多向化、地学分析智能化、环境研究动态化及资源研究定量化，大大提高了遥感技术的实时性和运行性，使其向多尺度、多频率、全天候、高精度和高效快速的目标发展。

1. 遥感光谱域在扩展

随着热红外成像、机载多极化合成孔径雷达和高分辨力表层穿透雷达和星载合成孔径雷达技术的日益成熟，遥感波谱域从最早的可见光向近红外、短波红外、热红外、微波方向发展，波谱域的扩展将进一步适应各种物质反射、辐射波谱的特征峰值波长的宽域分布。

2. 遥感时间分辨率提高

大、中、小卫星相互协同，高、中、低轨道相结合，在时间分辨率上从几小时到十几天不等，可形成一个不同时间分辨率互补的系列。

3. 遥感空间分辨率提高

随着高空间分辨力新型传感器的应用，遥感图像空间分辨率从 1km、500m、250m、80m、30m、20m、10m、5m 发展到 1m，军事侦察卫星传感器可达到 15cm 或者更高的分辨率。空间分辨率的提高，有利于分类精度的提高，但也增加了计算机分类的难度。

4. 遥感光谱分辨率提升

高光谱遥感的发展，使得遥感波段宽度从早期的 $0.4\mu m$（黑白摄影）、$0.1\mu m$（多光谱扫描）发展到 5nm（成像光谱仪），也使得遥感器波段宽、遥感器波段宽度窄化、针对性更强，可以突出特定地物反射峰值波长的微小差异；同时，成像光谱仪等的应用，提高了地物光谱分辨力，有利于区别各类物质在不同波段的光谱响应特性。

5. 遥感从二维测量发展到三维测量

机载三维成像仪和干涉合成孔径雷达的发展和应用，将地面目标从以二维测量为主发展到三维测量。

6. 遥感图像处理技术

各种新型高效遥感图像处理方法和算法将被用来解决海量遥感数据的处理、校正、融合和遥感信息可视化。

7. 遥感分析进一步发展

遥感分析技术从"定性"向"定量"转变,定量遥感成为遥感应用发展的热点。

8. 遥感提取技术不断进步

建立适用于遥感图像自动解译的专家系统,逐步实现遥感图像专题信息提取自动化。

目前,遥感技术所利用的电磁波还很有限,仅是其中的几个波段范围。在电磁波谱中,尚有许多谱段的资源有待进一步开发。此外,已经被利用的电磁波谱段对许多地物的某些特征还不能准确反映,还需要发展高光谱分辨率遥感及与遥感以外的其他手段相配合,特别是地面调查和验证尚不可缺少。

> **拓展阅读**
>
> 遥感是目前世界上应用最为广泛的科学技术之一,以其全面、快速、客观地对地观测能力,深刻改变着人类认识地球、了解地球的视角和方式。新一代高空间、高光谱、高时间分辨率遥感技术的发展标志着遥感技术进入了新阶段。
>
> 我国的遥感事业起步于20世纪70年代末,多年以来,我国的遥感技术取得了飞速的发展。目前,我国已经成为遥感应用大国,初步建成了覆盖陆地、大气和海洋的遥感卫星对地观测系统,并逐步建立了航空、无人机和飞艇等具有快速应急响应能力的航空技术体系。遥感技术广泛应用于我国国民经济建设的诸多领域,产生了巨大的经济效益和社会效益。
>
> 例如,遥感在国土资源规划、决策与管理中发挥了重要的作用。在土地利用方面,我国实施了全国第二次土地调查工程,已基本查清全国土地利用现状,在国家18亿亩耕地保有量的总体平衡、国家土地利用产业政策和国家经济宏观调控措施的落实等方面发挥了重要作用;在矿产资源开发与利用方面,我国开展了多光谱蚀变信息提取找矿和全国重点矿区矿产资源开发多目标遥感调查与监测,所取得的成果为矿产资源预查、规划,维护矿业秩序及综合整治矿区环境等提供科学决策依据;在生态地质环境方面,我国开展了青藏高原、黄河流域、长江流域和东部沿海经济区带等地区生态地质环境因子遥感调查与监测,为这些地区的区域生态环境保护、经济发展规划与科学管理提供基础数据。在水文地质与工程地质方面,我国开展了重点工程区(三峡库区、南水北调和西气东输等)、铁路、公路、桥梁等遥感工程地质调查及水文地质勘查项目,为国民经济建设做出了积极贡献;在基础测绘方面,我国利用先进的遥感技术,开展了我国西部约200万平方千米1∶50000地形图测绘,填补了该区域无大比例尺地理信息的空白。
>
> (资料来源:https://www.ccgc.cn/?mod=news_detail&id=171599,有改动)

任务2 GIS 技术及应用

一、GIS 技术概述

(一)基本概念

1. 信息

信息是指用数字、文字、符号、语言、图形、影像、声音等来表示事件、事物、现象等的内容、数量或特征。

2. 地理信息

地理信息是有关地理实体的性质、特征和运动状态的表征和一切有用的知识,是对表达地理特征与地理现象之间关系的地理数据的解释。地理信息作为一种特殊的信息,来源于地理数据。地理数据是各种地理特征和现象间关系的符号化表示,是指表征地理环境中要素的数量、质量、分布特征及其规律的数字、文字、图像等的总和。地理数据主要包括空间位置数据、属性特征数据和时域特征数据3个部分。空间位置数据描述地理对象所在的位置,这种位置既包括地理要素的绝对位置(如大地经纬度坐标),也包括地理要素间的相对位置关系（如空间上的相邻、包含等）。属性特征数据有时又称非空间数据，是描述特定地理要素特征的定性或定量指标，如公路的等级、宽度、起点、终点等。时域特征数据是记录地理数据采集或地理现象发生的时刻或时段，对环境模拟分析非常重要，正受到地理信息系统学界越来越多的重视。空间位置、属性和时域特征构成了地理空间分析的三大基本要素。

3. 信息系统

信息系统能对信息进行采集、存储、加工和再现，并能回答用户一系列问题。计算机硬件、软件、数据和用户是信息系统的四大要素。其中，计算机硬件包括各类计算机处理及终端设备；软件是支持数据信息的采集、存储加工、再现和回答用户问题的计算机程序系统；数据是系统分析与处理的对象，构成系统的应用基础；用户则是信息系统所服务的对象。

从 20 世纪中叶开始，人们就开发出许多计算机信息系统，这些系统采用各种技术手段来处理地理信息，主要包括以下几个方面：

（1）数字化技术。即输入地理数据，将数据转换为数字化形式的技术。

（2）存储技术。即将这类信息以压缩的格式存储在磁盘、光盘及其他数字化存储介质上的技术。

（3）空间分析技术。即对地理数据进行空间分析，完成对地理数据的检索、查询，对地理数据的长度、面积、体积等的量算，完成最佳位置的选择或最佳路径的分析及其他许多相关任务的技术。

（4）环境预测与模拟技术。即在不同的情况下，对环境的变化进行预测模拟的方法。

（5）可视化技术。即用数字、图像、表格等形式显示、表达地理信息的技术。

4. 地理信息系统（GIS）

GIS 是 20 世纪 60 年代开始迅速发展起来的地理学研究技术，是多种学科交叉的产物。GIS 是以地理空间数据库为基础，采用地理模型分析方法，适时提供多种空间和动态的地理信息，为地理研究和地理决策服务的计算机技术系统。与地图相比，GIS 具备的先天优势是将数据的存储与数据的表达进行分离，因此基于相同的基础数据能够产生出各种不同的产品。

由于不同的部门和不同的应用目的，GIS 的定义也有所不同。当前对 GIS 的定义一般有 4 种观点：即面向数据处理过程的定义、面向工具箱的定义、面向专题应用的定义和面向数据库的定义。Goodchild 把 GIS 定义为 "采集、存储、管理、分析和显示有关地理现象信息的综合技术系统"，Burrough 认为 "GIS 是属于从现实世界中采集、存储、提取、转换和显示空间数据的一组有力的工具"，俄罗斯学者把 GIS 定义为 "一种解决各种复杂的地理相关问题，以及具有内部联系的工具集合"。面向数据库的定义则是在工具箱定义的基础上，更加强调分析工具和数据库间的连接，认为 GIS 是空间分析方法和数据管理系统的结合。面向专题应用的定义是在面向过程定义的基础上，强调 GIS 所处理的数据类型，如土地利用 GIS、交通 GIS 等。

我们认为，GIS 是在计算机硬件、软件系统支持下，对整个或部分地球表层（包括大气层）空间中的有关地理分布数据进行采集、储存、管理、运算、分析、显示和描述的技术系统。它和其他计算系统一样包括计算机硬件、软件、数据和用户四大要素，只不过 GIS 中的所有数据都具有地理参照，也就是说，数据通过某个坐标系与地球表面中的特定位置发生联系。

人们对 GIS 理解在不断深入，其内涵也在不断拓展。在 "GIS" 中，"S" 的含义包含以下 4 层意思：

（1）系统（System）。从技术层面的角度论述地理信息系统，即面向区域、资源、环境等规划、管理和分析，是指处理地理数据的计算机技术系统，但更强调其对地理数据的管理和分析能力。GIS 从技术层面意味着帮助构建一个 GIS 工具，如给现有 GIS 增加新的功能、开发一个新的 GIS 或利用现有 GIS 工具解决一定的问题，如一个 GIS 项目可能包括几个阶段，即定义一个问题、获取软件或硬件、采集与获取数据、建立数据库、实施分析、解释和展示结果。

（2）科学（Science）。广义上的 GIS，常称为地理信息科学，是一个具有理论和技术的科学体系，意味着研究存在于 GIS 和其他地理信息技术后面的理论与观念（GIScience）。

（3）服务（Service）。随着遥感等信息技术、互联网技术、计算机技术等的应用和普及，GIS 已经从单纯的技术型和研究型逐步向地理信息服务层面转移，如导航需要催生了导航 GIS 的诞生，搜索引擎 Google 也增加了 Google Earth 功能，GIS 成为人们日常生活应用中的一部分。

（4）研究（Studies）。即研究有关地理信息技术引起的社会问题，如法律问题、私人或机密主题、地理信息的经济学问题等。

因此，GIS 既是表达、模拟现实空间世界和进行空间数据处理分析的"工具"，也可看作人们用于解决空间问题的"资源"，同时还是一门关于空间信息处理分析的"科学技术"。

（二）GIS 的特征

GIS 集计算机科学、信息学、地理学等多门科学为一体，在计算机软件和硬件支持下，运用系统工程和信息科学的理论，科学管理和综合分析具有空间内涵的地理数据，以提供对规划、管理、决策和研究所需的信息。

（1）具有采集、管理、分析和输出多种地理空间信息的能力，具有空间性和动态性。

（2）以地理研究和地理决策为目的，以地理模型方法为手段，具有区域空间分析、多要素综合分析和动态预测能力，产生高层次的地理信息。

（3）由计算机系统支持进行空间地理数据管理，并由计算机程序模拟常规的或专门的地理分析方法，作用于空间数据，产生有用信息，可以完成人类难以完成的任务。

（三）GIS 的组成

GIS 从外部来看，它表现为计算机软硬件系统，而其内涵是由计算机程序和地理数据组织而成的地理空间信息模型，是一个逻辑缩小的、高度信息化的地理系统；从应用的角度来看，其由硬件、软件、数据、方法和人员组成，硬件和软件为地理信息系统建设提供环境；数据是 GIS 的重要内容；方法为 GIS 建设提供解决方案；人员是系统建设中的关键和能动性因素，直接影响和协调其他几个组成部分。

1. GIS 硬件

GIS 硬件配置如图 7.4 所示。

2. GIS 软件

（1）GIS 软件和其他支持软件。包括通用的 GIS 软件包，也可以包括数据库管理系统、计算机图形软件包、计算机图像处理系统、CAD 等，用于支持对空间数据输入、存储、转换、输出和与用户接口。

（2）应用分析程序。它是系统开发人员或用户根据地理专题或区域分析模型编制的用于某种特定应用任务的程序，也是系统功能的扩充与延伸。

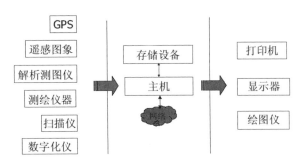

图 7.4 GIS 硬件配置

3. 数据

数据是指以地球表面空间位置为参照的自然、社会和人文经济景观数据，可以是图形、图像、文字、表格和数字等。它是由系统的建立者通过数字化仪、扫描仪、键盘、磁带机或其他系统通信输入 GIS，是系统程序作用的对象，也是 GIS 所表达的现实世界经过模型抽象的实质性内容。在 GIS 中，空间数据主要包括某个已知坐标系中的位置、实体间的空间关系等。

4. 方法

方法是指空间信息的综合分析方法，即各种应用模型，如运输网络优化模型、物流中心选址模型、物流专家系统等。

5. 人员

GIS 不同于一幅地图，它是一个动态的地理模型，需要人进行系统组织、管理、维护和数据更新、系统扩充完善、应用程序开发，并灵活采用地理分析模型提取多种信息，为研究和决策服务。

对于合格的系统设计、运行和使用来说，GIS 专业人员是 GIS 应用的关键，而强有力的组织是系统运行的保障。一个周密规划的 GIS 项目应包括负责系统设计和执行的项目经理、信息管理的技术人员、系统用户化的应用工程师及最终运行系统的用户。

（四）GIS 的发展

1. GIS 的历史

GIS 的存在与发展已历经几十年，用户的需要、技术的进步、应用方法论的提高及有关组织机构的建立等因素，深深地影响 GIS 的发展。

（1）20 世纪 60 年代为 GIS 开拓期，注重于空间数据的地学处理，如处理人口统计局数据、资源普查数据等。许多大学研制了一些基于栅格系统的软件包，如哈佛大学的 SYMAP、马里兰大学的 MANS 等。1963 年，加拿大测量学家最先提出"GIS"这一术语，并建立了世界上第一个 GIS——加拿大地理信息系统（CGIS），用于资源与环境的管理和规划。

（2）20 世纪 70 年代为 GIS 的巩固发展期，注重于空间地理信息的管理。这种发展应归结于以下几方面的原因：一是资源开发、利用乃至环境保护问题成为政府首要解决之疑难，而这些都需要一种能有效地分析、处理空间信息的技术、方法与系统。二是计算机技术迅速发展，数据处理加快，内存容量增大，超小型、多用户系统的出现，尤其是计算机硬件价格下降，使得政府部门、学校及科研机构、私营公司也能够配置计算机系统；在软件方面,第一套利用关系数据库管理系统的软件问世,新型的GIS软件不断出现。三是专业化人才不断增加,许多大学开始提供GIS培训,一些商业性的咨询服务公司开始从事GIS工作。

(3)20世纪80年代为GIS大发展时期,注重于空间决策支持分析。GIS的应用领域迅速扩大,从资源管理、环境规划到应急反应,从商业服务区域划分到政治选举分区等,涉及许多学科与领域,如古人类学、景观生态规划、森林管理、土木工程及计算机科学等。许多国家制定了本国的地理信息发展规划,启动了若干科研项目,建立了一些政府性、学术性机构,如我国于1985年成立了资源与环境信息系统国家重点实验室。

(4)20世纪90年代为GIS的用户时代。一方面,GIS已成为许多机构必备的工作系统,尤其是政府决策部门在一定程度上由于受GIS影响而改变了现有机构的运行方式、设置与工作计划等。另一方面,社会对GIS认识普遍提高,促使GIS应用的扩大与深化,国家级乃至全球性的GIS成为公众关注的问题,如GIS已列入美国政府制定的"信息高速公路"计划,我国的"21世纪议程"和"三金工程"也涉及GIS。毫无疑问,GIS将发展成为现代社会最基本的服务系统。

2.GIS在我国的发展

GIS的研制与应用在我国起步较晚,虽然历史较短,但发展势头迅猛。

(1)起步阶段(1978—1980年)。主要行动在于概念引入和知识传播,以及关于遥感分析、机助制图和数字地面模型的试验研究。

(2)准备阶段(1980—1985年)。主要在理论体系的建立,软件、硬件的引进,相应规范的研究局部系统或试验系统的开发上取得进步,为GIS的全面发展奠定基础。

(3)加速发展阶段(1986—1995年)。GIS作为一个全国性的研究与应用领域,进行了有计划、有目标、有组织的科学试验与工程建设,取得一定的社会经济效益,主要表现在:GIS教育与知识传播的热浪此起彼伏,GIS成为空间相关领域的热门话题;GIS建设引起各级政府高度重视,其发展机制由学术推动演变为政府推动;部分城市和沿海地区GIS建设率先进入实施阶段,并取得阶段性成果;出现商品化的国产GIS软件、硬件品牌;出现专门的GIS的管理中心、研究机构与公司;出现专门的GIS协会,涌现一批GIS专门人才;出现专门的刊物与展示会;初步形成全国性的GIS市场,在应用模式、行业模式和管理方面进行了有益的探索。

(4)地理信息产业化阶段(1995至今)。目前,我国GIS的发展正处于向产业化阶段过渡的转折点,能否倚重国内经济高速发展的大好形势,搭乘全球信息高速公路的快车,实现地理信息产业化和国民经济信息化,这是国内地理信息界面临的严重挑战和千载难逢的机遇。而在这一过程中,一方面需要探索建立一套政府宏观调控与市场机制相结合的地理信息产业模式;另一方面,需要充分总结和借鉴国内外GIS项目建设的经验和教训,建立起行之有效的GIS工程学的理论、方法与管理模式,推动GIS更加深入和广泛的应用。

(五)GIS的类型

(1)按照范围大小,GIS可分为全球的、区域的和局部的3种。主要以区域综合研究和全面的信息服务为目标,可以分为不同的规模,如国家级的、地区或省级的、市级和县级等为各不同级别行政区服务的区域信息系统;也可以按自然分区或流域分为单位的区域信息系统,如中国黄河流域信息系统等。许多实际的GIS是介于二者之间的区域性专题信息系统,如北京市水土流失信息系统、海南岛土地评价信息系统、河南省冬小麦估产信息系统等。

（2）按照表达空间数据维数，GIS可分为二维、布满整个三维空间的真三维GIS、考虑时间维的时态GIS和四维GIS。

（3）按照地理空间数据模型或数据结构，GIS可分为地理相关模型、地理关系模型和面向对象模型的GIS。

（4）按照内容来分，GIS可以分为专题GIS、综合GIS和GIS工具。其中，专题GIS是具有有限目标和专业特点的GIS，为特定的专门目的服务，如森林动态监测信息系统、水资源管理信息系统、矿业资源信息系统、农作物估产信息系统、草场资源管理信息系统、水土流失信息系统等。

（5）根据作用不同，GIS可分为工具型GIS和应用型GIS。工具型GIS是一种通用型GIS，具有一般的功能和特点，向用户提供一个统一的操作平台，一般没有地理空间实体，而由用户自己定义，具有很好的二次开发功能，如arcinfo、genamap、mapinfo、mapGIS。应用型GIS是在较成熟的工具型GIS软件基础上，根据用户的需求和应用目的而设计的用于解决一类或多类实际问题的GIS，除了具有GIS的基本功能外，还具有解决地理空间实体及空间信息的分布规律、分布特性及相互依赖关系的应用模型和方法。如lis、cGIS、uGIS。根据应用对象不同，应用型GIS又可分为专题地理信息系统（Thematic GIS）和区域地理信息系统（Regional GIS）。例如，土地利用信息系统、环境保护和监测系统、通信网络管理系统、城市规划系统等属于专题GIS，区域GIS以区域综合研究和全面信息服务为目标。

二、GIS技术的应用

（一）GIS技术的应用领域

1. 农业

在我国，从20世纪80年代中期开始，GIS技术就被应用于农业领域，从国土资源决策管理、农业资源信息、区域农业规划、粮食流通管理与粮食生产辅助决策到农业生产潜力研究、农作物估产研究、区域农业可持续发展研究、农用土地适宜性评价、农业生态环境监测、基于GPS和GIS的精细农业信息处理系统研究等，都取得了很大的成绩，一些研究成果直接应用于农业生产，取得了很大的经济效益。随着GIS理论的产生发展及方法和技术的成熟，其在农业领域的应用也逐步深入。从技术角度来看，GIS在我国农业资源与环境领域中的应用进展主要体现在以下4个方面：

（1）作为农业资源调查的工具，建立了农业资源地理数据库，实现空间数据库的浏览、检索等，利用GIS绘制农业资源分布图和产生正规的报表。

（2）作为农业资源分析的工具，GIS技术已不限于制图和空间数据库的简单查询，而是以图形及数据的重新处理等分析工作为特征，用于各种目标的分析和重新导出新的信息，产生专题地图和进行地图数据的叠加分析等。

（3）作为农业生产管理的工具，建立了各种模型和拟订各种决策方案，直接用于农业生产。

（4）作为农业管理的辅助决策工具，利用了GIS的模型功能和空间动态分析及预测能力，并与专家系统、决策支持系统及其他的现代技术（如RS和GPS）有机结合，便于农业生产的管理和辅助决策。

2. 林业

林业生产领域的管理决策人员面对着各种数据，如林地使用状况、植被分布特征、立地条件、社会经济等许多因子的数据，这些数据既有空间数据又有属性数据，对这些数据进行综合分析并及时找出解决问题的合理方案，借用传统方法不是一件容易的事，而利用GIS技术却轻松自如。

社会经济在迅速发展,森林资源的开发、利用和保护需要随时跟上经济发展的步伐,掌握资源动态变化,及时做出决策就显得非常重要。常规的森林资源监测,从资源清查到数据整理成册,最后制订经营方案,需要的时间长,造成经营方案和现实情况不相符。这种滞后现象势必出现管理方案的不合理,甚至无法被接受。利用GIS技术就可以完全解决这一问题,及时掌握森林资源及有关因子的空间时序的变化特征,从而对症下药。

林业GIS就是将林业生产管理的方式和特点溶入GIS之中,形成一套为林业生产管理服务的信息管理系统,以减少林业信息处理的劳动强度,节省经费开支,提高管理效率。

GIS技术在林业上的应用过程大致分为以下3个阶段:

(1)作为森林调查的工具,主要特点是建立地理信息库,利用GIS绘制森林分布图及产生正规报表,但应用主要限于制图和简单查询。

(2)作为资源分析的工具,已不再限于制图和简单查询,而是以图形及数据的重新处理等分析工作为特征,用于各种目标的分析和推导出新的信息。

(3)作为森林经营管理的工具,主要在于建立各种模型和拟订经营方案等,直接用于决策过程。

以上3个阶段反映了林业工作者对GIS技术认识的逐步深入,其在林业上的应用主要有以下6个方面:

(1)环境与森林灾害监测与管理方面中的应用,包括林火、病虫害、荒漠化等管理,如在防火管理中,其主要内容有林火信息管理、林火扑救指挥和实时监测、林火的预测预报、林火设施的布局分析等。

(2)在森林调查方面的应用,包括森林资源清查和数据管理,这是GIS最初应用于林业的主要方面、森林经营决策方案制订、林业制图。

(3)森林资源分析和评价方面,包括林业土地利用变化监测与管理,用于分析林分、树种、林种、蓄积等因子的空间分布、森林资源动态管理、林权。

(4)森林结构调整方面,包括林种结构调整、龄组结构调整。

(5)森林经营方面,包括采伐、抚育间伐、造林规划、速生丰产林、基地培育、封山育林等。

(6)野生动物植物监测与管理。

3. 土地资源

GIS技术最初在土地资源开发与管理上的应用主要是土地利用现状调查和城镇地籍调查图件和属性数据的存储、查询等管理工作等,基本上没有数据的空间分析及其他决策功能。随着技术的不断发展,其在土地科学中的应用主要包括土地评价工作(如土地的适宜性或多宜性评价、土地的生产潜力评价、土地持续利用评价、城市地价评估、耕地地价评价等)、土地利用规划(如土地利用总体规划、土地利用多目标规划等)、土地利用与土地覆被现状分类与制图、土地利用与土地覆被动态监测。

为了查清我国的土地资源,特别是耕地资源,国务院于1984年正式布置开展全国土地资源调查。此次调查历时15年,采用以航空为主、航天为辅的遥感技术,结合大比例尺地形图,实行全野外调查。在土地利用图件编制、数据量算汇总与空间分析等方面,GIS技术发挥了重要作用,通过土地资源详查,初步摸清了我国土地资源的家底,为全国土地利用规划、土地开发与管理提供了的科学基础。

从1996年开始,我国全面实施"全国基本农田保护与监测"工作,GIS成为全国土地利用动态遥感监测数据库建设的核心支撑技术,主要用于管理与分析矢量数据(土地利用年度变化信息)、栅格数据(遥感影像、DEM等)和属性数据。后来,在新一轮国土资源大调查纲要和实施方案的部署和安排下，以 1∶10000 比例尺为主的县（市）级土地利用数据库建设工作于 1999 年 9 月在数字国土工程中立项，1999 年 10 月正式启动，GIS 技术在数据库管理与数据挖掘方面具有不可替代的优势。

4. 生态环境

GIS 在生态环境研究中应用广泛，主要有几个方面：生态环境背景调查；用遥感信息与地面站点监测信息相结合，对环境（水、大气及固体废弃物等）进行动态、连续监测；利用"3S"技术支持自然生态环境监测、预报与评估；污染源的监测、分析与评价；生态环境影响评价；生态区划与规划；环境规划与管理。

我国先后组织有关单位对西部和中东部地区生态环境现状进行调查，摸清了我国的生态环境现状。为了提高我国环境信息技术的整体实力，我国在 27 个省开展了"中国省级环境信息系统"项目，以环境数学模型为基础，对管理信息系统提供大量数据分析和处理，给出决策原则上的辅助信息，将先进的 GIS 空间分析技术基础数据库和空间数据库综合起来，使环境问题决策的过程更加直观、快速、适时和有效。

我国还开展了"全国环境背景数据库建设与服务"工作，通过该项目规范了我国的环境背景元数据的标准与代码，建设了环境背景元数据库，并将继续建设与完善环境背景数据库，从而促进了我国环境保护工作的科学分析与决策。

5. 环境资源

资源环境管理的内容包括资源环境状况、动态变化、开发利用及保护的合理性评估、监督、治理、跟踪等方面。由于资源环境的空间和时间的非均匀性，只有利用以空间信息管理及分析为主要功能的 GIS 对资源环境进行管理，才能够实现真正的有效管理。

国外 GIS 在资源环境管理中的应用有着成功的经验，加拿大于 20 世纪 70 年代已经开始用 GIS 进行土地与其他基础设施的管理，欧洲一些发达国家也于 20 世纪 80 年代相继开展了 GIS 在土地、林业、生物资源等方面管理业务中的应用。我国 GIS 在一些资源环境管理领域已得到了应用，如林业领域已经建立了森林资源地理信息系统、荒漠化监测地理信息系统、湿地保护地理信息系统等；农业领域已经建立我国土壤地理信息系统、草地生态监测地理信息系统等；水利领域的流域水资源管理信息系统、各种灌区地理信息系统、全国水资源地理信息系统等；海洋领域的海洋渔业资源地理信息系统、海洋矿产地理信息系统等；土地领域建立了土地资源地理信息系统、矿产资源地理信息系统。这些地理信息系统在资源环境管理方面发挥了一定的作用。

6. 灾害预警

从国内外发展状况来看，GIS 技术在重大自然灾害和灾情评估中有广泛的应用空间。从灾害的类型来看，它既可用于火灾、洪灾、泥石流、雪灾和地震等突发性自然灾害，又可应用于干旱灾害、土地沙漠化、森林虫灾和环境危害等非突发性事故。就其作用而言，从灾害预警预报、灾害监测调查到灾情评估分析各个方面，综合起来有几点：进行灾情预警预报；对灾情进行动态监测；分析探讨灾情发生的成因与规律；进行灾害调查；灾害监测；灾害评估等。

由联合国相关机构支持的"长江流域洪水易损性评价"首次全面地从多因子、全方位对洪水灾害进行了综合研究与评估，改变了传统防洪观念，对未来洪水灾害控制提供了新的思路，报告明确指出了哪些区域可合理开发，哪些区域需进行严格保护，针对性强，对洞庭湖区产业结构调整、水资源开发利用、生态环境保护、土地利用与规划布局有现实意义，为地方政府及相关部门编制环境、社会和经济发展规划，以及政策制定与措施实施等提供了科学依据。

（二）GIS 技术在物流行业的应用

1. GIS 技术在物流企业应用的优势

（1）提供模型参考数据。在 GIS 技术辅助下，结合各种选址模型，为物流配送中心、连锁企业和仓库位置选址、中心辐射区范围的确定提供参考数据。

（2）车辆监控和实时调度。GIS 和 GPS 集成并应用于物流车辆管理，为物流监控中心及汽车驾驶人员提供各车辆的所在位置、行驶方向、速度等信息，实现车辆监控和实时调度，减少物流实体存储与运送的成本，降低物流车辆的空载率，从而提高整个物流系统的效率。

（3）监控运输车辆的位置及工作状态。物流监控中心在数字化地图上监控运货车辆的位置和工作状态，并将最新的市场信息、路况信息及时反馈给运输车辆，实现异地配载，从而使销售商更好地为客户、管理库存，加快物资和资金的运转，降低各个环节的成本。尤其是对特种车辆进行安全监控，可为安全运输提供保障。

（4）车辆导航。利用"3S"与移动通信集成技术，进行物流监控和实时提供被监控运输车辆的当前位置信息及目的地的相关信息，以指导运输车辆迅速到达目的地，节约成本。

（5）选择最佳路径。在物流运输过程中，运输路径的选择意义重大，不仅涉及物流配送的成本效益，而且关系物流能否及时送达等环节。GIS 技术按照最短的距离、最短的时间或最低运营成本等原则，可为物流管理提供满足不同要求的最佳路径方案。

（6）实现仓库立体式管理。三维 GIS 技术与条形码技术、POS（销售时点信息系统）、射频技术及闭路电视等多种自动识别技术相结合，可以应用于物流企业的仓库管理信息化，为仓库入库、存储、移动及出库等操作提供三维空间位置信息，以更直观的方式实现仓库货物的立体式管理。

2. 基于 GIS 技术的动态运输路线选择决策

（1）静态运输路线选择模型。大型的配送或运输系统的基本结构是一个复杂的网络，在这个网络中，许多节点如中心仓库、仓库、零售商通过物理的或概念性的线段连接在一起，服务通过车辆在网络中各点运送货物来完成。在这个服务过程中，基本的运营问题是在已知的客户地点、需求的运输量情况下，解决车辆行驶路线和行程安排。企业事先要根据客户信息、企业运输能力和配送网络的基本交通条件选择一个最优路线进行配送，其路线选择模型为 $R_1 = f(CI, CR, CP)$，其中 R_1 表示选择的第 1 条路线；CI 表示客户信息（如地理位置、货物特性、时间窗口、需求的货运量等）；CR 表示道路交通条件（如路线运行时间、距离等）；CP 表示企业的运输能力（如车辆数、载重量、体积等）。

对上述模型的求解，从已发表的大量运输路线选择模型的研究成果看，基本上采用 3 种算法，即精确算法、启发式算法和智能算法。这些算法应用的背景是在一个相对不变的道路交通环境中，即在算法设计中，假设表示道路交通条件（如车辆运行时间等）在一定时期内是不变的，在这种假设条件下求解模型，设计最优行驶路线。

（2）动态运输路线选择模型。实际上，路网中的交通流量每时每刻都在变化，而车辆在路网中的运行时间是随着交通流量的变化而变化的，简单地将其假设为固定不变的时间，必然导致计算出的最优结果往往在实际运行中不是最优的线路，有时甚至是很差的路线；如果将其设为路线距离，更不能反映路网交通状况，而且可能导致选择的最优路线是交通最拥挤的路线。随着城市社会经济的发展，交通拥挤问题越来越严重，由于交通拥挤给企业带来的经济损失是每个商业车辆运营企业必须面对的客观事实，因此企业在进行运输路线选择时必须考虑道路交通环境可能对其运营产生的影响，在设计运输调度模型和算法时要考虑道路交通条件。总之，必须根据动态条件进行运输路线选择，如图 7.5 所示。

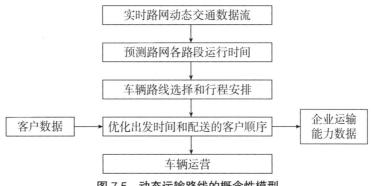

图 7.5　动态运输路线的概念性模型

3. 基于 GIS 技术的物流中心选址

物流中心选址是物流系统中具有战略意义的投资决策问题,对整个系统的合理化和商品流通的社会效益有着决定性的影响。但由于商品资源分布、需求状况、运输条件和自然条件等因素的影响,即使在同一区域内的不同地方建立物流中心,整个物流系统和全社会经济效益也是不同的。

(1)传统选址方法的缺陷。物流中心选址方法已有较为成熟的模型与算法,主要有重心法、数值分析法、Kuehn-Hanburger 模型、Baumol-Wolfe 模型、CFLP 法、Delphi 专家咨询法等。这些传统的选址方法虽然使物流中心选址更加方便,但大多数方法均存在不同程度的令人不满意的地方。而且,这些方法都存在一个共同的缺陷,也是一般物流中心选址方法所存在的一个弊病,即这些方法几乎都是建立在静态的假定条件下来实现的,或者通过平面画图求解,或者建立一个模型,经过一系列的计算,然后得出最优结果。但是,现实事物在不断变化,尤其在信息时代,需求与供应都可能随时发生变化,因此,其结果往往与现实情况不完全相符,甚至相差非常大。GIS 技术的出现,可以很好地克服以上缺点,较好地解决物流中心的选址问题。

(2)利用 GIS 技术选址的优点。

① GIS 技术最大、最显著的特点是通过地图来表现数据。在传统的关系数据库中,各数据域是平等的,它们按照关系规范化理论组织起来。在 GIS 中,空间信息和属性信息是不可分割的整体,它们分别描述地理实体的两面,以地理实体为主线组织起来,除了具有管理空间数据(如物流节点的位置)外,还具有空间查询与分析功能(如查询设施的属性、分析其周围的环境状况等)。

② 具有可视性。利用 GIS 技术可以以图的形式显示包含区域地理要素的背景下的整个物流网络(如现存物流节点、道路、客户等要素),一般规划者能够直观方便地确定位置或线路,而且 GIS 技术最终评价是输出图形,既直观,又便于理解。

③ 动态交互性。GIS 是一个动态的系统,它强大的数据库系统可以保持持续更新,对地理空间上的任何变化都可以更新数据库以备调用。同时,利用 GIS 技术的空间查询分析功能,在物流中心选址过程中能很好地实现规划者与计算机的动态交互,使得选址结果更符合实际所需。

(3)用 GIS 技术进行物流中心选址的原理。在 GIS 中,物流系统中的点、线、面都可作为空间实体,可用空间数据来表达,其空间数据描述的是现实世界各种现象的三大基本特征:空间特征、时间特征和专题特征。空间特征是 GIS 或者说是空间信息系统所独有的,是指地理现象和过程所在的位置、形状和大小等几何特征,以及与相邻地理现象和过程的空间关系。时间特征是指空间数据随时间的变化而变化的情况。专题特征也指空间现象或空间目标的属性特征，是指除了时间和空间特征以外的空间现象的其他特征。

GIS 技术是进行物流中心选址的最佳分析工具，它用于物流中心选址主要是依靠以下分析功能：

① 空间查询。能够分析系统中点、线、面基本图形间的关系，如查询物流中心周围一公里范围内所有配送点的情况、某个配送中心相连的道路情况、某个需求点区域与其他周边的地理分布情况等。

② 叠加分析。叠加分析是 GIS 技术非常重要的空间分析功能。要了解一个街区的面积、一条主干道的长度、一个地区的人口密度等信息，仅仅用空间查询功能是不够的，需要将空间目标进行切割、组合，必要时重新建立拓扑关系，才能得到确切的结果。如果要分析某条配送路线上的需求点情况，用点与线叠加；如果要分析某个区域内的配送中心及需求点分布情况，用点与面叠加；如果要分析某个区域内的主要街道、道路情况，用线与面叠加。

③ 缓冲区分析。缓冲区分析是对一组或一类地物按缓冲的距离条件，建立缓冲多边形，然后将这个图层与需要进行缓冲分析的图层进行叠加分析，得到所需要的结果。设计或分析某条配送路线或者配送中心选址等空间布局问题时，要分析配送中心周边范围内的需求点、道路等数据情况，可根据数据库中的点、线、面实体建立周围一定宽度范围的缓冲多边形。

④ 网络分析。网络分析是进行物流设施选址时最重要的功能，用于分析物流网络中各节点的相互关系和内在联系，主要有路径分析、资源分配、连通分析、流分析等。路径分析可以寻求一个节点到另一个节点的最佳路径；资源分配包括目标选址和为供货中心寻找需求市场或按需求资源点；连通分析用于解决配送路径安排相关的问题，降低配送成本；流分析主要按照某种优化标准（时间最少、费用最低、路程最短或运送量最大等）设计资源的运送方案。

（三）GIS 技术存在的问题与发展趋势

1. GIS 技术存在的问题

（1）数据来源与数据质量难以保证，数据来源广泛，但数据质量不高。资源与环境问题涉及土壤学、环境学与地理学等各个学科领域，其影响因素复杂，需要数据量大且要求质量高。由于仪器设备及人力物力的限制，许多数据难以获取，而且现有数据也往往由于数据来源不一、数据格式各异、年代不同等原因造成土地资源与生态环境数据质量难以保证，特别是数据格式不一，使得各地区的数据难以共享，严重影响了 GIS 技术的应用。同时，GIS 最基本特点是每个数据项都有空间坐标，而传统的人工采集与野外调查数据空间定位能力差，并且往往以点代面，不可避免地产生各种误差，因此数据来源与数据精度一直是 GIS 技术真正解决资源与环境问题的一个"瓶颈"。

（2）应用水平低，资源环境管理型地理信息系统，还停留在简单的资源浏览查询、制图及简单的分析水平，而真正意义上以资源环境合理配置、决策支持方面的专业应用系统仍十分缺少。

（3）GIS 的功能没有充分发挥出来，管理者的认识水平、基础数据、模型方法欠缺等方面的限制，使 GIS 的空间分析功能在资源环境管理没有发挥出效益。

（4）标准规范不统一，数据共享程度低，由于资源环境管理的专业性比较强，在相应 GIS 建立的过程中技术标准、数据交换标准、元数据标准等方面存在很大的差别，使不同的信息系统之间难以共享。

（5）集成化程度低，许多资源环境管理 GIS 功能相对单一，系统结构开发性差，没有实现与全球定位系统、遥感信息的集成应用，难以满足现代资源环境管理相集成化、综合化方向发展的需要。

2. GIS 技术的发展趋势

GIS 需要大量的数据存储和计算分析，所以 GIS 技术始终和计算机结合在一起，计算机技术的发展使得 GIS 技术的使用体验及表现形式等有所发展。

（1）多媒体化。多媒体使得 GIS 数据可以更明了的形式展现，如通过三维技术展示城市建设概况，通过 GIS 技术展示建筑效果、虚拟城市和世界等，通过将视频音频叠加到 GIS 中可以获得更好的用户操控，既便于系统的使用，也便于使用者更好地体验系统所展示的应用。

（2）开放式。开放式 GIS 是指在计算机和通信环境下，根据行业标准和接口所建立起来的 GIS。因为 GIS 是一个庞大而且专业的系统，要将 GIS 应用到各种不同的行业，就必须考虑和其他系统的兼容及接口衔接。开放的 GIS，给外部提供丰富的调用接口 APIs，GIS 用户只需要关注与 GIS 交互的基本功能，就可以满足大多数应用。例如，GIS 中提供一个 API，在地图上一个部分绘制线段，这样通过一个车辆管理程序就可以将车辆的运行轨迹通过 API 调用的方式在 GIS 中规划出运行轨迹，从而在 GIS 中达到展示行车轨迹的效果。这样 GIS 就可以脱离单个应用的要求，在很多程序和调用中通用，不管对 GIS 还是对业务应用来说，都简化了系统的结构。

（3）标准化。GIS 技术的标准化主要是 GIS 中数据表达的数据结构标准化、接口的标准化及功能的标准化，包括数据模型、数据质量、数据产品、数据交换、数据显示、空间坐标投影等，可规范数据的录入处理流程，提高工作效率和质量；同时，采用一致的数据格式及空间数据可视化方式，也指导了数据的使用，有利于保障 GIS 技术及其应用的规范化发展，指导 GIS 相关的实践活动，拓展 GIS 的应用领域，可以实现不同应用领域地理信息的共享和互操作。标准化集中有利于 GIS 技术的进步，其数据也可以变得通用，避免了重复的数据处理工作，还有利于和其他系统的衔接。

（4）网络化。GIS 技术的网络化是指通过互联网络获得 GIS 服务。随着计算机技术的发展，互联网络成为一项基本的社会服务，用户网络化应用的需求也越来越大。与此同时，GIS 软件的网络化应用也得到了极大的发展，GIS 技术运算需要大量的数据和计算能力，个人计算机在数据处理能力和数据存储能力上的不足，使得 GIS 技术的开发和应用慢慢地走向网络化。GIS 技术网络化最好的例子就是 Web 网络地图、谷歌地图和百度地图，这几个地图都是通过网络浏览的，无论何时何地，只要有互联网用户就可以使用这几种地图服务，不再需要像以往一样的安装配置等部署工作。网络化不等于功能的简化，通过网络化和强大的后台服务，不再需要大量的本地资源和数据，而且可以使用户获得更加丰富和符合需要的数据。

（5）分布式。通过网络实现的分布式 GIS，将 GIS 中承载的数据根据不同的特性分别承载在不同的服务器上，这样可以分解数据库操作的压力，以提高程序服务的性能。试想一下，一个面向公众的、应用操作非常频繁的服务，服务器肯定无法承载整个互联网的访问，可能出现服务延迟或者更严重的服务崩溃现象，所以需要将压力分解到更多的服务器上以提高性能。

（6）安全性。安全性对任何一个系统来说都是非常重要的组成部分。在 GIS 中，要求数据安全不被篡改，尤其是在网络化及分布式 GIS 中，调用数据的安全可靠及本身地理数据的安全，是系统使用稳定可靠的重要保障。

3. 我国 GIS 技术发展的对策建议

（1）应用软件数据端口应向专门化、专业化方向发展，在同类型、同方向的 GIS 数据交流共享方向提供方便，以解决 GIS 数据来源和数据质量难以保证的问题。

（2）结合宏观信息化推进工作，以电子政务相关工程为基础，推动 GIS 技术在资源环境管理中的应用。信息化建设已成为我国各级政府及企业的重要任务，GIS 技术在以资源、能源、生产、资金等空间综合配置、优化组合为目的的信息化建设中，可以发挥应有的作用，应结合相应的应用工程推动 GIS 技术的发展。

（3）应用往专业化方向发展，功能由通用管理功能转向资源评估、监督、跟踪分析等专业功能方向发展。随着经济社会的发展，经济社会与资源环境之间的各方面的矛盾及问题逐渐暴露出来，这些问题在时间和空间上具有诸多的关联性，分析这些问题并提出合理的解决方案建议，需要功能更专业化的 GIS 技术支持。

（4）支持多源、多尺度、多类型集成应用的软件平台工具的开发应用。信息获取技术的快速发展和多元化趋势，要求资源环境方面的 GIS 技术能够接收、处理及分析多种来源、多尺度的地理信息。

（5）促进 3S 技术集成应用，推动专业技术及软件的发展，全球定位系统、遥感技术与 GIS 的集成应用已成为 GIS 技术发展的趋势之一，而这种应用的发展是在应用推动的基础上建立的，针对特定的应用领域的集成化的 GIS 技术将成为资源环境领域 GIS 的发展方向，也是系统与业务结合的需要。

（6）开展专业应用系统开发建设，结合资源环境各领域的需求，开发多种专业化的 GIS 技术，如针对性生态保护区、生态功能区、地下水、生物资源等领域的专业性 GIS 软件与管理系统。

> **小思考**
>
> 请登录 GIS 空间站（www.gissky.net），查看 GIS 技术的应用案例，思考并讨论 GIS 技术可以解决运输行业哪些痛点。

任务 3　GPS 技术及应用

一、GPS 技术概述

（一）基本概念

GPS 是一个由覆盖全球的 24 颗卫星组成的卫星系统。这个系统可以保证在任意时刻，地球上任意一点都可以同时观测到 4 颗卫星，以保证卫星可以采集到该观测点的经纬度和高度，以便实现导航、定位、授时等功能。这项技术可以用来引导飞机、船舶、车辆及个人，安全、准确地沿着选定的路线，准时到达目的地。

GPS 是 20 世纪 70 年代由美军研制的新一代空间卫星导航定位系统，其主要目的是为陆、海、空三大领域提供实时、全天候和全球性的导航服务，并用于情报收集、核爆监测和应急通信等一些军事目的。目前，GPS 已广泛应用于军事和民用等众多领域中。

GPS 技术按待定点的状态，分为静态定位和动态定位两大类。静态定位是指待定点的位置在观测过程中固定不变，如 GPS 在大地测量中的应用；动态定位是指待定点在运动载体上，在观测过程中是变化的，如 GPS 在船舶导航中的应用。静态定位的精度一般在几厘米范围内，动态定位的精度一般在几米范围内。

对 GPS 信号的处理从时间上，分为实时处理和后处理。实时处理就是一边接收卫星信号一边进行计算，获得目前所处的位置、速度和时间等信息；后处理是指把卫星信号记录在一定的介质上，回到室内统一进行数据处理。一般来说，静态定位用户多采用后处理，动态定位用户采用实时处理或后处理。

（二）GPS 的发展历史

GPS 的前身为美军研制的一种子午仪卫星定位系统，于 1958 年研制，1964 年正式投入使用。该系统用 5 到 6 颗卫星组成的星网工作，每天最多绕过地球 13 次，但无法给出高度信息，在定位精度方面也不好。然而，该系统使得研发部门对卫星定位积累了初步的经验，并验证了由卫星系统进行定位的可行性，为 GPS 的研制做了铺垫。

为此，美国海军提出了名为 Tinmation 的用 12 到 18 颗卫星组成 10000km 高度的全球定位网计划，并于 1967 年、1969 年和 1974 年各发射了一颗试验卫星，在这些卫星上初步试验了原子钟计时系统，这是 GPS 精确定位的基础。而美国空军则提出以每星群由 4 到 5 颗卫星组成的 3 到 4 个星群的计划，这些卫星中除 1 颗使用同步轨道外，其余的都使用周期为 24h 的倾斜轨道。该计划以伪随机码（PRN）为基础传播卫星测距信号，其功能强大，即使信号密度低于环境噪声的 1% 也能被检测出来。伪随机码的成功运用是 GPS 得以取得成功的一个重要基础。由于同时研制两个系统会消耗巨大的费用，而且这里两个计划都是为了提供全球定位而设计的，所以 1973 年美国国防部将两者合二为一，并由国防部牵头的卫星导航定位联合计划局领导。

1. 方案论证阶段

（1）1973 年 12 月，美国国防部批准研制 GPS。

（2）1978 年 2 月 22 日，第 1 颗 GPS 试验卫星发射成功。

（3）1978—1979 年，共发射了 4 颗试验卫星，研制了地面接收机及建立地面跟踪网。

2. 全面研制和试验阶段

1979—1987 年，陆续发射了 7 颗试验卫星，研制了各种用途接收机。实验表明，GPS 定位精度远远超过设计标准。

3. 实用组网阶段

（1）1989 年 2 月 14 日，第 1 颗 GPS 工作卫星发射成功。

（2）1991 年，在海湾战争中，GPS 首次大规模用于实战。

（3）1993 年年底，实用的 GPS 网即（21+3）GPS 星座建成，之后将根据计划更换失效的卫星。

（4）1995 年 7 月 17 日，GPS 达到 FOC- 完全运行能力（Full Operational Capability）。

（三）GPS 的构成

GPS 包括三大部分：空间部分——GPS 卫星星座、地面控制部分——地面监控系统、用户部分——GPS 信号接收机，如图 7.6 所示。

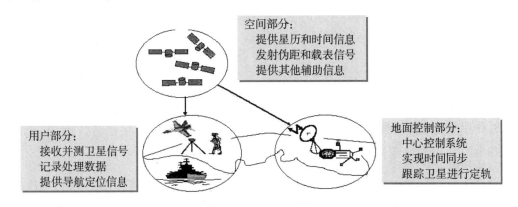

图 7.6　GPS 构成示意图

1. 空间部分

GPS 的空间部分由 24 颗工作卫星组成，位于距地表 20～200km 的上空，均匀分布在 6 个轨道面上（每个轨道面 4 颗），轨道倾角为 55°。此外，还有 4 颗有源备份卫星在轨运行。卫星的分布使得在全球任何地方、任何时间都可观测到 4 颗以上的卫星，并能保持良好定位解算精度的几何图像。这就提供了在时间上连续的全球导航能力。GPS 卫星产生两组电码，一组称为 C/A 码（Coarse/Acquisition Code 11023MHz），C/A 码人为采取措施而刻意降低精度后，主要开放给民间使用；一组称为 P 码（Procise Code10123MHz），P 码因频率较高，不易受干扰，定位精度高，并设有密码，一般民间无法解读，主要为美国军方服务。

空间部分卫星的主要作用如下：

（1）接收地面注入站发送的导航电文和其他信号。

（2）接收地面主控站的命令，修正其在轨运行偏差及启用备用设备等。

（3）连续地向用户发送 GPS 卫星导航定位信号，并用电文的形式提供卫星的现势位置与其他在轨卫星的概略位置。

2. 地面控制部分

地面控制部分由 5 个监测站、1 个主控站和 3 个注入站组成。

监测站均配装有精密的铯钟和能够连续测量到所有可见卫星的接收机。监测站将取得的卫星观测数据，包括电离层和气象数据，经过初步处理后，传送到主控站。监控站是无人值守的数据采集中心，其位置经精密测定，主要设备包括 1 台双频接收机、1 台高精度原子钟、1 台电子计算机和若干台环境数据传感器。监控站的主要作用如下：

（1）利用接收机求出卫星相对其原子钟的伪距和伪距差。

（2）利用原子钟获得时间标准。

（3）利用环境传感器得到当地的气象数据。

（4）将算得的伪距、导航数据、气象数据及卫星状态传给主控站。

主控站从各监测站收集跟踪数据，计算出卫星的轨道和时钟参数，然后将结果送到 3 个注入站。主控站拥有以大型电子计算机为主体的数据收集、计算和传播设备，主要作用如下：

（1）收集数据。收集各监测站获得的伪距和伪距差观测值，以及卫星时钟、气象参数和工作状态等。

（2）数据处理。根据收集到的数据计算各卫星的星历、时钟改正、卫星状态和大气传播改正，将这些数据按照一定格式编成导航电文，并及时将导航电文传给注入站，导航电文的作用即在于获得卫星的坐标。

（3）时间协调。各测站和 GPS 卫星的原子钟均应与监控站的原子钟同步，或测出其间的钟差。

（4）控制卫星。修正卫星的运行轨道，调用备用卫星，更换失效卫星。

注入站在每颗卫星运行至上空时，把这些导航数据及主控站指令注入卫星。这种注入对每颗 GPS 卫星每天一次，并在卫星离开注入站作用范围之前进行最后的注入。如果某地面站发生故障，那么在卫星中预存的导航信息还可用一段时间，但导航精度会逐渐降低。其作用是将主控站编制的导航电文等资料以既定的方式注入卫星存储器钟，供卫星向用户发射。

3. 用户部分

用户部分即 GPS 信号接收机，其主要功能是捕获按一定卫星截止角所选择的待测卫星，并跟踪这些卫星的运行。当接收机捕获到跟踪的卫星信号后，即可测量出接收天线至卫星的伪距离和距离的变化率，解调出卫星轨道参数等数据。根据这些数据，接收机中的微处理计算机就可按定位解算方法进行定位计算，计算出用户所在地理位置的经纬度、高度、速度、时间等信息。接收机硬件和机内软件及 GPS 数据的后处理软件包构成完整的 GPS 用户设备。GPS 接收机的结构分为天线单元和接收单元两部分。接收机一般采用机内和机外两种直流电源。设置机内电源的目的在于更换外电源时，不中断连续观测。在用机外电源时，机内电池自动充电。关机后，机内电池为 RAM 存储器供电，以防止数据丢失。

GPS 接收机的种类，按照用途分为导航型接收机、测地型接收机和授时型接收机；按照携带形式分为手持式接收机、车载式接收机等；按照载波频率分为单频接收机和双频接收机；按照工作原理分为码接收机和无码接收机。

（四）GPS 的原理

GPS 的基本原理是测量出已知位置的卫星到用户接收机之间的距离，然后综合多颗卫星的数据就可知道接收机的具体位置。要达到这一目的，卫星的位置可以根据星载时钟所记录的时间在卫星星历中查出。而用户到卫星的距离则通过记录卫星信号传播到用户所经历的时间，再将其乘以光速得到（由于大气层电离层的干扰，这一距离并不是用户与卫星之间的真实距离，而是伪距）。

当 GPS 卫星正常工作时，会不断地用 1 和 0 二进制码元组成的伪随机码（简称"伪码"）发射导航电文。GPS 使用的伪码一共有两种，分别是民用的 C/A 码和军用的 P 码。C/A 码频率 1.023MHz，重复周期 1ms，码间距 1μs，相当于 300m；P 码频率 10.23MHz，重复周期 266.4 天，码间距 0.1μs，相当于 30m。导航电文包括卫星星历、工作状况、时钟改正、电离层时延修正、大气折射修正等信息，是从卫星信号中解调制出来，以 50b/s 调制在载频上发射的。导航电文中的内容主要有遥测码，转换码，第 1、2、3 数据块，其中最重要的是星历数据。当用户接收到导航电文时，提取出卫星时间并将其与自己的时钟作对比便可得知卫星与用户的距离，再利用导航电文中的卫星星历数据推算出卫星发射电文时所处位置，便可得知用户在大地坐标系中的位置速度等信息。可见，GPS 导航系统卫星部分的作用就是不断地发射导航电文。然而，由于用户接收机使用的时钟与卫星星载时钟不可能总是同步，所以除了用户的三维坐标 x、y、z 外，还要引进一个 Δt（即卫星与接收机之间的时间差）作为未知数，然后用 4 个方程将这 4 个未知数解出来。所以，如果想知道接收机所处的位置，至少要能接收到 4 个卫星的信号。

GPS 接收机可接收到用于授时的准确至纳秒级的时间信息、用于预报未来几个月内卫星所处概略位置的预报星历、用于计算定位时所需卫星坐标的广播星历及 GPS 信息（如卫星状况等）。GPS 接收机对码进行测量就可得到卫星到接收机的距离，由于含有接收机卫星钟的误差及大气传播误差，故称为伪距。对 C/A 码测得的伪距称为 C/A 码伪距，精度约为 20m；对 P 码测得的伪距称为 P 码伪距，精度约为 2m。

GPS 接收机对收到的卫星信号进行解码，或采用其他技术将调制在载波上的信息去掉后，就可以恢复载波。严格来说，载波相位应被称为载波拍频相位，它是收到的受多普勒频移影响的卫星信号载波相位与接收机本机振荡产生信号相位之差，一般在接收机时钟确定的历元时刻测量，保持对卫星信号的跟踪，就可记录下相位的变化值，但开始观测时的接收机和卫星振荡器的相位初值是未知的，起始历元的相位整数也是未知的，即存在整周模糊度，只能在数据处理中作为参数解算。相位观测值的精度高至毫米，但前提是解出整周模糊度，因此只有在相对定位并有一段连续观测值时才能使用相位观测值，而要达到优于米级的定位精度则只能采用相位观测值。

按照定位方式，GPS 定位分为单点定位和相对定位（差分定位）。单点定位就是根据一台接收机的观测数据来确定接收机位置的方式，它只能采用伪距观测量，可用于车船等的概略导航定位。相对定位（差分定位）是根据两台及以上接收机的观测数据来确定观测点之间的相对位置的方法，它既可采用伪距观测量，也可采用相位观测量，如大地测量或工程测量均应采用相位观测值进行相对定位。

在 GPS 观测量中，包含卫星和接收机的钟差、大气传播延迟、多路径效应等误差，在定位计算时还受到卫星广播星历误差的影响，在进行相对定位时大部分公共误差被抵消或削弱，因此定位精度将大大提高。双频接收机可以根据两个频率的观测量抵消大气中电离层误差的主要部分，在精度要求高、接收机间距离较远时（大气有明显差别），应选用双频接收机。

（五）GPS 技术的特点

（1）定位精度高。随着观测技术与数据处理方法的改善，有望在大于 1000km 的距离上，相对定位精度可达到或优于 10^{-8}。

（2）观测时间短。随着 GPS 技术的不断完善、软件的不断更新，目前 20km 以内相对静态定位测量仅需 15～20min；快速静态相对定位测量时，当每个流动站与基准站相距在 15km 以内，流动站观测时间只需 1～2min，可随时定位，每站观测只需几秒钟。

（3）测站间无须通视。GPS 测量不要求测站之间互相通视，只需测站上空开阔即可，因此可节省大量的造标费用。由于无须点间通视，点位位置根据需要可稀可密，使得选点工作甚为灵活，可省去传算点、过渡点的测量工作。

（4）可提供三维坐标。经典大地测量将平面与高程采用不同方法分别施测，GPS 技术可同时精确测定测站点的三维坐标，可满足四等水准测量的精度。

（5）操作简便。随着 GPS 接收机不断改进，其自动化程度越来越高，有的已达"傻瓜化"的程度。而且，接收机的体积越来越小，重量越来越轻，极大地减轻测量工作者的工作紧张程度和劳动强度。

（6）全天候作业。GPS 观测可在一天 24h 内的任何时间进行，不受阴天黑夜、起雾刮风、下雨下雪等气候的影响。

（7）功能多，应用广。GPS 不仅可用于测量、导航，还可用于测速、测时，而且应用领域不断扩大。

> **拓展阅读**
>
> 简单来说，GPS 导航仪就是能够帮助用户准确定位当前位置，并且根据既定的目的地计算行程，通过地图显示和语音提示两种方式引导用户行至目的地的汽车驾驶辅助设备。它包括两个重要的组成部分：GPS 和汽车导航系统。光有 GPS 还不够，它只能够接收 GPS 卫星发送的数据，计算出用户的三维位置、方向、运动速度和时间方面的信息，没有路径计算能力。用户手中的 GPS 接收设备要想实现路线导航功能，还需要一套完善的包括硬件设备、电子地图、导航软件在内的汽车导航系统。
>
> GPS 导航仪硬件包括芯片、天线、处理器、内存、屏幕、按键、扬声器等组成部分。但就目前来看，市场上的 GPS 汽车导航仪在硬件上的差距并不大，主要区别还是集中在内置的软件和地图上。在这里需要提醒一点，人们总是习惯于关心导航仪内预装何种地图，实际上这就混淆了地图和软件的区别。地图其实只是数据，而软件是搜索引擎。地图中各种地理信息综合在一起的庞大数据如何为用户所应用？如何才能反映到导航界面中？这就要借助软件来实现了。因此，导航地图离不开软件的支持；反过来说，再优秀的软件系统如果没有详细的地图数据也是白搭。
>
> 因此，一部完整的 GPS 汽车导航仪由芯片、天线、处理器、内存、显示屏、扬声器、按键、扩展功能插槽、电子地图、导航软件 10 个主要部分组成。判断 GPS 导航仪的优劣，其所能接收到的 GPS 卫星数量和路径规划能力是关键。GPS 导航仪所能接收到的有效卫星数量越多，说明其当前的信号越强，导航工作的状态也就越稳定。如果一台导航仪经常搜索不到卫星或者在导航过程中频繁地中断信号，就会影响正常的导航工作，那它首先在质量上就不过关，就更谈不上优劣了。
>
> （资料来源：https://baike.baidu.com/item/GPS%E8%BD%A6%E8%BD%BD%E5%AF%BC%E8%88%AA%E4%BB%AA/4369788?fr=aladdin，有改动）

二、GPS 技术的应用

（一）GPS 技术的应用优势

（1）打造数字物流，规范企业日常运作，提升企业形象。GPS 技术的应用，必将提升物流企业的信息化程度，使企业日常运作数字化，包括企业拥有的物流设备或者客户的任何一笔货物都能用精确的数字来描述，不仅能提高企业运作效率，而且能提升企业形象、争取更多的客户。

（2）通过对运输设备的导航跟踪，提高车辆运作效率，降低物流费用，抵抗风险。GPS 技术和无线通信的结合，使得流动在不同地方的运输设备变得透明而且可以控制，例如：

① 结合物流企业的决策模型库的支持，根据物流企业的实际仓储情况，并由 GPS 技术获取的实时道路信息，可以计算出最佳物流路径，为运输设备导航，减少运行时间，降低运行费用。

② 利用 GPS 技术可以实时显示出车辆的实际位置，并任意放大、缩小、还原、换图，可以随目标移动，使目标始终保持在屏幕上，可对重要车辆和货物进行跟踪运输。对车辆进行实时定位、跟踪、报警、通信等的技术，能够满足掌握车辆基本信息、对车辆进行远程管理的需要，有效避免车辆的空载现象；同时，客户也能通过互联网技术，了解自己货物在运输过程中的细节情况。

③ 人的因素处处存在，而 GPS 技术能够有效地监控司机的行为。在物流企业中，为了逃避过桥费而绕远路延误时间、私自拉货、途中私自停留等现象时常发生。而对车辆的监控也就规范了司机的行为。

（3）促进协同商务发展，使物流企业向第四方物流角色转换。由于物流企业能够实时的获取每部车辆的具体位置、载货信息，故物流企业能用系统的观念运作多单物流业务，降低空载率。基于这一职能的转变，物流企业如果为某供应链服务，则能够发挥第四方物流的作用。物流企业通过 GPS 技术能够精确的获取运输车辆的信息，再通过互联网让企业内部和客户访问，从而使整个企业的操作业务变得透明，可为协同商务打下基础。

（二）GPS 技术的应用领域

1. GPS 技术在道路工程中的应用

GPS 技术在道路工程中的应用，主要是用于建立各种道路工程控制网及测定航测外控点等。随着高等级公路的迅速发展，其对勘测技术提出了更高的要求，由于线路长、已知点少，因此用常规测量手段不仅布网困难，而且难以满足高精度的要求。目前，国内已逐步采用 GPS 技术建立线路首级高精度控制网，然后用常规方法布设导线加密。GPS 技术也同样应用于特大桥梁的控制测量中，由于无须通视，可构成较强的网形，提高点位精度，同时对检测常规测量的支点也非常有效。GPS 技术在隧道测量中也具有广泛的应用前景，减少了常规方法的中间环节，因此速度快、精度高，具有明显的经济和社会效益。

2. GPS 技术在汽车导航和交通管理中的应用

三维导航是 GPS 的首要功能，汽车、飞机、轮船及步行者都可以利用 GPS 技术进行导航。例如，汽车导航系统是在 GPS 的基础上发展起来的一门技术，由 GPS 导航、自律导航、微处理机、车速传感器、陀螺传感器、CD-ROM 驱动器、LCD 显示器组成。GPS 技术与电子地图、无线电通信网络、计算机车辆管理信息系统相结合，可以实现车辆跟踪和交通管理等许多功能。

3. GPS 技术在长途客运车辆管理中的应用

下面以国内首套专业的 GPS 长途客运车辆管理系统——雅迅长途客运 GPS 智能管理

系统为例进行说明。该系统结合了卫星定位技术、GPRS/CDMA 通信业务、GIS 技术、图像采集技术、计算机网络和数据库等技术，在客运公司建立一个总控（C/S 结构和 B/S 结构相结合），其他设为分控，公安部门和运管部门等各部门建立专控的中心系统，系统由控制中心系统、无线通信平台（GPRS/CDMA）、GPS、车载设备 4 个部分组成一个全天候、全范围的驾驶员管理和车辆跟踪的综合平台。该系统具有对注册车辆实施动态跟踪、监控、拍照、行车记录、管理、数据分析等功能，监控车辆可以在电子地图上显示出来，并保存车辆运行轨迹数据；操作终端可任意选择服务器内部局域网或互联网对中心系统进行访问，并可通过浏览器提供网上综合客车管理数据分析控制系统（B/S 结构）。该系统的容量可随时根据中心服务器和操作终端硬件配置进行扩展，入网车辆不仅可以是长途客运车辆，也可以旅游车等社会车辆；同时，该系统还可以采用分组管理，将不同类型的车辆归入不同分组，便于管理人员操作。

（三）GPS 技术在物流行业的应用

1. 实时监控

（1）能够在任意时刻发出指令查询运输车辆所在的地理位置（经度、纬度、速度等信息），并在电子地图上直观地显示出来。

（2）车辆出车后可立即掌握其行踪。若有不正常的偏离、停滞与超速等异常现象发生时，GPS 工作站显示屏便立即显示并发出警告信号，并可迅速查询纠正，避免危及人、车、货安全的情况发生。

（3）货主可登录查询货物运送状况，实时了解货物的动态信息，真正做到让客户放心。

（4）长途运输由于信息闭塞、渠道狭窄，回程配货成了最大的困扰，而通过 GPS 技术可以提前在线预告车辆的实时信息及精确的抵达时间，根据具体情况合理安排回程配货。

2. 双向通信

用户可使用 GSM 的语音功能与司机进行通话，或使用安装在车辆上的移动设备的汉字液晶显示终端进行汉字消息收发通信。

3. 动态调度

（1）调度人员能在任意时刻通过调度中心发出文字调度指令，并得到确认信息，实现就近调度、动态调度、提前调度。

（2）可实时掌握车辆动态、发车时间、到货时间、卸货时间、返回时间等，以达到争取时间、节约运输成本的目的。

（3）科学调度，提高实载率，尽量减少空车时间和空车距离，充分利用运输车辆的运能。

4. 数据存储和分析

（1）可事先规划车辆的运行路线、运行区域、何时应该到达什么地方等，并将该信息记录在数据库中，以备以后查询、分析使用。

（2）收集、积累、分析数据，进一步优化路线，依据地理信息制定更为合理的行车路线及整个运输过程中的燃料、维修、过路（桥）等费用，确定更为精确的成本费用，制定更加合理的运费。

（3）依据数据库储存的信息，可随时调阅每辆车以前的工作资料，并可根据各管理部门的不同要求制作各种不同形式的报表，使各管理部门能快速、准确地做出判断。

> **小思考**
>
> 目前除了 GPS 之外，能够提供全球定位服务的技术还有哪些？

三、北斗卫星导航系统

北斗卫星导航系统（简称"北斗系统"）是中国着眼于国家安全和经济社会发展需要，自主建设运行的全球卫星导航系统，是为全球用户提供全天候、全天时、高精度的定位、导航和授时服务的重要时空基础设施，如图7.7所示。2020年6月23日，我国第55颗北斗卫星，即北斗卫星导航系统最后一颗组网卫星在西昌卫星发射中心成功发射，标志着北斗全球卫星导航系统星座部署完成，意义重大。

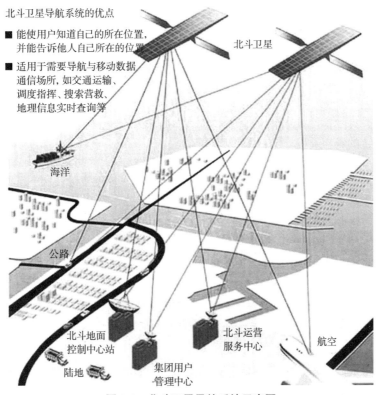

图7.7 北斗卫星导航系统示意图

北斗系统提供服务以来，已在交通运输、农林渔业、水文监测、气象测报、通信授时、电力调度、救灾减灾、公共安全等领域得到广泛应用，服务国家重要基础设施，产生了显著的经济效益和社会效益。截至2019年年底，国内超过650万辆营运车辆、3万辆邮政和快递车辆、36个中心城市约8万辆公交车、3200余座内河导航设施、2900余座海上导航设施已应用北斗系统，构成全球最大的营运车辆动态监管系统。基于北斗系统的导航服务已被电子商务、移动智能终端制造、位置服务等厂商采用，广泛进入中国大众消费、共享经济和民生领域，应用的新模式、新业态、新经济不断涌现，深刻改变着人们的生产生活方式。我国将持续推进北斗应用与产业化发展，服务国家现代化建设和百姓日常生活，为全球科技、经济和社会发展做出贡献。

1. 建设原则

北斗系统的建设与发展，以应用推广和产业发展为根本目标，不仅要建好系统，而且要用好系统，强调质量、安全、应用、效益，遵循以下建设原则：

（1）开放性。北斗系统的建设、发展和应用将对全世界开放，为全球用户提供高质量的免费服务，积极与世界各国开展广泛而深入的交流与合作，促进各卫星导航系统间的兼容与互操作,推动卫星导航技术与产业的发展。

(2)自主性。我国自主建设和运行北斗系统,可独立为全球用户提供服务。

(3)兼容性。在全球卫星导航系统国际委员会(ICG)和国际电联(ITU)框架下,北斗系统与世界各卫星导航系统可实现兼容与互操作,使所有用户都能享受到卫星导航发展的成果。

(4)渐进性。我国将积极稳妥地推进北斗系统的建设与发展,不断完善服务质量,并实现各阶段的无缝衔接。

2.基本组成

(1)空间段。北斗系统空间段由若干地球静止轨道卫星、倾斜地球同步轨道卫星和中圆地球轨道卫星等组成。

(2)地面段。北斗系统地面段包括主控站、时间同步/注入站和监测站等若干地面站,以及星间链路运行管理设施。

(3)用户段。北斗系统用户段包括北斗兼容其他卫星导航系统的芯片、模块、天线等基础产品,以及终端产品、应用系统与应用服务等。

3.北斗系统的特点

(1)北斗系统空间段采用3种轨道卫星组成的混合星座,与其他卫星导航系统相比高轨卫星更多、抗遮挡能力更强,尤其是低纬度地区性能优势更为明显。

(2)北斗系统提供多个频点的导航信号,能够通过多频信号组合使用等方式提高服务精度。

(3)北斗系统创新融合了导航与通信能力,具备定位导航授时、星基增强、地基增强、精密单点定位、短报文通信和国际搜救等多种服务能力。

【用高中知识了解北斗导航的工作原理】

小思考

请用微信扫一扫旁边的二维码,或登录北斗网,观看视频资料,了解北斗系统的工作原理,想一想北斗系统的工作原理是怎样的,并简单描述一下。

4.行业应用

北斗系统可广泛应用于船舶运输、公路交通、铁路运输、海上作业、渔业生产、水文测报、森林防火、环境监测等众多行业,以及军队、公安、海关等其他有特殊指挥调度要求的单位。

物流是北斗系统应用的典型行业,运输领域作为北斗系统最早的示范应用行业之一,为其发展立下了"汗马功劳",同时也受益无穷。北斗车载终端是物流领域数字化典型应用,例如,如果运输车辆限速80km/h,当速度即将达到这个值的时候,北斗车载终端就会自动发出提醒;如果车辆连续行驶3.5h以上,北斗车载终端也会提示司机休息。北斗系统提供真实、实时、有效的"货物轨迹流",对于强化货运数据综合应用有不小的帮助。北斗车载终端接入北斗系统数据后,实际位置、运行线路、载货量、油耗、里程等数据都一目了然,有助于实现高效率的"车货匹配"。

相比以前使用的导航系统,北斗系统定位信号的精准度有了明显提升,轨迹绘制更精准,抗干扰性也更好。随着北斗系统应用向智能化方向发展,未来有望实现自动优化线路、无人驾驶等新功能,让物流变得"智慧"起来。

(1)北斗系统促进深圳妈湾港区加速智能化建设。

港区运输效率直接影响港口物流"最后1km"的质量和效率,是智慧港建设的重要一环。如何在封闭且工况复杂的港区内让数十辆集卡车精准定位、依令而动、动而优行,是码头自动化建设必须面对的难题。在中国交通通信信息中心的指导与协调下,深圳妈湾港区会同北京国泰星云公司等技术支持单位合力攻关、研发论证，创新采用基于北斗导航、惯性导航的组合导航技术，有效解决因遮挡、差分链路干扰引起的卫星定位信号短暂失效或不稳问题，从而实现集卡车的连续稳定定位。

深圳妈湾港区的集卡车在北斗系统的有力支撑下，实现了全路程、全天候、全场区不间断连续准确定位，港区智能化建设取得新突破。整个系统主要由北斗基准站系统、内集卡北斗组合定位终端、码头可视化作业监控系统、中心数据服务系统及与其他应用系统的接口系统等共同实现，可以对港区内的集卡车自动进行任务分配、车辆优化配置、车厢自动匹配，也可以对港区水平运输进行全过程实时监控；与港区内其他装卸机械与设备、人员及外来车辆等定位与作业数据整合后，可以通过大数据、人工智能技术对全场数据进行建模分析，为码头全场作业自动化提供必要支撑与保障。

该港区应用的北斗组合定位终端，是基于国产芯片、针对码头作业场景自主研制而成，将北斗高精度板卡、三轴陀螺、加速度计等传感器集成一体，采用多传感器融合算法，集卡车定位精度可优于1m。未来，该应用还将延伸应用到其他港区，与码头作业系统、机械设备系统连接，构建更大范围、码头全域全要素的可视化监控平台，助力我国智慧港口建设。

（2）北斗系统保障抗疫物资一路畅通。

新冠肺炎疫情袭来，作为城市生产生活、应急救援和疫情防控工作开展的基础保障，交通运输成为这场疫情防控阻击战的关键。经过多年发展，交通运输已成为北斗系统最典型应用领域之一，在这场没有硝烟的战争中，北斗系统为疫情防控期间医护人员等重点人群出行和防控物资供应提供了重要支撑。

交通运输部多次部署交通运输领域疫情防控工作，并通过全国道路货运车辆公共监管与服务平台入网的北斗车载终端，向600余万入网车辆持续推送疫情信息、防疫物资运输信息、道路运输服务信息等，推荐疫情期间经验线路，提供14d行车轨迹查询服务；为行业主管部门提供途径疫区的车辆信息，为疫区重点营运车辆调配和应急物资运输提供数据服务保障。

例如，为了做好防疫救援物资及时送达，中国邮政利用5000余套北斗终端，对邮政干线车辆进行实时调配，充分发挥邮政"点多面广、全覆盖"的快递物流网络优势，利用车辆定位信息及时完成防疫物资与可用车辆的匹配，并对运载疫情防控物资的车辆进行全程监控，实时监管车辆运输时效；利用北斗终端进行线路规划，顺利将防疫物资安全及时送达；对北斗设备上报的预计晚点或未按既定线路行驶的告警车辆进行情况摸底，确保防疫物资的及时送达；利用北斗终端进行线路规划，顺利将防疫物资安全及时送达。

又如，因地制宜，分类施策，各地也纷纷利用北斗系统，推动防疫期间交通智能化、精准化。山东寿光是我国的"蔬菜之乡"，在新冠肺炎疫情防控工作中承担着保障蔬菜供应的重任。当地政府携手山东航天九通车联网有限公司利用基于北斗大数据技术的"寿光市疫情防控车辆管理云平台"，整合重载货车、中小型货运车辆及私家车等各种车辆，掌握进出湖北等省份的车辆运行数据和人员数据，确保蔬菜等物资以最快速度安全地运抵，为物资调度与人员隔离安置等工作提供必要数据支撑，也为杜绝投机车辆以支援为名恶意销售哄抬物价等行为提供了有力的管控手段。同时，由齐鲁交通发展集团子公司齐鲁交通信息集团自主研发的"疫情应急精准追踪防扩散北斗实时位置服务系统"也在寿光市交通运输管理局成功上线，物流车辆安装和接入该系统后，可对车辆进行动态监管，一旦车辆经过疫情防护重点地区，该系统可以电子报警，方便疫情防控部门对车辆进行重点消毒杀菌，防止疫情扩散。该系统还能与卡口检查二维码相结合使用，在扫描卡口二维码后，可提示是否有电子通行证，便于现场第一时间掌握车辆运行动态，实现对物流车辆流动轨迹的精准管控，提高疫情防控工作效率，减少传染风险。该系统还方便后台收集数据形成分析报告，为政府疫情防控工作提供决策支持。

再如，疫情发生以来，宁夏中卫市应对新冠肺炎疫情工作指挥部监制、中卫工业园区印制"入卫物流车辆通行轨迹登记卡"，供所有物流运输车辆使用。同时，对所有运营的物流车辆安装北斗定位终端，并接入公安监控系统全程监控。在安徽，基于北斗系统等技术的监控系统在安徽交运集团发挥了重要作用。车辆出发后，值班人员紧盯北斗监控系统，查看车辆点滴动态；车辆停运消毒入库后，挂靠车辆也通过北斗监控系统定位地点，严禁擅自运营。

北斗系统在交通运输领域的广泛深入应用，不断提升管理效率和道路运输安全水平，在防疫抗疫期间发挥了重要作用。北斗系统还将持续发力，助力我国交通强国建设。

项目实训

图7.8中A点为仓库，B～H为送货点，连线上标注的数字为运输距离（单位：km）。请运用最短路径算法，计算图中所有节点至A点的最短路径，并将计算结果填入表7-1中。

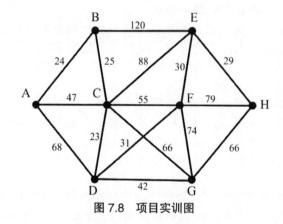

图7.8 项目实训图

表7-1 项目实训表

序号	起点	终点	最短路径里程	最短路径
1	A	B		
2	A	C		
3	A	D		
4	A	E		
5	A	F		
6	A	G		
7	A	H		

课后练习

一、单选题

1. GPS 的构成不包括（　　）。
A. GIS 发射器　　　　　　　　　　B. GPS 卫星空间部分
C. 地面支撑系统　　　　　　　　　D. GPS 接收机
2. 由于 GPS 卫星数目较多并且分布合理，所以在地球上任何地点，均可连续同步地观测到至少（　　）颗卫星。
A. 1　　　　　B. 2　　　　　C. 4　　　　　D. 8
3. GIS 的组成包括人员、数据、硬件、软件和（　　）。
A. 方法　　　　B. GPS　　　　C. 传感器　　　　D. BDS

二、多选题

1. 3S 技术包括的技术有（　　）。
A. MIS　　　　B. RS　　　　C. GIS　　　　D. GPS
2. RS 技术系统包括遥感信息获取、遥感信息应用和（　　）。
A. 遥感试验　　　B. 遥感平台　　　C. 传感器　　　D. 遥感信息处理
3. 关于 RS 和 RFID 以下说法正确的是（　　）。
A. RS 和 RFID 探测到的都是物体的本身
B. RFID 标签先要写入信息后被识别，RS 没有预先写入信息
C. 两种技术识别距离有差异，但都能自动识别
D. 以上观点都对

项目 8
利用呼叫中心全程掌控物流作业过程

【学习目标】

知识目标	能力目标	素养目标
（1）了解呼叫中心的业务种类。 （2）熟悉呼叫中心运作的基本流程。 （3）掌握呼叫中心技术的基本原理。 （4）了解呼叫中心员工的岗位职责	（1）能利用呼叫中心进行业务推广，引导客户需求。 （2）能主动与客户保持联系，将物流运作信息及时反馈给客户，解答客户问题。 （3）能根据物流运作需要，合理组织调度内部资源，快速响应客户需求	（1）培育和践行社会主义核心价值观。 （2）养成认真负责的劳动态度和精益求精的工匠精神。 （3）激发创新创业意识，培养批判性思维能力。 （4）具备良好的团队合作与沟通交流能力

【情境导入】

在 2019 年"双 11"期间，全国各大电商造就了数千亿的交易额，其中以天猫商城为首，交易额达 2000 多亿元。电商的快速发展促使快递业务突飞猛进，据相关数据显示，2019 年全国快递服务企业业务量累计完成 635.2 亿件，同比增长 25.3%。

为了抓住机遇，迎接挑战，各大物流企业无不积极应对"双 11"的到来。例如，顺丰增加全货机的数量，菜鸟提升待遇以激励公司员工，韵达则启动自动分拣系统。除了一些人员和设备的投入外，几乎每家物流公司都启用了呼叫中心系统，扩容或者增设功能，以便全程掌控物流作业过程，快速响应客户需求。

思考并讨论：

呼叫中心为什么能帮助物流企业提升客户服务水平？

任务 1　呼叫中心认知

一、呼叫中心概述

（一）基本概念

1. 呼叫中心的含义

呼叫中心是充分利用现代通信与计算机技术，自动灵活地处理大量各种不同的电话呼入和呼出业务和服务的技术。呼叫中心在企业应用中已经逐渐从电话营销中心向着 CTI（Computer Telecommunication Integration 的缩写，即计算机通信集成）综合呼叫中心转变，已经将电话、计算机、互联网等多种媒介综合应用于营销、服务等多项业务处理工作当中。

呼叫中心也可以理解为在一个相对集中的场所，由一批服务人员组成的服务机构，通常利用计算机通信技术,处理来自企业、顾客的垂询与咨询需求。以电话咨询为例,其具备同时处理大量来话的能力,还具备主叫号码显示,可将来电自动分配给具备相应技能的人员处理,并能记录和储存所有来电信息。一个典型的以客户服务为主的呼叫中心可以兼具呼入与呼出功能,当处理顾客的信息查询、咨询、投诉等业务的同时,可以进行顾客回访、满意度调查等呼出业务。

呼叫中心的概念是从海外引进的。为什么叫"呼叫中心"?因为"Call Center"的"Call"翻译成呼叫,"Center"翻译成中心,所以就叫"呼叫中心"。其实也有相当比例的"Call Center"又叫"Customer Service Center",即"客户服务中心",或者"Customer Care Center",即"客户关爱中心"。现在越来越多的企业认为客户需要得到关照,所以很多企业将其呼叫中心称为"Customer Care Center"。此外,"Customer Contact Center"也是比较多的一个提法,因为很多呼叫中心技术系统最初只能接收电话,不能接收 E-mail,不能接收网页聊天,不能接收其他的互动渠道。随着技术的发展,"Customer Contact Center"就成为接触中心或者叫联络中心。

2. 呼叫中心的作用

(1)从管理方面看,呼叫中心是一个促进企业营销、市场开拓并为客户提供友好的交互式服务的管理与服务系统。它作为企业面向客户的前台,面对的是客户,强调的是服务,注重的是管理。它充当企业理顺与客户之间的关系并加强客户资源管理和企业经营管理的渠道,可以提高客户满意度,完善客户服务,为企业创造更多的利润。

(2)从技术方面看,呼叫中心是围绕客户采用 CTI 计算机电话集成技术建立起来的客户关照中心,对外提供话音、数据、传真、视频、网络、移动等多种接入手段,对内通过计算机和电话网络联系客户数据库和各部门的资源,起到内外沟通的桥梁纽带作用。

(二)呼叫中心的发展历史

1. 呼叫中心的起源

呼叫中心最早起源于美国的民航业,其最初目的是更方便地向乘客提供咨询服务和有效地处理乘客投诉。美国银行业在 20 世纪 70 年代初开始建设自己的呼叫中心,不过那时的呼叫中心还远没有形成产业,企业都是各自为政,采用的技术、设备和服务标准都依据自身的情况而定。一直到 20 世纪 90 年代初期,也只有很少的企业能够有财力在技术、设备上大规模投资,建设可以处理大话务量的呼叫中心。从 20 世纪 90 年代初期开始,随着 CTI 技术的引入,呼叫中心的服务质量和工作效率有了很大的提高,反过来也使客户中心系统获得了更广泛的应用。而客户关系管理越来越受到企业关注,从而促进呼叫中心真正进入规模化发展,尤其是 800 号码被广泛认同和采用,更加促进了这一产业的繁荣。

2. 呼叫中心发展的 4 个阶段

第一代呼叫中心系统——早期的呼叫中心,实际上就是今天的热线电话,企业通过几个培训的代表专门处理各种各样的咨询和投诉,顾客只需拨打指定的电话就可以与业务代表直接交谈。

第二代呼叫中心,在原来的基础上更快、更好地服务,提供 7h 或 24h 在线服务,以满足顾客需求。它的优点是采用了 CTI 技术,因此可以同时提供人工服务与自动服务;其缺点是用户只能得到声讯服务。

第三代呼叫中心采用先进的操作系统及大型数据库,支持多种信息源的接入。

第四代呼叫中心以互联网为主导,充分融合网络技术,不仅能支持语音电话,而且能提供包括音频、视频在内的多媒体通信;不仅能支持传统的电话终端,而且能支持来自 Internet 的文字、语音、短消息等交互方式;不仅提供了完整的座席功能,而且具有实用的呼叫中心管理体系。

早期的呼叫中心主要是起到咨询服务的作用，开始是把一些用户的呼叫转接到应答台或专家，随着要转接的呼叫和应答增多，开始建立起交互式的语音应答（IVR）系统。这种系统能把大部分常见问题的应答交由机器（即"自动话务员"）来应答和处理，这种"呼叫中心"可称为第二代呼叫中心。

现代的呼叫中心应用了计算机电话集成（CTI）技术，使呼叫中心的服务功能大大加强。CTI 技术是以电话语音为媒介，用户可以通过电话机上的按键来操作呼叫中心的计算机，接入呼叫中心的方式可以是用户电话拨号接入、传真接入、计算机及调制解调器（MODEM）拨号连接、网址（IP 地址）访问等。用户接入呼叫中心后，就能收到呼叫中心任务提示音，按照呼叫中心的语音提示，就能接入数据库，获得所需的信息服务，进行存储、转发、查询、交换等处理，还可以通过呼叫中心完成交易。

3. 呼叫中心在我国发展概况

呼叫中心在我国的最初形式是 114 查号台，现在的 114 通过自动语音识别，已经能够简单判断出关键词，然后把所有的词组进行关联搜索，最后在系统里面会自动显示相类似名称的单位名录，接线员找到名称后，会用"IVR"的方式自动把这个号码报给用户。要想做到这些，必须要把计算机和电话集成，这是呼叫中心整个技术最重要的基础。我国呼叫中心产业从 1997 年正式启动，可以分成 3 个阶段：

（1）第一阶段 CTI 阶段。1998—2000 年，中国即将加入 WTO，各行各业服务意识不强，企业急需提升客户服务，政府也非常重视，在这样的背景下，政府引导行业推动，形成了呼叫中心行业的最初雏形。例如中国邮政，2000 年要求所有省级的邮政局建立面向本省的呼叫中心，这项投入政府有专门拨款。在短短两三年的时间里，我国主要的行业建立了大型的呼叫中心，其在 CTI 阶段最主要的特点就是强调技术应用和功能的实现。

（2）第二个阶段 CRM 阶段。呼叫中心是 CRM 的重要手段。在这个阶段，呼叫中心已经能有效地把很多数据集中到一个数据系统里面，只要与 CRM 结合起来，就可以有效地把这些数据加以利用。特别是在 2001—2003 年，我国企业开始真正引入呼叫中心，而且行业发展较快，主要的新生力量是电子商务公司。

（3）第三个阶段"Customer Care"阶段。从 2004 年开始，越来越多的企业开始使用呼叫中心，呼叫中心的形式也千差万别，呼叫中心的应用已经越来越广泛。在这个阶段，呼叫中心有自建型的，也有外包型的。自建型主要用于自有客户的服务；外包型的通过局部和整体的系统设备人员等的租赁，为其他企业提供服务。客户服务的类型有"呼入方式"（Inbound）和"呼出方式"（Outbound）。在呼入方面，可以处理一些诸如查账、资源热线、投诉热线方面的业务；在呼出方面，可以做预约、客户回访、满意度调查、催缴等。

2014 年以后，移动互联网、社交媒体、云计算等新兴产业快速发展，我国呼叫中心市场也开始走向成熟，各种产品、技术和服务模式都在不断地推陈出新，以更好地适应客户不断变化的深层次需求。

小思考

各种各样的呼叫中心与我们每个人的工作生活紧密相关，咨询、购物、投诉等都可以通过呼叫中心来处理。但是，呼叫中心在方便快捷的同时，往往也会带给人们一些问题。请结合自己的经历，谈谈对当前我国呼叫中心服务水平的看法。

（三）呼叫中心的优势

1. 突破了地域限制

呼叫中心是一个"无柜台"的营业网点，可以设在全球任何地方。只要有电话，只要有互联网，只要有手机，就可以发短信，随时随地都可以找到呼叫中心。

2. 突破时间限制

对于实体的营业服务网点，一般都有开门和关门的时间约束，但是呼叫中心是可以提供每周 7d、每天 24h、每年 365d 全天服务，可以说不论春夏秋冬，也不论天晴还是下雨，完全不受任何天气的影响。

3. 提供人性化的服务

为什么说呼叫中心是一个劳动密集型的行业，因为所有的业务都在计算机系统里面，都可以通过呼叫中心来完成。客服人员都经过严格训练，不仅懂业务，而且懂得如何与客户沟通交流，给客户以人性关怀，让客户感觉到舒服和满意。例如，打个电话查余额很简单，输入号码和验证码，系统就会把余额报给用户，即使再复杂的业务也可以通过座席工作人员来处理。

4. 降低经营成本

相对于实体的客服经营场所，呼叫中心在场地和人工成本方面都具有很大的优势。由于现代通信技术的飞速发展，香港汇丰银行的呼叫中心可以设在广东珠三角地区，顺丰速运的呼叫中心可以建在粤北的清远市。呼叫中心地点的转移不会影响客服业务的正常开展，而且在相对不发达地区，场地租金、员工薪酬、水电费等经营成本可以大幅度降低。

5. 全程掌控物流作业整个过程

呼叫中心通过数据库系统对内联系公司各个部门各个岗位的员工，对外联系客户与合作伙伴，既可以提供信息查询，也可以发布工作指令。只要授权到位，呼叫中心就是公司的总指挥部，一切尽在掌握，工作效率自然可以大大提高。以国际快递收派为例，呼叫中心完全掌控整个作业进程，是令客户满意的重要手段，如图 8.1 所示。

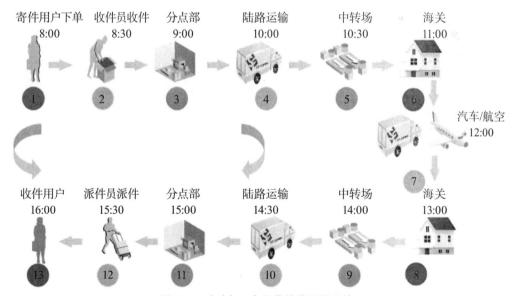

图 8.1 呼叫中心全程掌控收派件系统

（四）呼叫中心的发展趋势

1. 云计算型

云计算呼叫中心是基于云计算而搭建的呼叫中心系统，企业无须购买任何软硬件系统，只需具备人员、场地等基本条件，就可以快速建设属于企业的呼叫中心，软硬件平台、通信资源、日常维护与服务均由服务器商提供。它具有建设周期短、投入少、风险低、部署灵活、系统容量伸缩性强、运营维护成本低等众多优点。无论是电话营销中心还是客户服务中心，企业只需按需租用服务，便可建立一套功能全面、稳定、可靠，座席可分布全国各地，全国呼叫接入的呼叫中心系统。

云计算呼叫中心的最大特点是时间和空间弹性、随时随地部署、随时随地接入、集中管理、分布部署，客户不用自行建设，省去一次性投入。其可快速部署呼叫中心（3～7d即可），企业省去了维护的成本。例如，2007年讯鸟软件推出"启通宝"SaaS型呼叫中心，奠定了如今云计算呼叫中心的雏形，之后随着云计算概念的兴起，又细分出公云呼叫中心、私云呼叫中心、混合云呼叫中心等概念。公云呼叫中心无需任何设备，安装即可快速运行，能起到立竿见影的效果；私云呼叫中心在个性化、高性能、私密性上发挥作用；混合云呼叫中心在解决大集中、小分散上发挥了作用。

2. 多媒体型

早期呼叫中心主要基于CTI技术，由语音与数据集成，而人们更渴望引入视频。CTI的未来发展必然是语音数据与视频信号的集成。由于人类接收信息的70%来自视频，因此呼叫中心引入视频技术，即采取多媒体技术，将使呼叫中心在功能上有一次飞跃。要实现交互式视频通信，对用户端也提出了较高要求，多媒体型呼叫中心是未来的大趋势。

3. 智能型

利用智能化网络技术建立的虚拟呼叫中心，是系统庞大、功能齐全、座席数目过千的环球呼叫中心。这样一个庞大的系统可以同时为若干中小企业服务，但呼叫中心为运营商所有。各中小企业的座席代表，特别是资深的专家，可以在自己企业、自己实验室工作。而用虚拟网络与呼叫中心相连，可随时接受那些对企业极为重要的询问。这种系统具有大型数据库或数据仓库，可以为每一个"入网"的中小企业做出决策和分析。当然，呼叫中心运营商要保证各企业之间信息绝对保密和安全，以使任何一家企业不因采用共同呼叫中心而泄密；另外一种方法是，入网的各中小企业要来自不同行业，具有不同运营方式，它们之间无共同之处，也可以做到保密。

呼叫中心随着信息技术的进步，向着智能化、个人化、多媒体化、网络化、移动化的方向发展。由于呼叫中心会给企业带来巨大利润和良好的社会效益，为广大用户带来满意的服务，因此其快速发展和广泛被采用已成必然。

【腾讯企点呼叫中心】

想一想

请用微信扫一扫旁边的二维码，或登录腾讯企点呼叫中心官网，观看腾讯企点呼叫中心的视频，想一想云呼叫中心的优势有哪些。

（五）呼叫中心的分类

1. 按照建立主体归属权限分类

（1）自建呼叫中心。自建呼叫中心是指呼叫中心的使用者（政府或企业）自己投资建设，购买硬件设备和软件资源，培养建立座席队伍，自主运营、自主维护，目的在于利用呼叫中心来开展自身业务。自建呼叫中心一般只用于处理与自身业务相关的呼叫业务，并不对第三方其他需求者提供呼叫中心服务。

（2）外包呼叫中心。外包呼叫中心是指将自身呼叫中心业务外包给第三方来完成，一般要支付一定的外包费用。在外包呼叫中心，发包方提出项目需求，接包方提供整套包括系统、硬件设备、座席人员、场地及日常运营维护等呼叫中心全面解决方案。接包方投资建设呼叫中心的目的在于为客户提供呼叫中心功能性业务，如客户服务或商业营销业务。

（3）托管呼叫中心。托管呼叫中心是指使用呼叫中心的企业不用购买任何软硬件系统，只需具备人员、场地等基本条件，由第三方负责呼叫中心的建设及运营。企业自身把有限的人力和财力资源集中到核心业务上，有关呼叫中心的建设、维护、升级改进等工作都由提供呼叫中心托管服务商来负责。

（4）设备租赁呼叫中心。设备租赁呼叫中心是指企业全部或部分租用第三方提供的呼叫中心系统设备及应用软件来构建呼叫中心，租赁方按租赁时间付费给出租方，当合同结束时，租赁行为自行解除。租赁方负责呼叫中心的运营管理。

前两种类型的呼叫中心占据呼叫中心产业市场中的绝大部分份额，而后两种类型的呼叫中心仅仅在近几年才出现，其规模还很小。

2. 按照座席规模划分类

不同国家对于呼叫中心的座席规模的划分标准是不同的。在我国，呼叫中心的规模可以划分为小型（50座席以下）、中型（51～200座席）、大型（201座席及以上）。从目前国内的呼叫中心来看，还是小型呼叫中心居多。

3. 按照采用的技术分类

（1）基于计算机板卡的呼叫中心。基于计算机板卡的呼叫中心一般是由系统集成商（SI）按照最终客户需求，将不同厂商的板卡集成到一个系统内以实现对客户呼叫的控制。这种技术形态的呼叫中心性能相对较差，多用于小型的呼叫中心。随着CTI技术的发展，特别是托管呼叫中心的兴起，给中小企业用户在选择呼叫中心之外，又增加了一种选择。

（2）基于交换机的呼叫中心。与基于计算机板卡的呼叫中心相比，基于交换机的呼叫中心系统具有较好的稳定性与可靠性，但是成本相对较高，一般中大型的呼叫中心会采用基于交换机的技术。

（3）基于IP技术的一体化呼叫中心。随着通信技术及IP通信技术的发展，基于相关技术的多媒体IP呼叫中心也快速发展起来。

4. 按照呼叫业务的方向分类

按照呼叫业务的方向分类，呼叫中心可以分为呼入型呼叫中心、呼出型呼叫中心及混合型呼叫中心。呼入型呼叫中心一般承担包括售前咨询与售后服务的业务，对于人员一般会有较高的技术性要求；呼出型呼叫中心业务一般包括信息核实、客户关怀和电话营销等业务；越来越多的呼叫中心已经成为同时具备呼出业务与呼入业务的混合型呼叫中心。

5. 按照分布的地点分类

按照分布的地点分类，呼叫中心可以分为单址呼叫中心与多址呼叫中心。前者是指在同一地点工作的呼叫中心；后者是指呼叫中心的工作地分布在多个工作地点，不同的工作地点之间有信息的交互且需要统一管理。随着IP与通信技术的发展，虚拟座席可以有效地控制多址高成本的问题，很多大型呼叫中心已经实现了集中式管理、分布式部署。

二、呼叫中心的建设

（一）外包呼叫中心的优劣势

1. 外包呼叫中心的优势

（1）系统开通较为迅速，没有系统建设成本。用户可以依托外包呼叫中心快速开通呼叫中心业务，省略了烦琐的呼叫中心系统及设备的选型，而且没有一次性成本投入。

（2）运营维护由外包公司负责。外包公司一般有相应的运维人员，可以提供良好的运营维护，保障系统的稳定运行。呼叫中心系统涉及通信技术及IT技术等多方面的集成技术，对于具备一定规模的呼叫中心来说，运维难度大，且对运维团队要求较高。

（3）外包呼叫中心提供整体呼叫中心业务方案。外包呼叫中心提供包括系统、场地、人员的整体呼叫中心业务方案，客户只需要把项目需求提交给外包呼叫中心，日常运营的开展完全由外包商负责。

（4）呼叫中心规模有一定的灵活性。由于采用外包模式，呼叫中心座席数量具有一定的灵活性，在增加座席数量上更为便捷，但减少座席数量需要在一个周期合同完结后重新实施。

（5）更为专业的呼叫中心运营管理。外包呼叫中心提供的外包服务，更加突出的是其专业的呼叫中心运营能力和人力资源，且在呼叫中心的运营管理方面优势明显。

2. 外包呼叫中心的劣势

（1）价格比较昂贵。外包价格比较昂贵，并不是所有的业务都适合采用外包呼叫中心，通常那些非核心业务、阶段性业务、简单重复业务、尝试性业务、缺乏足够人力支持的业务、没有能力或不愿意提供 7×24h 服务的业务，可考虑外包给第三方呼叫中心来开展。

（2）安全无法保障。企业如果选择外包，所有的客户资料的安全性及保密性将成为令人担心的问题，无法保障自身的数据不被泄露。

（3）管理存在隐患。由于业务具体开展人员是外包呼叫中心的员工，在具体业务管理上存在不小的难度，无法达到实时调度、实时管理。

（二）自建呼叫中心的优劣势

1. 自建呼叫中心的优势

（1）系统构建选择空间大。呼叫中心厂商及系统集成商数量庞大，企业可根据自己的需求选择。

（2）符合传统项目建设模式。对于企事业单位及政府相关职能部门，采购自建是比较习惯的系统建设模式，尤其是政府及事业单位更适合自建模式。

（3）系统管理维护自主性高。对于有丰富运营呼叫中心经验的企事业单位及政府相关职能部门来说，自建模式能更好地发挥其在呼叫中心运营过程中所构建的庞大运维团队作用。

2. 自建呼叫中心的劣势

（1）建设成本很高，周期很长。对于系统功能升级，需要原厂商配合集成商二次开发。在建设前期，需要对自身需求准确分析，并对产品选型、供货商、集成商进行反复论证考察。在建设过程中，需要把大量的人力、物力从主营业务中抽调出来，参与系统建设，经常会发生系统虽成功上线运行，但由于缺乏呼叫中心运营经验，使得系统功能与实际需求有很大差异。

（2）维护困难。呼叫中心是非常专业的通信系统，且跨越多个专业技术领域，普通 IT 人员管理和维护起来有很大的困难。大多数企业并不具备这样的专业技术人员，系统出现问题后，只能不断地求助于原厂商和集成商。

（3）功能无法根据需求变化而实时变化。自建呼叫中心由于系统的构建的灵活性差，在座席数量及座席分布上很难做到根据企业需求的变化而变化。

> **小思考**
>
> 呼叫中心外包收费项目有哪些？费用大概是多少？请多方了解呼叫中心外包费用的市场行情，思考并讨论，将讨论的结果记录下来。

任务2 呼叫中心运作管理

一、呼叫中心人员管理

（一）岗位管理

呼叫中心的运营有一个很重要的环节就是岗位管理，一个良好的组织结构是呼叫中心正常运转的基础，而呼叫中心各个岗位员工的尽职工作则是呼叫中心整体正常运转的保证。

1. 呼叫中心主管岗位职责

从总体来看，呼叫中心主管是管理层与一线服务代表（Customer Service Representation，CSR）之间的桥梁和纽带，对一线服务代表的士气及服务水平的高低有直接的影响。其主要职责包括对一线服务代表的管理；保证业务过程的正常完成，对业绩进行评估及具体实施相应的改进措施。其对一线服务代表的管理又分为两个方面：一是培训和指导服务代表，保证他们服务的专业化；二是参与或主导招聘活动和控制排班。具体职责包括以下几个方面：

（1）质量监控并识别 CSR 改进的地方。
（2）把 CSR 的弱点反馈给他们并推荐或给予相关的培训。
（3）解决 CSR 在电话中碰到的问题并给予适时的指导。
（4）负责对 CSR 的一对一业绩评估。
（5）制订人力安排计划和招聘计划。
（6）保证上述计划的有效执行。
（7）在工作进程中实时调整人力来保证正常的服务水平。
（8）根据电话量来调控 CSR 的消息、就餐和培训等的安排。

呼叫中心主管应当帮助 CSR 解决具体业务疑难问题，保证业务过程的正常完成，帮助 CSR 解决政策、业务系统或销售工具的使用方面的问题，保证业务过程的正常完成。

除上述职责之外，呼叫中心主管的职责还体现在：

（1）帮助建立整个呼叫中心的管理和业务流程，并维护他们的正常运转。
（2）对 CSR 进行质量监控，把质量监控的结果反馈给 CSR。
（3）参与呼叫中心软硬件系统的相关决策，如对现有系统升级的要求，如何更有效地改进或使用相关系统等。
（4）参与或负责一些特定的业务项目，如临时的市场调查、促销活动等。
（5）参与呼叫中心战略规划的制定。
（6）和管理层一起制定 CSR 的业绩目标。

2. 呼叫中心组长岗位职责

呼叫中心组长在呼叫中心主管的领导下进行呼叫中心业务的管理工作，并安排、指导呼叫中心客服专员进行具体的呼出、呼入工作。

（1）管理所负责小组的呼叫业务的正常运作，并保证实现既定目标。
（2）监督并评估小组成员的工作质量及效率，必要时可采取改善措施。
（3）对座席的工作进行指导，并处理用户投诉及复杂的业务。
（4）查看本组成员的工作结果报表，承担本组的培训工作。
（5）监督及管理所负责小组成员的工作，并给予客户 24h 的服务。
（6）提供指导及支援以促进呼叫中心专员服务质量的提升及日常操作的顺利实施。
（7）处理及解决来自呼叫中心专员的用户投诉及复杂的用户咨询。
（8）积极获取反馈，并向呼叫中心主管推荐有关执行效率改进的方案。
（9）所在小组的呼叫设备的使用、管理。

在某种程度上，呼叫中心组长的主要职责类似于主管，只是其负责的对象是本组而非所有组。这个岗位最常用的功能应该是监听、指导、拦截、强插、三方通话。其最关心的是，每到下班，就要看看本班次总共接了多少电话、呼损率是多少、处理了哪些业务、通话时长有多少、谁接得最多、谁接得最少、谁的服务评分最高、谁的服务评分最低、谁被投诉了等，因为这些就是本组本班次的工作业绩，也是他的业绩。

3. 呼叫中心客服专员的岗位职责

（1）接受客户咨询，记录客户咨询、投诉内容，按照相应流程给予客户反馈。

（2）能及时发现来电客户的需求及意见，并记录整理及汇报。
（3）为客户提供完整准确的方案及信息，解决客户问题，提供高质量服务。
（4）良好的工作执行力，严格按规范及流程进行工作或相关操作。
（5）与同事或主管共享信息，进行知识积累，提供流程改善依据。
（6）一站式解决客户需求，为客户提供全套咨询和购卡服务。

（二）目标管理

呼叫中心运作管理重点就在于对座席人员的管理，设定恰当的目标管理目标实现的过程是呼叫中心高效率的关键。心理学教授洛克于1967年提出"目标设置理论"，指出外来的刺激（奖励、沟通、监督的压力等）都是通过目标来影响动机的，并且目标越明确，目标难度越大，取得的成绩就越大。如果呼叫中心员工对企业的发展目标不甚了解，对自己的职责不清，没有明确的工作目标，必将大大降低对员工的激励力量。

明确的工作目标可以使人们知道自己要完成什么工作，以及付出多大的努力可以完成。当目标相对于员工能力有一定的难度，但又可通过一定程度的努力实现时，这种目标就能提供一种挑战性。通过目标的完成，员工获得了成就感，可以满足自我成长的需要。根据目标进行管理时，需要避免以下主要问题：

（1）目标管理混淆于简单绩效考核。各个部门只关心部门内部指标，忽视其他部门的绩效，在问题发生时互相推诿。

（2）目标设定后一成不变。没有根据公司战略调整、竞争对手变化或者产业现状而更新目标。

（3）都是定性指标，缺乏量化目标。定性指标与定量指标各有各的长处与不足，适合不同的管理对象，需要有针对性地选择设置定性指标或定量指标。

为了做好呼叫中心的目标管理工作，需要做到以下几点：

（1）设定清晰明确的目标。衡量这点的一个简单方法就是目标责任人是否能真正理解目标的意义及自己的任务。目标设定要符合"SMARTS原则"：S——Specific（明确性），不要笼统地说"对客户要友好"，如"电话响第二声时就接起电话"；M——Measurable（可衡量性），尽量可定量表示，如"96%的来电在电话响第二声时接起"；A——Achievable（可实现性），目标可实现；R——Relevant to customers（与顾客的需求吻合），从客户的角度看问题；T——Timely（及时性），电话里就能解决问题与让顾客等待问题的解决，两者显然不同。应该有明确的时间限制；S——Supported by the organization（企业的支持），服务应该是全体人员的事情，努力争取其他部门支持。呼叫中心只是企业对客户的一个信息流的窗口，很多业务操作流程会涉及相关的协同部门，所以要做好协同工作，在这个过程中整合全公司相关部门的其他人员，努力争取其他部门的支持。

（2）确定重要目标，不能什么都想要，结果什么都做不好。例如，某家呼叫中心考核指标居然有400多个，在这样的管理体系下，主管每天的工作就专注在数据收集上，而花在培训员工上的精力恐怕就很有限了。

（3）跟踪目标，解决问题。目标设定后，需要设计相应的跟踪监控措施环节、目标里程碑、目标负责人等，并进行追踪。如果没有按时、按需完成任务，需要及时找到有效的解决方案，确保目标的最终实现。

（三）情绪管理

呼叫中心座席人员面临的压力不仅仅来自业务学习方面，更大的压力来自情绪控制的难题。如何帮助呼叫中心的座席人员调整好心态，在呼叫中心管理上处于举足轻重的位置。

1. 好好利用班前、班后会

一般呼叫中心都会有班前会、班后会制度，这种鼓励性质的会议不仅是提升大家工作能力的平台，而且是分享和创造快乐的平台。会上鼓励大家畅所欲言，可以有效激发座席人员的积极心态，帮助座席人员疏导积压已久的郁闷和烦躁的心情。班前、班后会的内容包括以下几方面：

（1）及时就新出现的共性问题提出解决办法。让大家不用再为这些问题烦恼，同时感受到部门领导的关怀，对工作敬业。

（2）分享企业或部门的好消息，让大家畅所欲言，找到一个表达自己想法的途径和释放压力的渠道。

（3）分享呼叫中心领域内行业最新资讯或对工作有帮助的技巧方法等，可以让大家感知行业风向，为自己的发展定位，同时提高个人业务能力，不断进步。

（4）让每个人给今天的自己设定一个目标，如"今天我一定要做到快乐开始，开心结束！""争取得到20个客户的表扬！"引导话务人员每天都想去上班，而不是害怕上班。

（5）分享今天在监听中发现的很好的客户服务体验，如"今天有一个电话中碰到一位客户，是这样的……客户最后非常满意地结束了通话，其实只要用心，我们每一位客服代表都可以获得如此愉悦的通话体验，大家加油哦！"此类分享可以增强大家的工作积极性和信心，同时分享的话务人员也受到了来自公众的表扬，激励的效果不言而喻。

（6）分享今天在监听中有趣的客户交流，大家一起开心。不是呼叫主管一个人讲，而是大家都可以把有趣的事拿出来分享，主管注意控制时间就可以了。这样不仅可以让话务人员劳累的身心放松一下，而且可以让呼叫主管融入一线话务人员中去，将角色从领导转换到朋友。

（7）分享今天整个团队受到了哪些鼓励和表扬，培养大家的团队精神。

总之，这种会议的形式是多种多样的，内容更是丰富多彩的，呼叫主管在话务人员心目中的形象与地位大部分也是在此时确立的。

2. 一定要做好"情绪预处理"

情绪预处理，即在情绪变化没有显著表现之前，提前把导致负面情绪的诱因排除掉或在负面情绪初期直接引导为正面情绪。负面情绪是可以预防的，不要因小而不为，细节做得好，不仅可以避免产生负面情绪，在负面情绪初显时也较容易引导和消化掉。以下方面是呼叫主管需要注意的：

（1）敏感。呼叫主管要敏感，从细微之处观察，发觉情绪不对的苗头，应马上处理。监听时，发现某个话务人员刚刚接到令他情绪受到影响的电话，在情绪还没明显变化的时候，就先行处理，给予关心或提出解决方法。呼叫主管平时哪怕只擦身而过，发现情绪低落或非正面情绪话务人员，也要及时处理。

（2）关注。关注话务人员最细微的需求，实行弹性管理，如换班、有原因的迟到，有需要的早退等，把关心落在实处，让每位话务人员感受到爱和温暖，带着幸福的微笑安心工作。

（3）帮助。帮助团队每个成员看到幸福的未来，持续提升工作能力，不断成长和进步，使他们对工作充满信心，不断调整自己的心态，积极面对工作和生活中的挫折和障碍。作为呼叫主管，要定期抽出时间与座席代表谈职业生涯规划，并给出建议。

3. 掌握调整情绪几个妙招

（1）休息。心理压力的积累和工作疲劳会使情绪处于低谷之中，此时应该适当休息和调整身心，5min的小憩或听着音乐散散步都非常有帮助。

（2）看看窗外的绿色。绿颜色的事物有愉悦身心的作用，还可以减轻计算机屏幕对视力的伤害。

（3）深呼吸。深呼吸可以吸入更多的氧气，帮助大脑清醒，挥散郁闷，保持神清气爽。

（4）喝水。人在愤怒生气的时候，容易口干舌燥，此时多喝一些温开水，有助于平和心态，冷静下来，很多事情就看开了。

（5）发泄。人有七情六欲，不可能一天到晚都是好情绪，心理专家给的建议是想哭就哭、想笑就笑，把所有的情绪都发泄出来，千万不要郁结在心里。例如，可以找好友聊聊天，去看喜剧电影开怀大笑一翻或者看悲情电影大哭一场等。当然，尽量不要在工作场所发泄情绪。

（6）不为小事郁闷。应常问自己一个问题："这对你的一生重要吗？"在每次情绪低落的时候，要找到源头是什么，无论是什么事情，想想看，这件事情会对漫长的一生影响很大吗？重要吗？当这样想的时候，很多事情就会一笑而过了。

练一练

> 请两位同学参与呼叫中心日常业务处理角色扮演活动，其中一位同学扮演座席人员，另一位同学扮演对网购商品不满意的投诉人员。然后互换角色，再演练一次，共同体验情绪管理的重要性，并掌握应对技巧。

（四）绩效管理

1. 论功行赏，奖罚分明

企业都希望员工能够达到设定的目标，甚至超越目标，也希望员工在工作中发挥积极主动性，实现自我激励。想要达到这个目的，除了进行目标管理之外，还需要建立一套完整的绩效管理体系，将绩效与奖惩相挂钩，而且将优秀员工与普通员工的奖励差距拉得越大越好。当然，奖惩措施必须提前设定，对所有员工公开，让大家知道取得什么样的成绩才会获得相应的奖励反馈。如果某些员工绩效明显不符合呼叫中心的要求，则需要对他们采取一定的惩罚措施。

例如，CC-CMM呼叫中心能力成熟度模型中对业务监控（质检）这块就有以下要求：对于没有通过监控的座席代表，必须设计针对性的辅导。如果连续第二个月仍然没有通过监控要求，座席代表将不能继续处理业务直到通过相应的再次培训和考核。呼叫中心要制订相应的计划来处理座席代表多次不能通过业务监控考核的情况。所以，优秀管理人员需要做到4点——透明化管理；奖惩分明；对事不对人；在业务上和下属打成一片，在私人关系上保持距离。管理大师杰克·韦尔奇说过，奖励你的员工——这就是全部诀窍所在。

2. 帮助员工成长

帮助员工成长是管理人员义不容辞的任务，制定绩效管理体系的时候建议把员工成长率这个指标纳入对管理者的绩效考核中。管理人员如果想被提升职位，有一个条件是必须满足的，即找到自己合适的继任者；否则，即使你这个团队绩效再好，你再出色，也必须待在原来的位置上。

帮助员工成长的方法是多样性的，如为员工提供培训、教育、学习机会；为员工树立良好的学习榜样；当员工困惑时，需要帮助时，提供一定的指导；经常与员工分享自己的成长经验，解决问题的方法等。为一批有发展潜力的员工在业务空闲期提供一套系统化的管理培训，不仅可以帮助员工做好晋升的准备，让员工看到自己的发展愿景，学到新的知识，而且能帮呼叫中心防患于未然，即使某天因为业务猛增带来对管理人员需求的增加，呼叫中心也不用慌张，因为已经有了充足的人员储备库。

随着呼叫中心在我国的迅猛发展，用户对服务质量要求的日渐增加，企业上层领导对呼叫中心的日益重视，对管理人员的要求也在不断提升，这既是挑战，也是机遇。

二、呼叫中心流程管理

呼叫中心工作流程是围绕企业的目标从一而终有序地进行一系列活动及产生某种特定结果的过程。在一个设计完整的流程中，每一个活动都是建立在前一个活动结果之上并对整体结果产生作用。一个企业若没有健全、科学的流程作为有效管理的工具，那必定会引发企业低效率、低士气、高成本、高投诉等现象，客户将无法体验到企业良好的服务承诺，很难获得满意的服务体验。

（一）呼叫中心的主要流程

1. 查询、核实流程

主要是针对客户进行业务及费用查询和核实时所涉及的相关工作环节。

2. 咨询流程

主要是针对客户进行咨询时所需提供信息的流程。

3. 业务办理流程

主要是针对客户进行业务办理时所需的密码及证件核实、账款处理和办理时所涉及的相关工作流程。

4. 质量监控流程

主要是对现场服务及业务受理的质与量的控制。质的控制在于对话务和业务质量控制的数据的收集、管理和分析；量的控制在于对于数据量的计算和制取，既要有个案的收集，又要有整体的展现。

5. 投诉处理流程

主要是对投诉处理单的受理、解决和回访等所涉及的相关部门的职责的明确和工作的安排。

6. 故障报警流程

主要是针对系统通路、操作系统等技术类故障进行保障的流程。

7. 信息收集与管理流程

主要是对客户信息、数据信息、个案资料等需要呼叫中心进行收集管理的信息进行收集和管理的过程。

8. 问题晋级管理流程

主要是对于投诉和前台话务员不能解决的问题进行分级处理，不断将问题解决升级的处理流程，在设计时应明确时间与知晓人群。

9. 灾难应急流程

主要是针对呼叫中心场地出现不可抵抗的灾难事件时，如地震、火灾等，要保证呼叫中心正常服务的应急流程。

呼叫中心良好的运营管理，不仅仅需要呼叫中心现场的话务员有着丰富的业务经验、管理者有着先进的管理方法，更需要建立一整套完善的管理体制与呼叫中心流程，以保证呼叫中心实现高效运营。

（二）呼叫中心流程的制定

1. 基本原则

（1）一线经理执笔。

（2）二线经理要审核把关。

（3）规模较大的公司，应该经律师审核。

（4）具体操作应征询执行员工的意见。

（5）一些计算机辅助软件或其他领域的一些人力资源信息补充。

拓展阅读

呼叫中心信息安全流程是能够接触到数据的所有呼叫中心工作人员进入现场必须要掌握的管理技巧。如果未来有一天，有员工离开公司，去另一家有竞争性的公司工作，那么就存在机密泄漏的可能性，所以公司一定要跟离职员工签订一份安全保障协议。安全保障协议作为呼叫中心信息安全流程中的一部分，需要经过律师审核，还需要征询员工的意见，并提前说明情况，看员工是否理解。如果员工不理解，则需要做更多的解释，一直到员工理解为止。

2. 制定流程的一般标准

（1）需有流程名称和级别，是保密一级还是二级。

（2）要有客户，还要有衡量标准，是针对谁的，什么样的要求是合格。

（3）需有开始、有结束。

（4）需有流程编号。

（5）需有流程负责人。

（6）需有流程编订日。

（7）改动日期等。

为了确保流程能够贯彻执行，要根据要求，对相应岗位、相应人员进行流程的培训，让所有接收到这个流程的相关的员工，能够便于理解、便于记忆。因此，呼叫中心流程的形式有多种：

（1）表述型的文字。例如，针对一些制度、规章性的东西，要有一些表述性的文字。

（2）问与答的方式。例如，编制《呼叫中心员工手册100问》，说明公司工作的方方面面。

（3）设计一些流程图。通过一些可操作性的管理流程，采用流程图的方式，一目了然。例如，图8.2是一个规范的流程图，非常直观形象。椭圆代表一个流程的开始和结束；方块代表动作，说明使用什么样的方法；菱形表明决策和判断，"yes"往下走，"no"回去；圆形表示流程等待或者连接，这个过程可能是一个休止符，可能是一个结束符，也可能是几个流程之间衔接的部分；阴影方块是子流程。流程图上面有流程名称，流程图下面有流程编号、流程负责人、流程编订日及修订日、流程页号及档案名称。

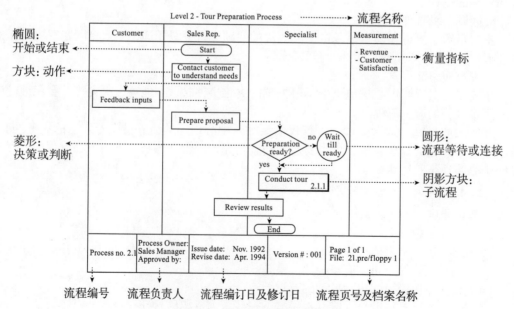

图8.2 呼叫中心流程图示例

三、呼叫中心行业标准

根据国际同行几十年的发展经验，国家标准的有效制定和推广，不仅能够促进呼叫中心建设规范化及运营管理能力的整体提升，而且能促进行业健康有序地发展，有力提升我国服务全行业在全球化背景下的国际竞争力。

（一）现有标准体系的特点及不足

目前，国际上已经出现一些专门组织为呼叫中心设计标准，衡量呼叫中心的绩效，对其进行评估，如 COPC、ISO 9001—2000、SCP 及 Benchmark Portal 等。每个标准都是通过一系列的规范流程帮助提高呼叫中心的运营水平，使其得到持续性发展。而且，每个标准也都有各自的特点与不足。

（1）COPC 是以客户体验为核心，强调在提高优质服务的同时，降低成本，增加收入。而它的不足之处就在于不能自适应提升，对于一个呼叫中心而言，要么符合 COPC 标准，要么就不达标。如果缺乏一个渐进性的指导尺度，同时收费太高，那么就不适应中小型呼叫中心。

（2）ISO 9001—2000 作为一个国际通用的质量管理标准，同样以顾客为关注焦点，通过流程控制和质量管理，提高组织的运营水平。而 ISO 并不是针对呼叫中心所设计的，主要强调是生产流程，缺乏对战略规划、人员管理、文化建设等相关软资源的指导。

（3）SCP 全称是服务能力业绩认证标准，也是以顾客满意度为目标的，其中包括客户关系管理、客户反馈、企业许诺及策略方向等。它的劣势就在于专注于 IT 服务支持中心业，其行业范围以为客户提供信息、商业咨询和 IT 技术支持为主。

（4）Benchmark Portal 是为呼叫中心的实时管理提供同步的业绩评估，通过自身和外部同行业呼叫中心的绩效对比找出自身的不足，通过行动减少差距。但是，它缺乏一个总体评价机制，不能为呼叫中心总体能力的提升提出建议。

呼叫中心的好坏并不仅仅局限于流程及比对的基础，更重要的是站在呼叫中心的角度，评价资源是否充足、定位是否正确。所以，需要一套新的标准，在和已有国际标准接轨的同时，取长补短，能帮助各行业的呼叫中心从战略到战术、从投入到产出、从顾客维护到员工关系管理得到一个全面的提升。

（二）CC-CMM 标准的基础及特点

2001 年 11 月，我国成立了呼叫中心的标准化专家机构 MIICCOS，开始了以国内为基础市场的呼叫中心标准化的研究和推动工作。其前期通过中、基层人员的技术资格认证体系及培训体系的建立和推广工作，为行业标准化的发展打下了良好的基础。2008 年 6 月，为顺应国家大部制改革的方向，MIICCOS 正式改组成为国际标准化组织。这也就是今天 CC-CMM 呼叫中心能力成熟度模型的最重要的市场基础。

目前，市场上几乎所有涉及呼叫中心的标准体系，无一例外源自北美和欧洲市场，这与世界经济发展的基础格局不无关联。然而，世界经济一体化进程中的多极化趋势让我们发现，亚太市场经济地位的快速提升，正在成为全球经济格局中第二个最重要的力量。近年来，"服务外包"和 IT-BPO 在以中国、印度、菲律宾等国为中心的崛起，急需亚太呼叫中心产业的一体化和标准化配套。为此，亚太十余国呼叫中心协会于 2007 年 10 月在中国海口正式结盟，成立 APCCAL（Asia Pacific Contact Center Association Leaders）共同推进区域产业发展。这一机制成为 CC-CMM 呼叫中心能力成熟度模型的最大特色，即定位亚太。

标准的核心价值是连接世界各区域产业，实现业务的顺畅接轨和流转。因此，接轨世界成了 CC-CMM 呼叫中心能力成熟度模型的核心价值之一，其以客户世界研究院专家顾问团队为班底,联合该领域内具有代表性的呼叫中心运营机构、专业外包呼叫中心服务供应商、专业呼叫中心承载园区共同协力,站在行业发展的最前沿,共同研究和创建启动了标准制订的前期准备工作,正式发起中国呼叫中心领域国家级行业性推荐标准和"立足中国、定位亚太、接轨世界"的国际标准,并将其命名为"呼叫中心能力成熟度模型CC-CMM"(Contact Center-Capability Maturity Model)。MIICCOS及相关专家团队已完成了呼叫中心能力成熟度模型CC-CMM。CC-CMM呼叫中心能力成熟度模型CC-CMM的整体框架和基本构成包含4个方面的标准:CC-CMM-OP(Operation Performance)呼叫中心能力成熟度认证、CC-CMM-CB(Corporate Base)呼叫中心专业园区能力成熟度认证、CC-CMM-PC(Professional Certification)呼叫中心中高层管理人员认证、CC-CMM-BM(Benchmark)呼叫中心能力成熟度基准测试。

(1)呼叫中心能力成熟度认证涉及设计与规范、运营与管理、数据与绩效、顾客体验、创新与提高5类、14项评审指标及若干个值得关注的管理项目,是一套完整的"客户为中心"的绩效管理工具。

(2)呼叫中心专业园区能力成熟度认证是为呼叫中心选择合适的园区做参考的。整个认证包含5个纬度:定位与目标、环境与政策、运营与绩效、顾客体验和创新与提高。通过认证,可以帮助园区找出自身的缺陷;通过不断改善,可以提高园区的综合实力来吸引更多的企业入驻。

(3)呼叫中心中高层管理人员认证是为呼叫中心行业建立自己的"黄埔军校",通过一系列的培训,包括人员管理、运营管理、顾客关系管理和领导/业务管理,来为呼叫中心行业培养合适的中高层管理人员。

(4)呼叫中心能力成熟度基准测试可以为呼叫中心行业提供国际标准的标杆评测和相关咨询服务。通过基准测试,呼叫中心可以将自身的绩效与行业中其他服务提供商的绩效相比较,得出自己在整个行业中所处的位置,并可根据结果制订提高计划;同时,将生成呼叫中心的年度报告,为各大呼叫中心制订将来的运营计划做参考。

在呼叫中心能力成熟度模型CC-CMM中,呼叫中心可以根据基准测试报告,进行不同成熟度的等级认证,继而不断提升等级。以呼叫中心能力成熟度认证分级定义为例说明如下:

(1)建设级(CC-CMM1)。呼叫中心的运营处于建设阶段,缺乏完善的流程来指导日常工作。客户与最终用户的要求可以偶尔实现,但无法持久保证。

(2)管理级(CC-CMM2)。呼叫中心员工都依据同样的流程工作,但是工作强度不一致,业绩目标不明确。企业的软硬件设施还需要改进。

(3)定义级(CC-CMM3)。呼叫中心对日常运营有一套完整的管理体系,保障客户与最终用户的要求得以实现。管理体系也被制度化,可以在不同呼叫中心的运营线上加以实施。

(4)预知级(CC-CMM4)。呼叫中心对日常运营进行量化管理,能通过对绩效的量化分析来实现流程的稳定与改善,提高管理的精度。

(5)优化级(CC-CMM5)。呼叫中心能够对所有可能出现的问题加以预防,能够主动改善流程,实现精细化管理。

(三)呼叫中心标准实施的意义

1. 对呼叫中心的意义

(1)提高运营水平。实现呼叫中心运营效率的最优化和运营效果的最大化。

(2)促进科学管理。进行科学的战略规划与部署,确立最佳运营模式和运营计划,全面提高呼叫中心运营管理水平。

(3)改善财务指标。通过科学管理和运营水平的提升,达到节约成本和扩大收益的目的。

(4)实现价值提升。呼叫中心可以结合企业特点,充分发挥自身的优势;通过多种手段和方式,为企业带来更多直接或间接的效益。

(5)奠定市场化基础。呼叫中心不仅有了扎实的运营管理基础,而且有了向市场化迈进的资格,在竞争中更容易获得客户的青睐。

(6)增强自身凝聚力。建立起良好的客户服务和客户营销的口碑和声誉,同时会加强呼叫中心自身的凝聚力和员工的自豪感,促进效率和效益的双重提升。

2.对企业的意义

(1)提高客户满意度和忠诚度。在客户中建立起企业的良好客户管理(客户服务及客户营销)形象,提升客户对企业产品和服务承诺的信赖度,进而提升其对企业的满意度和忠诚度。

(2)创造服务美誉,增加品牌内涵。为客户提供优质满意的服务,将自己的品牌从质量逐步延伸至服务。

(3)提升客户互动能力,实现客户价值提升。向客户提供高效力的客户互动渠道及其能力,提升客户的价值。

(4)确立行业领先地位。通过领先的服务水平,提高竞争实力,促成客户消费选择,扩大市场份额,提高销售收入。

(5)促进市场营销效力。通过最终认证的呼叫中心运营机构,可以在其企业的市场广告、销售资料、员工名片等对外宣传载体上,依据不同的认证等级标注如"CC-CMM5 呼叫中心"等字样。

四、呼叫中心质量管理

(一)质量控制的基本类型

1.根据信息获取的方式和时点的不同分类

根据信息获取的方式和时点的不同,可将呼叫中心分成 3 类,如图 8.3 所示。

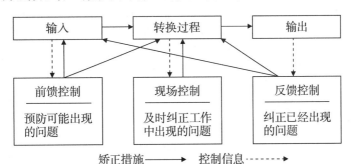

图 8.3 呼叫中心质量控制的基本类型

(1)前馈控制。在一件事情没有发生之前,预先进行设定,如果碰到这种问题,要知道如何去解决。

(2)现场控制。在现场根据设定的一些方法,在授权范围之内,进行随机应变、灵活应用。

(3)反馈控制。当一件事情完全不能在现场解决的情况下,可以把它记录下来,之后反馈给客户。

2. 根据监控的对象不同呼叫中心监控分类

（1）全面呼叫监控。全面呼叫监控是指对通话全过程进行的监控，如通话处理步骤、通话控制、建立良好的客户关系。

（2）针对性的呼叫监控。针对性的呼叫监控是指针对特定技能的呼叫监控，如组织管理会议，确定某位座席急需提高的具体方面；开展培训；进行针对性监控，确认其进步程度；评判是否达到标准，否则重复以上步骤，直至达标（或被裁）。

（3）视具体情况而定的呼叫监控。如为保持客户的注意度，在每一次通话中至少呼叫对方名字两次。

（二）监听监控的标准

1. 制定标准的要求

（1）简明。监控标准要非常的简明。

（2）实用。

（3）可行。

（4）可以操作。

（5）相对的稳定性。标准不要朝令夕改，要执行 1 个月、2 个月甚至 3 个月以后，再进行调整。

2. 制定监控标准的过程和方法

（1）确定监控的、控制的对象，如职业规范的要求是什么？服务技巧有些什么样的要求？要掌握哪些专业知识？

（2）选择关键的控制点，如问候语、礼貌用语、结束用语；控制能力、倾听理解能力、处理问题能力；专业知识掌握情况、系统操作的能力、和后处理的能力。

（3）制定的标准。

3. 监听监控量化考核指标

主要的监听指标通常包括开场白／起首语、结束语、倾听能力、引导能力／控制能力、亲切感、禁用语、获得有用信息／理解意图、记录准确、问题处理能力、操作系统能力。

4. 建立一个监听监控的机制

（1）必须征得同意，这是公司与座席员之间的协议，必须事前征得同意。

（2）将监听监控的目的、要求明确列入上岗培训的内容中，这样能有效地发挥监听工作的作用和意义，先要把目标设定清楚，然后去做这种培训。

（3）将监听监控设定为一种持续不断的、随机的工作。

（4）具体监听监控的实施细节。每个细节都要跟座席代表沟通，让他明确这是一种互动的过程，而不是被动的被监视。

5. 监听监控应遵循的一些基本规则

（1）不要对未正式宣布而录下的电话内容采取过于正式的行动。

（2）在监听指导时，不要试图监听所有的电话，应有针对性，有监听主题和详细跟进的时间计划步骤。

（3）可以利用录音播放案例，给座席代表提供确切的、针对性的反馈。

6. 通过积极的辅导和培训提升质量

（1）步骤。

第一步，讲授，先跟员工讲什么样的服务是一个好的服务。

第二步，演示，找一个熟练的员工演示给他看。

第三步，尝试，让员工来打这个电话。

第四步，观察，看员工的表现哪些地方做到位了、哪些地方做得有偏差。

第五步，给予员工进一步的指导。

（2）积极辅导和培训的方法，如一对一的方法、肩并肩的方法、自我评估、分组讨论。

（3）改进意见书。通过质量监控可以引入改进意见书，即通过对某座席员一段时间的监听，发现在某些方面还有改进和提高的空间，因此要对其表现进行观察，对值得发挥的长处加以表扬，对今后多长时间以内的一个改进的重点提出建议。

（4）对监听进行一些测评。例如，知识技能和评估及下一步的行动要求，都是在这个过程中要进行评估的。

（5）奖励机制要加以配合。例如，对100个座席代表进行检测，要对好的进行奖励，对不好的进行针对性的指导。

（三）关键质量管理指标

1. 平均通话时间

含义：谈话时间和事后处理时间的总和。

数据来源与报告：ACD将会提供这一规范的数据，应该每天都计算，每周、每月都统计，绘制曲线图来表示情况的变化。

2. 事后处理时间

含义：一次呼叫电话接听完后，座席完成与此呼叫有关的整理工作所需要的时间。

数据来源与报告：呼后处理可能由座席做，也可能由小组或者中心做，是一种有益的资料，可从ACD得到。这一规范应由小组或个人制成日表、周表和月表，还应该做成图形与过去的记录进行比较。

规范建议目标：中心平均事后处理时间为60s，建议目标为30～60s。

3. 平均放弃时间

含义：呼叫者放弃呼叫前平均等待的时间，以秒来计算。

数据来源与报告：此数据由ACD收集，应每日和每周都做出报告。

规范建议目标：全行业平均时间为60s，建议标准范围为20～60s。

4. 平均排队时间

含义：呼叫者被ACD列入名单后等待座席回答的时间。

数据来源与报告：ACD能按照适用或呼叫类型将所有到达中心的电话记录下来，这一数字可以每日、每周和每月张贴公布给员工看。

规范建议目标：这是一个具有行业特殊性的规范标准，全行业的平均排队时间为150s，建议的目标范围在30～90s。排队时间在建立整个服务水平的总目标上是一个关键因素，如果排队时间为零，就意味着付费让业务员等电话到来，这是很不经济且缺乏效率的。

5. 一次性解决问题的呼叫率

含义：不需要呼叫者再呼，也不需要业务员回呼就将问题解决了的电话的百分率。

数据来源与报告：ACD可用编码的形式在呼后处理的过程中产生出这一信息，业务员和中心都应该每日报告一次。

规范建议目标：行业平均百分比为85%，建议目标范围在85%～100%。

6. 服务水平

含义：回答时间少于一定秒数的电话数除以所接入的电话总数乘以100%。

数据来源与报告：这一数据从ACD那里得到。服务水平应该建立在不断监听的基础上，因为这一规范预示着所存在的主要问题。

规范建议目标：全行业大多数中心的标准是80%的电话都是在20s之前做出的回答。

7. 总呼叫数

含义：所有打入中心的电话，包括遭到拒绝的、中途放弃的和已经答复的电话。

数据来源与报告：这一规范数据来源 ACD，应该每小时、每天、每周、每月都进行检查。

规范建议目标：这个规范主要用来确定其他规范，并对未来电话做出计划、预测，以便合理地安排工作人员。

项目实训

S 速运作为民营快递行业的龙头企业，近年来在积极"开疆拓土"，从优选、海购到网上炒得沸沸扬扬的"速店"都可谓非常好的尝试。但在业务扩张的同时，S 速运在其老本行的快递业务中，服务意识和流程方面的缺陷却逐渐暴露出来。

快递作为 S 速运起家的核心业务，本来应该努力在核心体验上精心打磨，努力做得更好，从而进一步超越竞争对手，让自己的服务质量成为竞争中溢价的决定性因素。而在本案例中，我们看到的只是 S 速运在管理方面的无序和无为。毫不客气地说，顾客付出了比其他物流公司收取的更高费用，所期望的就是能够获得物有所值的服务，如果是案例中这样的服务能力，S 速运拿什么让顾客信服呢？

一起来看一个案例：这是一单非常普通的快递，发件方与收件方同在北京朝阳区，交通距离 10km 左右，但从下单到送达收货人手中，却足足经历了将近 40h，如图 8.4 所示。

图 8.4　一单普通快递的送货流程

这单快件在"北京"和"北京集散中心"之间传递了若干个回合，相信对于快递行业略有了解的人都能看出来，应该是在分拣中心进行分配的时候出现了差错，导致快件被派发到错误的配送站点去了。但就是为了解决这么一个小问题，在顾客尝试拨打 S 速运客服电话的时候，却发现了 S 速运服务的若干个问题，而且都属于"关键时刻"（Moment of Truth，MOT）的客户体验死穴。

MOT 1：关于 1h 取货的承诺

顾客在下单叫快递的时候，呼叫中心的工作人员表示快递员将在 1h 之内来取件，但等了近 1.5h 后依然没人来取件。顾客无奈只能再次联系呼叫中心，对方提供取件快递员电话后与之联系，快递员表示"现在走不开，着急的话可以自己送到快递分部"。

MOT 2：分拣出现错误的补救方式

快件由配送送至分拣中心后，分拣中心的工作人员将快件分给了错误的配送站后，配送站以"超出服务地区"为由将快件退回分拣中心，导致配送的延误。

MOT 3：呼叫中心无法推动物流渠道

顾客在网上查到这单快递的奇异路线后，联系呼叫中心，呼叫中心表示只能对目前的物流状态进行查询，而并无法驱动物流渠道来解决这个问题。最终，经过反复沟通以后，呼叫中心同意和配送人员进行沟通。

从以上3个MOT来看，S速运在每一个关键细节上实际上都处于失控的状态，这对于一个需要强调流程执行能力的企业来说，已经成为致命的问题。

思考并讨论：

（1）S速运快递死穴产生的原因是什么？
（2）请提出改进建议，帮助S速运快递解开死穴。

课后练习

多选题

1. 以下属于呼叫中心优势的是（　　）。
A. 突破了地域限制　　　　　　　　B. 突破了时间限制
C. 呼叫中心可以提供人性化的服务　　D. 呼叫中心可以降低成本
2. 呼叫中心的发展趋势包括（　　）。
A. 人工热线型　　B. 云计算型　　C. 多媒体型　　D. 智能型
3. 呼叫中心的构成包括（　　）。
A. 自动呼叫分配器　　B. 自动语音应答　　C. 座席人员　　D. 数据库系统

【参考答案】

项目 9
利用物流信息系统有效管理信息流

【学习目标】

知识目标	能力目标	素养目标
（1）掌握仓储管理信息系统的概念、使用方法等。 （2）掌握仓储管理信息系统的功能结构及建设步骤。 （3）掌握运输管理信息系统的概念、使用方法。 （4）掌握国际货运代理管理信息系统的概念、使用方法。 （5）了解我国物流管理信息系统的发展趋势	（1）熟悉仓储管理信息系统的基本流程，熟练操作软件系统的各项功能。 （2）能理解运输管理信息系统的功能结构图及各个模块的功能特点。 （3）能理解国际货运代理管理信息系统的功能结构图以及模块的功能特点。 （4）能利用物流信息系统与客户有效沟通，确保商流、物流、资金流合理流动，为客户创造价值	（1）培育和践行社会主义核心价值观。 （2）养成认真负责的劳动态度和精益求精的工匠精神。 （3）激发创新创业意识，培养批判性思维能力。 （4）具备良好的团队合作与沟通交流能力

【情境导入】

某公司是一家连锁经营的家电零售企业，在广东省佛山市设有一个区域仓储中心。在公司发展初期，该仓储中心的一切业务处理几乎都由手工完成，后来才使用 Excel 进行统计工作。这样的操作方式在很长一段时间都能保证运行平稳，错误率保持在 1% 左右。

进入 21 世纪后，家电市场的供销总量不断地增长。与此同时，由于个性化的需求，家电销售行业逐渐呈现出多品种、小批量的趋势。该仓储中心一下子很难适应，错误率直线上升，甚至达到 5% 左右，如果再不改进，甚至可能会让公司失去长久以来保持良好关系的一些合作伙伴。

该仓储中心的张经理意识到信息处理效率的落后已经成为公司发展的瓶颈，因为该仓储中心的处理效率只能在 500 箱/天左右，很难有提升空间，要改变现状，就必须从仓储管理的信息化入手。

思考并讨论：

（1）仓储管理信息系统对提升仓储管理的水平有什么帮助？
（2）对于该公司来说，现阶段建设仓储管理信息系统目标是什么？有什么要求？
（3）张经理眼下最需要做些什么？

任务1　仓储管理信息系统的使用

一、仓储管理信息系统概述

（一）基本概念

1. 物流管理信息系统

物流管理信息系统是指由人员、设备和程序组成的，为物流管理者执行计划、实施、控制等职能提供信息的交互系统。它与物流作业系统一样都是物流系统的子系统，可以进行物流信息的收集、存储、传输、加工整理、维护和输出，为物流管理者及其他组织管理人员提供战略、战术及运作决策的支持，以达到组织的战略最优，提高物流运作的效率与效益。

物流管理信息系统是物流系统的神经中枢，它作为整个物流系统的指挥和控制系统，具有的功能包括以下几个方面：

（1）数据收集。物流数据的收集先是将数据通过收集子系统从系统内部或者外部收集到预处理系统中，并整理成为系统要求的格式和形式，再通过输入子系统输入物流信息系统中。这一过程是其他功能发挥作用的前提和基础，如果一开始收集和输入的信息不完全或不正确，在接下来的过程中得到的结果就可能与实际情况完全相左，这将会导致严重的后果。因此，在衡量一个信息系统性能时，应注意它收集数据的完善性、准确性，以及校验能力和预防和抵抗破坏的能力等。

（2）信息存储。物流数据经过收集和输入阶段后，在其得到处理之前，必须在系统中存储下来。即使在处理之后，若信息还有利用价值，也要将其保存下来，以供以后使用。物流信息系统的存储功能就是要保证已得到的物流信息能够不丢失、不走样、不外泄，整理得当，随时可用。无论哪一种物流信息系统，在涉及信息的存储问题时，都要考虑存储量、信息格式、存储方式、使用方式、存储时间、安全保密等问题。如果这些问题没有得到妥善的解决，信息系统是不可能投入使用的。

（3）信息传输。在物流系统中，物流信息一定要准确、及时地传输到各个职能环节，否则信息就会失去使用价值了。这就需要物流信息系统具有克服空间障碍的功能。物流信息系统在实际运行前，必须要充分考虑所要传递的信息种类、数量、频率、可靠性要求等因素。只有这些因素符合物流系统的实际需要时，物流信息系统才有实际使用价值。

（4）信息处理。物流信息系统的最根本目的就是将输入的数据加工处理成物流系统所需要的物流信息。数据和信息是有所不同的，数据是得到信息的基础，但数据往往不能直接利用，而信息是从数据加工得到的，可以直接利用。只有得到了具有实际使用价值的物流信息，物流信息系统的功能才算发挥。

（5）信息输出。信息的输出是物流信息系统的最后一项功能，也只有在实现了这项功能后，物流信息系统的任务才算完成。信息的输出必须采用便于人或计算机理解的形式，在输出形式上力求易读易懂，直观醒目。

以上5项功能是物流信息系统的基本功能，缺一不可，而且，只有5项功能都没有出错，最后得到的物流信息才具有实际使用价值，否则会造成严重后果。典型的物流管理信息系统有仓储管理信息系统、运输管理信息系统、货代管理信息系统等。

2. 仓储管理信息系统

仓储管理信息系统是对库存商品进行处理的业务操作系统，是一个实时的计算机软件系统，能够按照仓储运作的业务规则，对商品信息、仓储资源、员工行为和存货运作进行全面管理。从具体适用范围上看，它可以对商品进货、存储和出货等进行动态安排，可以对仓储作业流程的全过程进行电子化操作，并且与客服中心建立数据接口使客户通过互联网实现远程商品管理，还可以与企业的 ERP 系统实现无缝连接。

仓储业务具有数据量大、操作频繁、信息复杂等特点，高效合理的仓储可以帮助厂商加快物资流动的速度，降低成本，保障生产经营活动的顺利进行，并可以实现对资源进行有效控制和管理。仓储信息化是现代仓储物流发展的必然趋势，也是企业提升市场竞争能力不可或缺的重要手段。

（二）我国仓储管理信息化面临的问题分析

目前，我国仓储作业信息化水平较低，有些企业仓库管理甚至还停留在手工操作的基础上，所有的出入仓数据都是由仓管员逐个录入计算机。这种仓库管理作业方式严重影响了工作效率，使出入库数据不能在系统中及时得到更新，库位管理也很难实施到位，无法了解物料在仓库中的分布状态及仓库实时的仓储能力。另外，工人在摆放和领取物料时，没有系统对其进行指导，可能会发生物料摆错位置或者物料领取错误的现象。以上种种弊端严重影响了仓库管理的效率，降低了仓库的仓储能力，增加了仓库管理成本，制约了企业的发展。具体来说，包括以下几个方面的问题：

（1）仓库场地利用率低，仓储费用过高。

（2）库存准确率低，发错货的现象时有发生，对客户产生不良影响。

（3）库存产品结构失调，在库存积压的同时，紧急要货的情况又大量存在，造成库存管理混乱。

（4）盘点费时费力，难度大。

（三）仓储管理信息系统使用的好处

目前，很多企业已充分认识到信息对企业发展的重要意义，从财务软件、进销存软件，从 MRP（Material Requirement Planning 的缩写，即物资需求计划）、MRP Ⅱ到 ERP，代表了我国企业从粗放型管理走向集约管理的发展，竞争的激烈和对成本的要求使得企业管理者必须考虑如何整合上游、企业本身、下游一体化供应链的信息和资源。在物流供应链的管理中，不再把库存作为生产和销售的支持措施，而将其作为一种供应链的平衡机制，其作用主要是协调整个供应链。对企业来说，处理好库存管理与外界不确定性关系的最好办法是加强企业之间信息的交流和共享，增加库存决策信息的透明性、可靠性和实时性，这正是仓储管理信息系统所要帮助企业解决的问题。使用仓储管理信息系统对提升企业经营管理水平有重要的现实意义。

1. 对于普通员工来说，省时、省力、准确率高

库存、消费、销售三者相互依存、相互制约。消费和销售决定了存货周转率，库存也制约着企业的销售和消费。传统的仓库管理依赖于员工的记忆和经验，导致错误率较高，而且不能严格执行先进先出，给员工安排任务经常不合理。此外，手工作业容易出现差错，导致库存不准确，盘点数据经常不准。而运用仓储管理信息系统可降低对人的依赖，库存准确率高，加上编码管理货品，能够严厉执行先进先出，杜根绝仓库产品过时的风险，不仅能减轻仓库人员的工作压力，而且能进一步提升库存准确率。

2. 对于基层管理者来说，方便查询与管理

随着仓储管理信息系统的使用，仓储作业管理将变得更加标准化，进出仓库的货物信息全部实时输入系统中，大大降低了人工出错的概率，还可以同步、直观、方便地进行数据查询，不会产生存储数据不完整的问题，并防止物料积压滞销。仓库管理人员分工明确，现场工作进度全程可视，可以提高员工的劳动效率。及时将库存商品进行 ABC 分类，方便拣货人员作业，同时能够了解库存的动态变化，及时有效完成补货作业。

3. 对于高层管理者来说，使科学决策有了参考数据

通过仓储管理信息系统，可以连接供应链上下游合作伙伴的信息，确保供应链整个环节信息的顺畅流动。这将突破传统意义上的进销存人力管理模式的弊端，应用信息化可以为高层管理人员提供充足的信息和快捷的查询工具，在一定程度上提高库存管理决策的科学性，使库存管理变得方便、高效。

二、仓储管理信息系统的建设

仓储管理信息系统使用的总体目标是为仓储作业提供方便、高效的信息化、网络化工作环境，用机械化、自动化系统处理代替手工处理的烦琐和误差，用实时化、标准化的信息实现与世界接轨，用科学化的管理及时准确地掌握仓储运营情况，从而实现提高经济效益、降低经营成本的企业终极目标。

（一）仓储管理信息系统建设步骤

仓储管理信息系统的建设应该统筹安排，科学规划，虽然每个企业的特点不同，但一般来说，仓储管理信息系统的建设可分为以下几个阶段。

1. 系统规划阶段

信息只有在被共享的前提下，才能发挥其最大作用。系统规划阶段的任务就是要站在仓储管理全局的角度，对系统中的信息进行统一的、总体的考虑。首先要研究仓储管理信息系统建设可以获取的收益及存在的风险，进行可行性分析。系统的开发需要经过开发人员长时间的努力，需要相应的开发资金，因而在开发之前要确定开发顺序，合理安排人力、物力和财力，这些问题也必须通过系统规划来解决。具体地说，在可行性分析论证之后，从总体的角度来规划系统应该由哪些部分组成，在这些组成部分中有哪些数据库，它们之间的信息交换关系是如何通过数据库来实现的，并根据信息与功能需求提出计算机系统硬件网络配置方案。同时，根据管理需求确定这些模块的开发优先顺序，制订出开发计划，根据开发计划合理调配人员、物资和资金。这一阶段的总结性成果是系统规划报告，这个报告要在管理人员特别是高层管理人员、系统开发人员的共同参与下进行论证。

2. 系统分析阶段

系统分析阶段的任务是按照总体规划的要求，逐一对系统规划中所确定的各组成部分进行详细的分析。通过系统的观点，对已经选定的对象与开发范围进行有目的、有步骤的实际调查和科学分析。其分析包含两个方面的内容，一是分析每部分内部的信息需求，除了要分析内部对主题数据库的需求外，还要分析为了完成用户对该部分所要求的功能而必须建立的一些专用数据库。分析之后，要定义出数据库的结构，建立数据字典。二是进行功能分析，即详细分析各部分如何对各类信息进行加工处理，以实现用户所提出的各类功能需求。在对系统的各个组成部分进行详尽的分析之后，要利用适当的工具将分析结果表达出来，并进行充分的交流和验证，检验正确后可进入下一阶段的工作。

系统分析的主要任务是定义系统应该"做什么"的问题，它是一个反复调查、分析和综合的过程。依据系统规划阶段确定"做什么"的目标之后，对总体规划中的目标进一步落实和细化。建立新系统的上层逻辑模型，从而为后续的系统设计阶段提供"怎么做"的依据，包括组织结构调查、管理功能调查、业务流程调查、数据流程调查、处理过程调查、系统环境调查等。

案例分析

X汽车公司传统应付款流程（图9.1）：

（1）采购部门向供货商发出订单，并将订单的复印件送往应付款部门。

（2）供货商发货，福特的验收部门收检，并将验收报告送到应付款部门（验收部门自己无权处理验收信息）。

（3）供货商将产品发票送至应付款部门，当且仅当订单、验收报告、发票三者一致时，应付款部门才能付款。然而，该部门的大部分时间都花费在处理这三者的不吻合上，从而造成了人力、资金和时间的浪费。

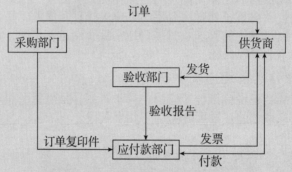

图9.1　X汽车公司传统应付款流程图

X汽车公司新应付款流程（图9.2）：

（1）采购部门发出订单，同时将订单内容输入联机数据库。

（2）供货商发货，验收部门核查来货是否与数据库中的内容相吻合。如果吻合就收货，并在终端上按键通知数据库，计算机会自动按时付款。

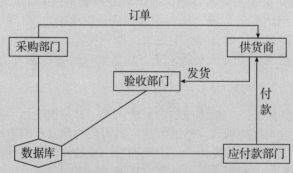

图9.2　X汽车公司新应付款流程图

X汽车公司流程重建的成果：

（1）以往应付款部门需要在订单、验收报告和发票中核查14项内容，而如今只需要核查3项，即零件名称、数量和供货商代码。

（2）实现裁员75%，而非原定的20%。

（3）由于订单和验收单的自然吻合，使得付款及时且准确，从而简化了物料管理工作，并使得财务信息更加准确。

分析：

（1）X汽车公司做了哪些流程改变？

（2）X汽车公司流程再造的启示有哪些？

3. 系统设计阶段

系统设计阶段的任务是根据系统分析的结果，结合计算机的具体实现，设计各个组成部分在计算机系统上的结构。即采用一定的标准和准则，考虑模块应该由哪些程序块组成，它们之间的联系如何，同时要进行系统的编码设计、输入/输出设计等。系统设计阶段解决系统如何去完成任务的问题，最终给出详细的设计方案，为下一阶段的系统实施制订详细计划。系统设计说明书是系统设计阶段的主要成果，是系统实施的重要依据，主要内容如下：

（1）模块设计。系统中各主要功能的结构图名称及其相互之间的关系、功能的简要说明、主要模块的控制结构图、过程结构图及伪码等。

（2）代码设计。各类代码名称、功能、相应的编码表、使用范围、使用要求及对代码的评价。

（3）输入/输出和对话的详细设计说明。

（4）网络设计。即计算机过程的设计说明。

（5）数据库及文件的设计说明。

（6）人工过程的有关设计。包括工作地的平面布置图、人员配备及组织机构调整建议等。

（7）实施方案的总计划。对工作任务进行分解，即对项目开发中的各项工作（包括文件编制、审批、打印、用户培训、使用设备的安排等）按层次进行分解，指明每项任务的要求及负责人，对各项工作给出进度要求，做出各项实施费用的估算及总预算。

（8）实施方案的审批。参加审议人员除了用户、系统研制人员、程序员外，还包括有关专家、管理人员等，最后由领导批准。

4. 系统实施阶段

系统实施阶段的任务有两个方面，一方面是系统硬件设备的购置与安装，另一方面是应用软件的程序设计。程序设计是根据系统设计阶段的成果，遵循一定的设计原则来进行的，其最终的阶段性成果是大量程序清单及系统使用说明书。在程序设计结束后，还必须选择一些实际管理信息加载到系统中进行测试。系统测试是从总体出发，测试系统应用软件的总体效益及系统各个组成部分的功能完成情况，测试系统的运行效率、系统的可靠性等。系统测试工作的结束表明信息系统的开发已初具规模，这时必须投入大量的人力从事系统安装、数据加载等系统运行前的一些新旧系统的转换工作。系统转换的方式包括直接转换、并行转换、试运行转换、分段转换。

5. 系统运行维护阶段

系统调试结束后，可进入系统运行阶段，但在系统正式运行之前，要进行一段时间的试运行。因为系统是整个仓储管理的协调系统，如果不经过一段时间的实际检验就将系统投入运行状态，一旦出现问题可能会导致整个系统的瘫痪，进而造成严重的经济损失。所以，最好的方法是将新开发出的系统与原来旧系统并行运转一段时间，来进一步对系统进行各个方面的测试。这种做法尽管可以降低系统的风险性，但由于两套系统的同时运作使得投资加大，因此可以根据实际运行情况适当缩短试运行的时间。

在系统进入运行阶段之前，除了要做好人员的培训工作外，还要制定一系列管理规则和制度。在这些规则和制度的约束下，进行新系统的各项运行操作，如系统的备份、数据库的恢复、运行日志的建立、系统功能的修改与增加、数据库操作权限的更改等。在这一阶段着重要做好人员的各项管理和系统的维护工作，以保证系统处于合用状态，同时要定期对系统进行评审，经过评审后一旦认为这个信息系统已经不能满足现代管理的需求，则应该考虑进行必要的完善。

仓储管理信息系统的建设是一项艰巨的系统工程，整个开发过程必须严格区分工作阶段，每个阶段都要有阶段性的成果。阶段性成果分别为可行性报告、总体规划方案报告、系统分析报告、系统设计报告、系统使用说明书、系统测试报告、系统安装验收报告、系统试运行总结报告、系统运行审计报告。伴随着这些阶段性的总结报告，要有一系列与之配套的文档资料。每个报告的完成标志着系统开发阶段工作的基本完成，对个阶段工作的质量和阶段性成果的检验可以通过评审来进行，检验合格后方能进入下一阶段的工作，否则要考虑对该阶段工作的修正。这就相当于产品生产的每道工序的质量检查一样，只有保证即将进入下一道工序的半成品是合格的，最终才能生产出合格的产品。

值得注意的是，信息系统开发的阶段性成果与产品生产过程中的半成品有着很大的不同。半成品一经检验合格允许进入下一道工序后，无须再返工、修正，并且有的半成品也不可能返工。而信息系统开发的阶段性成果经过评审合格后，进入下一阶段，为完成新阶段的任务、实现新阶段的目标，不可避免地要对前一阶段的部分文档资料进行修订。由此产生的另外一个问题是，系统开发人员一定要注意维护各个阶段文档的一致性和可追踪性。维护文档的一致性，就是指如果对文档的某一处进行了修改，与之相关的其他所有文档都要作相应的修改。例如，一个数据元素的定义发生了变化，与这个数据元素相关的所有数据库、表都要做相应的修改。维护文档的可追踪性，就是指各个阶段的文档资料可以分不同时期、不同版本来保留，从而保留系统开发的轨迹，只有这样才能为成功地开发一个信息系统奠定良好的基础。

（二）仓储管理信息系统的需求分析

基于传统物流仓储管理存在的问题，仓储管理信息系统的建设应满足以下几个方面的需求：

（1）仓储管理最基本的需求就是要通过对商品的存储管理，使企业实现提高客户响应速度、降低成本和提高效益的目标。

（2）仓储管理信息系统需要满足商品存储、出入库、拣货等环节的自动化要求，能够规范业务流程，提高货品查询的准确性，提供灵活多样的查询方式，能全面地了解库存情况，从而合理安排进货情况，减少库存积压，加快货品出入库速度，从而增大库存中心的吞吐量。

（3）要求能够减轻管理人员的工作量，提高工作效率。

（4）仓储管理的可视化已经成为供应链管理中一个比较重要的方面。可视化的库存管理能够使库存管理人员甚至在供应链上各个节点的相关人员及时、准确地掌握物品的位置、状况、活动等信息，实现库存信息自动化收集及供应的及时辅助决策，从而实现库存管理的无纸化作业和提高仓库管理水平和质量。

（5）应具有盘点功能，可以用该系统生成随机或综合盘点作业单，以便工作人员对库存进行盘点。

（6）系统要具有较高的安全性，要具备数据恢复、数据备份功能。

（7）系统要有权限管理的功能，对于入/出库单据的生成、调度和执行过程及重要的操作要具备日志功能，以便于责任到人和管理。

（三）仓储管理信息系统的建设原则

（1）整体性保障原则。系统开发应采用"总体设计、分步实施"的开发策略，即在开发之初，先进行总体规划（即总体设计和总体分析），然后在总体规划的指导下逐步开发。

（2）实用性原则。实用性是衡量一个仓储管理信息系统质量最重要的指标，与业务结合得是否紧密、是否具有严格的业务针对性，是系统成败的关键。因此，在系统开发之初的系统需求分析尤其重要，需求的分析结果直接影响系统的开发结果。

（3）人性化的界面设置。人性化的界面设计，使一般用户无须培训即可使用。基于办公系统平台设计，随时随地可以进行操作。

（4）模块化设计原则。系统是根据业务的需求动态变化的，所以系统必须具有良好的灵活性。系统采用模块化设计模式，使系统结构具有良好的伸缩性，可以根据实际情况扩展模块功能。

（四）仓储管理信息系统的功能模块

根据实际需求，仓储管理信息系统可设计成由系统管理、入库管理、库存管理、出库管理和经营管理5个模块构成，如图9.3所示。

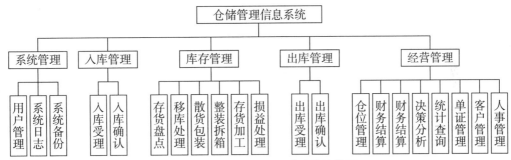

图9.3 仓储管理信息系统功能结构图

1. 系统管理模块

（1）用户管理子系统。企业高管，主要负责对仓储各环节业务进行监控和管理，特别涉及经营管理中各功能模块的使用；企业职员，主要包括仓库管理员、文员或财务部门人员，各部门员工只可操作与自身业务相关的数据；系统管理员，主要负责系统维护、分配用户权限等，可以是专业技术人员，也可由企业高管或其指定员工兼任；匿名访问者，了解企业基本情况，与企业进行在线联系。

（2）系统日志和备份子系统。实现系统日志记录、数据的备份和恢复，保障系统安全可靠。

2. 入库管理模块

负责对入库物品信息进行维护、入库作业管理，包括工作小组的选取和验货、收货、上架等的管理。商品运抵仓库后，仓库管理员仔细清查货物，核对并盖章签收；按照策略分配库位，通知指定作业点的搬运工执行入库作业；完成入库后，扫描并确认实际入库货位条形码；仓库管理员填写入库单并通知货主货物存放信息。

3. 库存管理模块

库存管理重要的工作是盘点，仓库盘点可分为循环盘点、全仓盘点和抽样盘点等多种盘点方式。仓库管理员发布盘点指令，保管员现场盘点；盘点完成后，填写盘货表，对存在的差异进行备案和复盘，对存在的损益进行处理。另外，可以根据客户的移库、散货加工、整装拆箱等要求完成各种库存调整的仓储增值服务，由财务结算系统根据提交的库存调整清单计算增值服务费用。

4. 出库管理模块

出库管理模块有出库物品信息的维护、出库作业管理、自动生成出库货位及出库单管理等功能。一般来说，出库主要有自提、送货和代运等方式。物资出库必须保证准确、及时和安全。在该模块中，仓库管理员仔细清查货物、核对并盖章签字；填写出库单并通知货主货物出库信息，进行财务结算。

5. 经营管理模块

该模块的仓位管理主要负责仓位的设置和调整，实施良好的库位分配策略，提高存储效率。财务结算负责公司业务的财务结算，主要包括成本核算、代收款、账目查询等。决策管理提供公司高管分析决策使用，定期进行仓储分析及预测等。统计查询实现了实时查询统计入库、库存、出库信息，打印各类统计报表。单证管理实现各种单证和条形码管理，减少人工输入、降低错误率。客户管理实现和客户的实时沟通，采用客户回访（客户生日提醒等）等方式与客户保持长期合作关系。人事管理主要包括公司人员信息管理、考勤管理、薪资管理、奖惩管理等实现人力资源的简单管理。

（五）仓储管理信息系统安全设计

仓储管理信息系统的数据安全性通过下列方式实现。

1. 数据库安全机制

（1）账号安全性。访问数据库的用户必须拥有登录账号和密码。

（2）系统级权限。数据库管理员只能具有经数据库系统管理员授权的系统级权限。

（3）对象安全性。用户只能访问经授权的对象。

（4）审计。对用户涉及数据库对象的用户活动进行审计，如表访问、注册企图、数据库管理员的特权操作。

（5）备份和恢复。仓储管理信息系统为事务处理频繁的联机事务处理系统，推荐每天进行一次数据备份，每星期导一次到介质上，并存放到安全的地方妥善保管。在系统崩溃时，可利用备份信息迅速恢复数据库数据。

2. 应用数据安全

（1）严格的用户管理。如果用户要进入系统开始工作，必须首先由专职系统管理员在数据库中注册用户名、用户 ID 和用户密码，同时赋予用户登录权。

（2）功能模块的访问。登录系统的用户只能访问系统中被专职系统管理员授权使用的功能模块。

（3）操作记录。系统跟踪、记录每一用户的操作信息，从而实现用户误操作的更正。

三、仓储管理信息系统的使用

下面以中海 2000 仓储管理信息系统（图 9.4）为例，模拟企业实际的工作情境，说明仓储管理信息系统的使用流程和方法。

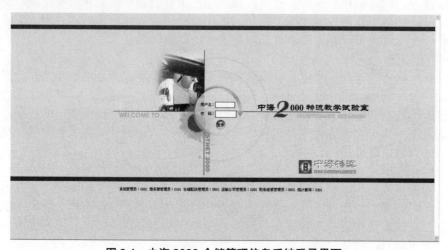

图 9.4　中海 2000 仓储管理信息系统登录界面

（一）基本信息设置

1. 基本信息内容

中海 2000 仓储管理信息系统基本信息内容如图 9.5 所示。

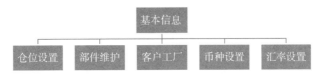

图 9.5　中海 2000 仓储管理信息系统基本信息内容

2. 仓位设置

在进行仓位设置时，一定要注意，这是设置公司的仓库信息，包括仓库编号、仓位编号及仓位总数量，如图 9.6 所示。

选	仓库编号	仓位编号	电子标签号码	仓租性质	总数量	使用数量
◎	fh9527	zldc	-	散租	837754	0
◎	zcy72	zcy720	-	散租	3211	0
◎	zcy123	zcy123	-	散租	100	0
◎	z9999	z9999	-	散租	10000	1
◎	zl101	zl102	-	散租	1000	0
◎	xjx002	xjxc002	-	散租	100	0
◎	xjx001	xjxc001	-	散租	1	0
◎	lilbow1124	lilbow1234	-	散租	999999999	0
◎	jp0001	jp0001	-	散租	100	0
◎	jlf05	jlfe	-	散租	200	0
◎	jlf04	jlfd	-	散租	200	0

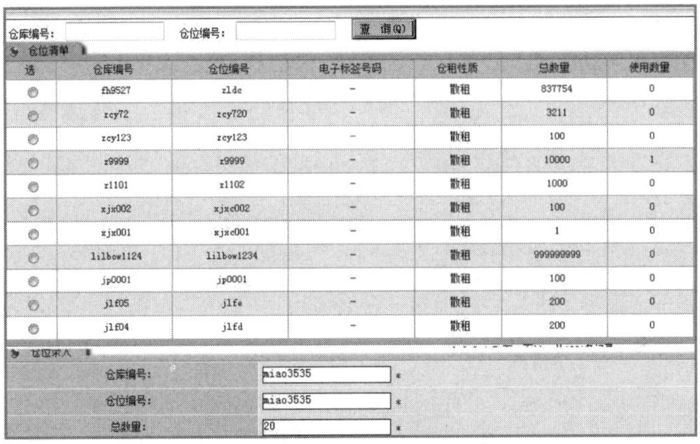

图 9.6　仓位设置

3. 部件维护设置

部件维护主要是指储存商品的信息，包括部件编号、部件名称、部件规格、客户名称、供应商名称、计量单位、重量、体积、价值等信息，如图 9.7 所示。

选	合同客户	供应商	购买商	中文名称	英文名称	部件编号	单位1	单位2	部件编号2	部件毛重	部件净重	部件体积	部件价值	部件规格	生产批次	部件海关编码
◎	深圳市美能达有限公司	IBM	联想	da123		0910421200	块			0.00000	0.00000	0.00000	0.00000			
◎	深圳市美能达有限公司	IBM	联想	电脑		2383179660	台			0.00000	0.00000	0.00000	0.00000			
◎	深圳市美能达有限公司	IBM	联想	ddddd		2011311621	新西兰咖啡			0.00000	0.00000	0.00000	0.00000			
◎	深圳市美能达有限公司	IBM	联想	主板		0999991111	盒	盒		2.00000	50.00000	50.00000	580.00000			
◎	美的集团有限公司	江苏天宝科技股份有限公司	上海景铭科技有限公司	电脑		1234567891	台			0.00000	0.00000	0.00000	0.00000			
◎	深圳市美能达有限公司	IBM	联想	kikbb		1472583690	头			0.00000	0.00000	0.00000	0.00000			

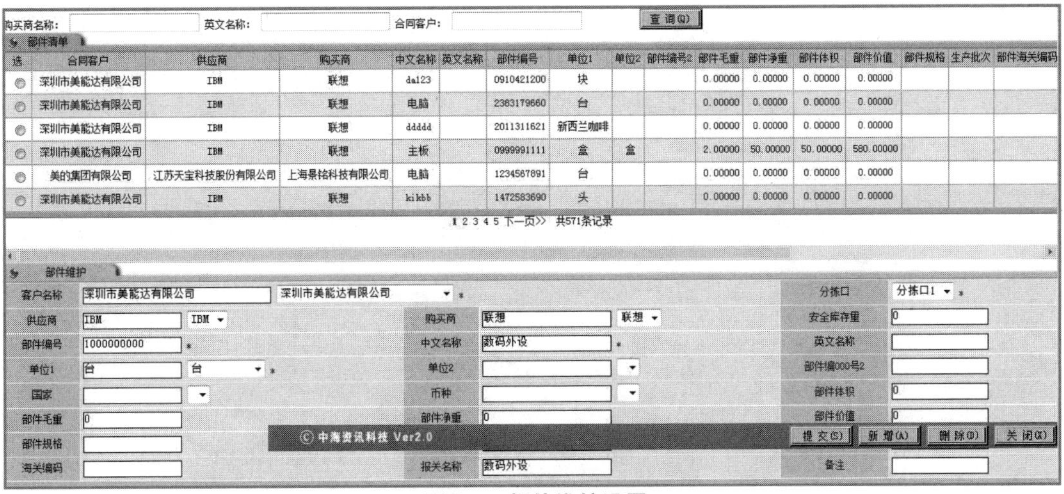

图 9.7　部件维护设置

4. 客户工厂的设置

客户工厂在这里指的是供应商，设置的信息包括供应商名称、地址、联系人、联系方式、业务经营范围等。

5. 货币及汇率设置

考虑客户来自全球各地，运费结算及商品价值的计算必然与货币单位及汇率紧密相关，因此，在这个功能模块需要对可能遇到的结算货币及汇率进行设定。

（二）入库作业

1. 订单管理

首先需要编制入库作业单，单击【新增（A）】按钮，编辑入仓资料，包括入仓单号、客户名称、供应商、购买商、入库商品性质、入库数量等。输入完毕，单击【确认（O）】按钮，将入库信息输入仓储管理信息系统，如图9.8所示。

图9.8 订单管理

2. 部件操作

部件操作就是对存入仓库的货物信息进行编辑操作，单击【部件（Z）】按钮进入编辑页面，依次输入供应商、部件名称、部件编号、数量、单位、毛重、净重、体积、币种、价值、生产批次等，确认无误后，单击【提交（S）】按钮，如图9.9所示。注意，带有*号为必填项。

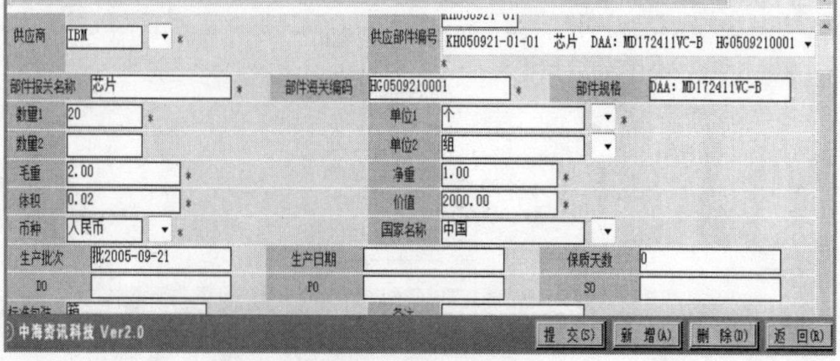

图9.9 部件操作

项目9 利用物流信息系统有效管理信息流

3. 入仓配车

入仓配车主要是为上门提货准备运输工具，根据页面提示，输入车辆需求信息，再单击【确认提交(O)】按钮提交，如图9.10所示。

图9.10 入仓配车

4. 入仓报关

在入仓报关模块输入使用货币名称，其他信息系统自动显示出来，核对无误后确认提交。已经操作完毕的流程在表头都会显示出来，直观明了，如图9.11所示。

图9.11 入仓报关

5. 入仓卸车

在这个模块主要考虑装卸费的计算，需要输入商品重量、体积、数量等资料，如图9.12所示。

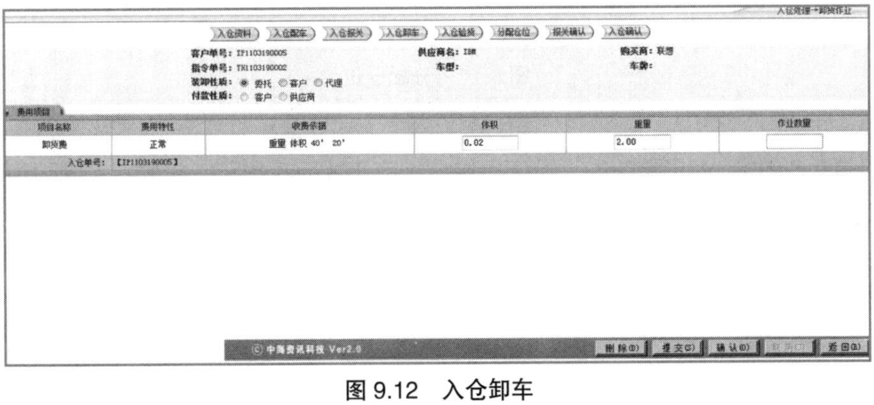

图9.12 入仓卸车

6. 入仓验货

系统自动显示入仓数量，核实无误后提交，如图 9.13 所示。如果出现数据不符，则需要更正入库单。

图 9.13　入仓验货

7. 分配仓位

对入仓商品分配合适的仓位，系统自动显示可供选择的仓位编号、最大容量、已用数量、可入仓数量等，在分配入仓数量栏目下填入入库数据，核对无误即可，如图 9.14 所示。

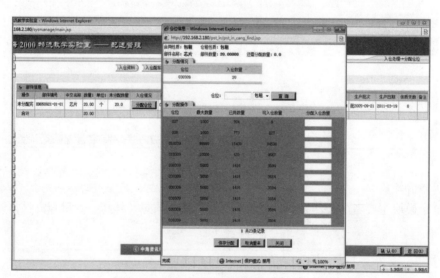

图 9.14　分配仓位

8. 报关确认

填写报关的性质及付款方式，确认无误后，单击【提交(S)】按钮，如图 9.15 所示。

图 9.15 报关确认

9. 入仓确认

再次核对入仓编辑的全部资料，显示正确则单击【确认（O）】按钮提交，并可以打印输出入库作业单，如图 9.16 所示。

图 9.16 入仓确认

（三）出库作业

1. 出仓选货

编制出库选货作业单，输入选货单号、合同客户名称、购买商名称等资料，如图 9.17 所示。

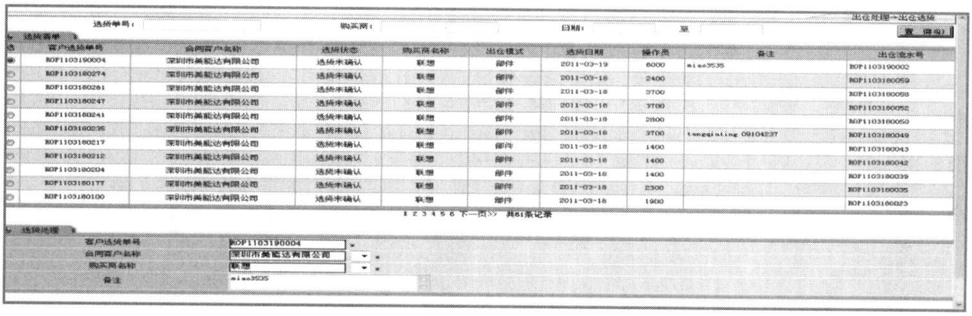

图 9.17 编制出库选货作业单

再单击部件，填写出仓商品的信息资料。此时，系统会自动弹出可选商品的仓位信息，在相应的仓位后面输入选货数量，单击【确认】按钮，即完成出仓选货作业，如图 9.18 所示。

图 9.18 填写出仓商品的信息资料并选货确认

2. 出仓配车

根据出仓商品的性质和数量，系统自动分配好相应的车辆，核对无误后单击【确认（O）】按钮，如图 9.19 所示。

图 9.19 出仓配车

3. 出仓报关

这个模块主要选择输入结算使用的币种，根据需要输入相应货币，单击【确认（O）】按钮，如图 9.20 所示。

图 9.20 出仓报关

4. 出仓装卸

为了核算出仓装卸的费用，需要核对出仓商品的重量、体积、数量等信息资料，如图 9.21 所示。

图 9.21　核对出仓商品的信息资料

5. 报关确认

对报关性质及付款方式进行选择确认，如图 9.22 所示。

图 9.22　报关确认

6. 出仓确认

完成上述操作后，即可进行出仓确认，如图 9.23 所示。

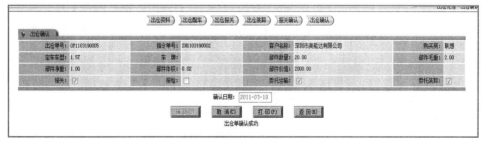

图 9.23　出仓确认

四、仓储管理信息系统的选择

企业自行建设仓储管理信息系统（WMS）投资大、风险高，越来越多的企业开始考虑直接购买仓储管理信息系统。目前，国外 WMS 企业开发的软件价格高，并且偏向高端市场，虽系统功能齐全，但不一定符合国内的整体环境和经营理念，因此国内的 WMS 软件商应运而生。一个适合企业仓储物流需求的 WMS 不仅能够帮助仓库完成日常的管理工作，而且能将库内数据的价值发挥到最大。无论是高端 WMS 产品，还是适合小规模生产的 WMS 产品，企业在选择的时候都应该从以下几个方面考虑：

（1）产品功能。WMS 功能包括货位管理、产品入库、产品出库、仓库退货、仓库盘点、库存管理等功能。在选择 WMS 的时候，应该针对企业仓库的性质、大小及产品形式等因素，选择侧重点不同的 WMS，以契合仓库的业务操作模式。

（2）系统实操方便。对于定制化要求比较高的 WMS，并不一定价格越高越好，往往那种有实际仓储管理经验的 WMS 开发商更值得信赖。相对而言，国内的 WMS 开发商，在系统实操方面更契合国内仓储市场的需求，也更容易让操作人员接受，同时提供的售后技术支持和服务也更高效。

（3）持续升级的能力。由于仓库管理的不断发展，综合当前在信息化、网络化的发展趋势，优良的 WMS 应该具备扩展、二次开发的能力，以确保适应在管理模式和业务操作模式上能不断更新。企业如果需要更换一套内部系统，消耗的不仅是人力物力，而且可能因数据的丢失而导致的其他损失。

（4）不追求高端，对的就是好。首先需要强调的是，WMS 不仅仅是一个软件产品，更是一个服务产品，任何企业购买 WMS 产品都是为了解决仓库管理的具体业务问题。基于这一点，企业不仅选择了一套软件系统，而且选择了一套服务，其中自然包括项目实施前的规划、实施过程中的沟通服务、细节的调整，以及后期的维护、升级、变更服务等。每家企业都应该真正了解 WMS 的特点，不要认为只有大系统和大框架结构才是好的，而忽略了选择系统的基本原则——什么是适合企业自身需要的。

（5）需要一定的成本预算。不同的行业、不同的商品属性使得物流运作模式不同，即使在同一行业，由于业务模式、物流中心规划、设备应用水平等方面的差异，系统流程和运行方式也有所不同。基于此，为了发挥真实有效的作用，WMS 需要软件服务提供商提供定制化的产品，而不是标准化的产品，因为传统的标准化的 WMS 虽具有真实的功能模板，但不能满足企业的长远规划。同时，与企业其他系统和硬件的集成也比较困难，这对软件服务提供商来说是一定的成本。

（6）考虑 WMS 的易用性和快速响应能力。从系统技术架构的角度来看，数据库的结构设计、SQL 编写方法、数据读取量及客户端内存资源的使用，都会影响系统的响应速度。如果系统的查询速度和数据处理速度不如人员的操作速度快，那么系统将成为操作的绊脚石。WMS 是一个要求较高的执行层系统，而且在数据处理、分配等环节涉及大数据计算。如果 WMS 功能太滞后，就会影响实际使用的感觉，而且对业务的影响非常致命。

（7）改变重技术、轻管理的观念。有些客户会担心无法连接 WMS 和 ERP 的接口，在当前的 IT 技术下，这很容易解决。但是，系统不能解决团队问题，企业需要做好的是完善团队结构和合作机制。

五、我国仓储管理信息系统的发展趋势

仓储管理信息系统可以独立执行仓储业务操作，也可与其他系统的单据和凭证等结合使用，可为企业提供更为完整企业物流管理流程和财务管理信息。综合我国仓储物流企业的管理发展现状，以及对仓储管理的精细化要求，仓储管理信息系统将向以下几个方向发展：

（1）柔性化。柔性企业的发展是一个动态的过程，如企业发展战略、业务范围和业务流程将不断调整。仓储管理信息系统需要根据企业的业务变化进行调整和扩展，以符合企业不断变化的管理需求，以适应企业的发展。仓储管理信息系统应遵循系统体系结构和平台开发的理念，以适应企业发展不断变化的需要，为企业的可持续发展提供信息保障。

（2）体系架构一体化。体系架构化是指开发设计中考虑仓储作业管理的整体性，搭建仓储作业管理的整体架构，包括作业信息读取管理、复核拼箱管理、复核发货管理、配送管理、数据采集设备接口、自动化仓库设备控制系统接口等。一体化企业业务管理系统、WMS 一体化应用，可以提高对客户订单的反应速度，及时反馈信息，实现业务管理与物流作业协同，满足企业商流物流一体化管理的系统。

（3）工具平台化。工具平台化旨在满足企业个性化需求的前提下，满足企业信息化应用程序的扩展和组合。例如，可以在系统中提供基本的管理单元模块和开发工具，以快速响应企业不断变化的需求，从而实现 WMS 的纵向和横向扩展，能满足企业长期发展的需要。

（4）行业化。不同的行业有不同的管理要求，例如，贵重商品对单品的管理要求比较严格，药品和食品对效期、批号和批次的管理要求严格，药品管理行业特色的 GSP 管理。一套仓储管理信息系统软件不可能适应各行业管理的需要，要走行业化和专业化的道路。又如，针对生产制造业的管理特点，对采购入库、采购退货、库房管理、销售出库、销售退回及越库管理等业务，进行系统的规划。把采购业务、库存业务、销售业务中涉及商品流动的作业环节，通过仓储管理信息系统进行管理，实现制造企业对原材料及成品流动作业的管控一体化，并优化作业流程，减少不增值的作业环节，提高物料的周转率和准确性。

（5）智能分析。商业智能技术在仓储管理系统中将越来越多地得到应用。商业智能就是利用数据挖掘技术开发、积累的数据信息，使之变成可以利用的知识。例如，利用库存数据分析市场变化规律，发现市场异常现象，研究仓库作业的优化方案等。信息的作用在于应用，在于支持决策。在低水平的应用中，往往是系统采集数据，人工进行决策，经过一定的积累，应该过渡到系统具有决策的功能，这标志着系统上了一个新的台阶。

（6）数据库的可扩展性。由于业务量较小的仓库也有可能在几年内迅速发展，所以对数据库的要求有很大的可扩展性。仓储管理信息系统应该能够支持多数据库的对接，扩展的仓储管理信息系统应该能够满足规模不一的业务情况，并且可以应对将来的变化。

（7）开放数据库的实现。开放数据库是指仓储管理信息系统增加可在互联网上查询库存的功能，客户可以远程访问系统，了解商品从入到出的全程作业情况，这将是行业发展中的必经之路。

【敏思达智慧仓储管理系统】

> **小思考**
>
> 请用微信扫一扫旁边的二维码，或登录深圳市敏思达信息技术有限公司官网，了解其仓储管理信息系统的功能特点及其在物流行业的应用案例。
> 思考：仓储管理信息系统对开发增值物流业务的最大价值体现在哪里？

任务 2　运输管理信息系统的使用

运输是物流运作过程中的重要环节，在物流各个环节中运输时间及运输成本占有相当高的比重，在提供运输服务的过程中时刻不停地传递着不同区域内的运输订单、运输资源、运输物品及物品状态等信息。这些信息既是运输作业的指令,也是运输决策的依据。实践证明,通过人为方式管理这些运输作业信息,效率低、准确性差、成本高、反应迟缓,无法满足客户需求。随着市场竞争的加剧,迫切需要对运输作业环节的信息加强管理,从而不断提升运输作业质量和管理水平。

一、运输管理信息系统概述

(一)基本概念

运输管理信息系统(Transportation Management System,TMS)是对运输信息进行计划、组织、指导、协调和控制的一系列活动的总称。运输信息涉及运输工具、运送人员、货物及运输过程的各业务环节。

运输管理信息系统是一套基于运输作业流程的管理系统,该系统根据系统管理、信息管理、运输作业、财务管理四大线索设计开发。系统管理是 TMS 的技术后台,起到支持系统高效运转的作用;信息管理是通过对企业的客户信息、车辆信息、人员信息、货物信息的管理,建立运输决策的知识库,也起到促进企业整体运营更加优化的作用;运输作业是该系统的核心,系统通过对运输任务的订单处理、调度配载、运输状态跟踪、确定任务的执行状况;财务管理过程伴随着运输任务发生的应收应付费用,通过对应收应付的管理及运输任务对应的收支的核算,生成实时全面的统计报表,能够有效地促进运输决策。

(二)运输管理信息系统的作用

1. 建立统一的调度管理平台

(1)专门设立集卡调度中心和整车零担调度中心,使调度管理更具针对性。

(2)智能化调度提醒,实现人性化的调度,全面提升企业车辆利用效率。

(3)专门设置值班调度,整合 GPS、SMS 数据,实时跟踪货物流向,及时调整并处理非正常业务运作。

(4)通过符合运作要求的调度机制,根据不同区域、车型要求、报关要求、货物属性、特殊业务类型等多种角度支持调度进行合理排班。

(5)灵活的排班方式,支持订单拆分,支持外委派车处理,支持集中的派车单管理。

2. 建立基于网络的一体化业务操作流程

(1)建立快速、准确的订单处理机制,网上 EC 订单处理与内部 TMS 无缝连接。

(2)统一委托受理平台、订单审核机制,保障业务数据的准确性。

(3)委托处理差错率、委托响应效率。

(4)支持 Excel 等标准文档的信息读入、自定义的订单处理流程。

3. 集中化的财务管理

(1)统一的合约管理,保证系统自动、准确地生成费用。

(2)加强收付账款管理、完善的费用处理流程、备用金管理。

(3)核销支持多种对冲、应收付等核销方式。

(4)账龄分析、备用金结存情况分析。

(5)统一的财务处理流程。

4. 完善的成本管理体系和预警管理

(1)支持对额定费用、三大耗件库存、车辆维修及进出库等相关成本费用的管理和预警,并且围绕运营业务,实现从维修到仓库进出库、业务到油料的全过程管理。

(2)考核单车单司机配件、轮胎、事故违章等 KPI 指标。

(3)提供整体业务运营多角度、多方位的分析报告,并使用图形化的方式进行关键指标的直观图示。

5. 对新技术的充分支持

提供与 GPS、SMS、IC、行车记录仪、自动加油机、轮胎检测等的接口支持，全面提升企业服务能力，为客户提供更加贴身的信息服务。

6. 多渠道降低运输成本

（1）合同管理估计可以在目前的管理成本基础上降低 10%。

（2）选择最优装载和路径，估计每年的运费支出由此可减少 5%～17%。

（3）采用成本最小化的承运人选择模式，估计每年运费的支出由此可减少 2%～7%。

（4）实现自动招标，估计每年的运费支出由此可减少 1%～5%。

（5）持续绩效改进，估计每年的运费支出由此可减少 1%～3%。

二、运输管理信息系统的建设

（一）系统管理功能设置

（1）用户管理模块。该模块主要是对本套软件的具体使用者进行的管理和帮助。只有具有使用权限的工作人员才可以凭密码登录本系统，进行具体操作，使用完成后，必须进行"注销"操作才能退出系统。

（2）权限角色管理模块。该模块主要是从保护企业的商业机密和数据安全出发，对不同级别的工作人员设置不同的系统操作权限。只有具有相关权限的人员才可以进行相关操作，充分保证了系统数据的保密性。

（3）数据字典维护模块。该模块主要对系统的设置、各大功能模块的维护和管理，起到保证系统运行的作用。

（4）日志管理模块。该模块主要是对本系统的日常运转进行自动记录，系统管理人员凭权限可以查询到工作人员所进行的具体操作，起到加强企业管理监督的作用。

（二）基本信息设置

（1）客户信息管理模块。该模块包括客户信息的录入和更新，系统会根据客户信息进入的时间给客户设定一个专有的编码。客户信息输入系统后，企业相关人员可以在系统中查询到客户的名称、法人代表、经营范围、编码、地址、电话、传真、E-mail、主页和与本公司交易的历史记录等。用户可以通过客户管理模块来对客户信息进行修改、查询等操作。

（2）车辆信息管理模块。该模块主要有车辆信息管理和车辆状态管理两大内容。车辆信息管理设置有车辆的牌照、型号、载重量、容积、司机姓名等信息。可以看到每辆车每天的出车记录（出车日期、客户名称、工作内容、吨位、单价、目的地、合同金额、已付金额、驾驶员、住勤补助、出差补助、出车小时、运行里程、此次出车工资、搬动费用、其他费用），并生成派车单；在车辆状态管理中，可以显示出车车辆、待命车辆、维修车辆的信息。通过车辆管理模块，用户可以进行添加、查看、修改、查询及报废、故障等处理。

（3）人员信息管理模块。该模块主要有人员信息管理、人员薪酬管理、操作员管理三大内容。人员信息管理，有调度员、驾驶员、修理工、临时工、搬运工等的个人资料；人员薪酬管理，统计记载有人员工资、奖金、福利等支取状况；操作员管理，是指系统对不同的操作设置不同的操作权限，只有相关人员才有权看到权限范围内的数据，充分保证数据安全。

（4）货物信息管理模块。该模块主要是对货物信息的录入和查询和更改为主要内容。货物信息管理设置有每一单货物的编号、数量、规格、价值金额、运输时间要求等内容。在系统中，用户可以清晰明了的看见货物的有关信息，能够进行添加、修改、查询等操作。

（三）运输作业设置

（1）订单处理模块。该模块提供关于运输订单的生成、录入、修改、执行等一系列功能。系统可以自动安排订单处理的提前期，为每一张运输订单设置"订单激活时间"，达到时间的订单自动处于"激活状态"，由系统生成运单并提示调度人员安排车辆执行。

（2）调度配载模块。调度作业是运输的中心作业，系统根据货物、客户、车辆的信息，自动提示最佳的运货车辆和运输路线。系统采用尖端技术实现计算机辅助作业，优化车辆资源利用率，自动组合同类作业，确保实现车辆利用效率最大化。

（3）运输跟踪模块。对货品状态的跟踪与及时反馈是体现服务水平获得竞争优势的基本功能，但对货物有效的运输跟踪是现代物流运输中的难点，也是提高客户服务水平的关键点之一。系统通过查看运单的执行状态，通过对运单的有效跟踪，可以看到货物的在途状况。系统能够按照不同的要求为客户提供定时的状态信息反馈。

（四）财务管理设置

（1）应收应付管理模块。运输业务涉及的客户比较多，而且往来频繁，对于每个客户及分包方的管理显得尤为重要。运输业务的特殊性经常导致与客户之间台账的错误及混乱。系统提供每单业务的详细账单，也能提供针对不同客户及分包方的台账，并设有到期未付账预警功能，可以进行应收账款统计、查询和应付账款统计、查询操作。

（2）统计报表管理模块。该模块主要有结算报表分析和应收应付报表分析两大功能。结算报表分析对客户、公司自身、车辆三方的经济往来有详细的记录，系统具有查询、统计功能。企业相关人员凭管理权限可以看到这些数据，既方便了工作，又安全可靠。另外，在对车辆的结算报表中，可以看到车辆不同运输路线的货运价格。

三、运输管理信息系统的特点

（1）TMS是基于网络环境开发的支持多网点、多机构、多功能作业的立体网络运输软件。

（2）TMS是在全面衡量、分析、规范运输作业流程的基础上，运用现代物流管理方法和计算机技术设计的先进的、标准的运输软件。

（3）TMS采用先进的软件技术实现计算机优化辅助作业，特别是对于快速发展中的运输企业，可以支持在网络机构庞大的运输体系中，协助管理人员进行资源分配、作业匹配、货物跟踪等操作。

（4）TMS具有实用的报表统计功能，可以为企业决策提供实时更新的信息，大大简化了人员的工作量。

案例分析

A公司具备国内一级运输企业资质，其专业的运输服务涉及汽车零配件、海关监管货物、快速消费品等领域。该公司作为上海浦东地区规模最大、设备最全的专业运输企业，也致力于通过建立现代物流系统来推动企业变革，其建立现代物流系统的核心是研发运输管理系统。该系统是该公司集中调度的信息处理平台，是一种高效、可靠、安全、分布式的现代物流运输管理信息系统。这套系统以供应链管理为指导思想，凭借强大的技术平台实现企业物流信息的高效管理，重组企业业务流程，其目的是对运输过程中的人（驾驶员）、车、货、客户进行有效的协调和管理，以提高运输企业的经营管理水平，创造更好的效益与利润，从而最终实现以下目标：

（1）全国范围内、资产型、提供多种增值服务、处于领导者地位的专业运输公司。

（2）通过运输管理系统，将托运单调度作业流程统一化、规范化和高效化，实现最优的客户服务和最大的资源利用。

（3）使所有运作成本透明化，帮助公司进行成本控制的集中管理。

项目9 利用物流信息系统有效管理信息流

B公司作为A公司的物流战略咨询顾问、物流解决方案专家及其业务发展战略伙伴,全程参与了A公司的企业变革。B公司与A公司的合作集中在以下两个方面:

(1)企业战略规划,包括市场战略(尤其是专业化的汽车行业运输解决方案和监管运输)和内部运作体系战略。

(2)开发应用一套可适应多种业务模式和多种调度模式一体化运输管理系统。

两家公司合作项目的实施分为以下3个阶段:

第一阶段,B公司在对A公司相关市场和企业内部进行深入调研的基础上提出了A公司未来业务的目标模式,核心目标之一就是建立起一个支持A公司未来发展、适应多种业务类型和运作方式的一体化运输管理系统。

第二阶段,B公司对A公司的实际运作情况进行分析,根据对A公司自身的业务流程分析及对物流的专业理解,提出了详尽的商业计划,重点在于其运输营销网络、汽车行业的业务拓展战略及一体化运作体系的设计。在商业计划实施的过程中,为A公司建立营销中心,对其运作体系进行改革。

第三阶段,B公司对A公司的一体化运输管理系统进行全面开发,协助其建立一套基于现代物流管理思想,运用先进的网络技术的适应多种业务类型和运作方式的运输管理系统。

这套运输管理系统主要由托运单管理、调度管理、作业管理、车辆管理、司机管理、总成管理、事故管理、客户管理(含合同及费率管理)、系统管理和客户服务等功能模块组成。这套运输管理系统良好的扩展性不仅可以同GPS、财务系统、客户管理系统和人事管理系统进行方便的连接,而且可以根据客户的特殊需求进行个性化的定制。这套运输管理系统将托运单调度作业流程统一化、规范化、高效化和最优化,实现所有托运单在系统中的实时处理,面向管理、调度、作业、车辆技术、人事和市场营销各个部门,实现贯穿托运单处理及调度、作业全过程的信息化处理,向企业内部的周边系统及客户提供有关托运单处理的相关信息。在统一的流程驱动基础上,这套运输管理系统将规范托运单的处理,优化调度,最大化地利用资源,确保托运单全过程相关方获得透明、准确、一致的信息,并向其他系统提供所需的业务运作信息,真正实现企业运输管理自动化。

(资料来源:http://www.guangzhou-logistics.com/wlal/wlala/200606/37279.html,有改动)

分析:
(1)运输管理信息系统解决了运输作业中的哪些痛点?
(2)总结一下运输管理信息系统带给物流企业的好处。

> **小思考**
>
> 请用微信扫一扫旁边的二维码,观看上汽-大众售后配件运输管理系统帮助经销商实现了物流O2O模式的视频,思考该系统在线上线下分别解决了哪些问题?

任务3 货运代理管理信息系统的使用

【上汽-大众售后配件运输管理系统】

一、货运代理管理信息系统概述

(一)货运代理管理信息系统的基本概念

货运代理管理信息系统将物流服务中的运输货物代理作业的过程置于信息管理系统的监控中,从客户委托的源头直到收货人的确认,一系列的作业环节均在信息管理系统中有所反映,同时作业中产生的成本、收入也及时地在系统中反映。

货运代理管理信息系统是针对货代行业所特有的业务规范和管理流程,利用现代信息技术及信息化的理论和方法,开发出的能够对货代企业的操作层、管理层和战略决策层提供有效支持与帮助的管理信息系统。其作用是满足货运代理企业的业务运作要求,完成代理货物托运、接取送达、订舱配载、多式联运等多项业务需求,支持航空、铁路、公路和船务运输代理业务,同时配合物流的其他环节,实现物流的全程可视化管理,提供门对门、一票到底的物流服务。

（二）货运代理管理信息系统的特点

1. 信息高度共享，提高工作效率

委托书的信息输入后，在各种提单、通知单、委托单等单证中都可使用，避免了重复输入。而且一旦某个信息发生了修改，所有单证随之变更，提高了操作的准确性和工作效率，减少了业务处理中的差错。

业务费用输入后，账单、发票中便可直接调用并生成，同时可对其进行实时分析跟踪，统计应收、应付金额及账期。

2. 操作简洁明了，用户一看便会使用

该系统采用以单证为核心的非流程化技术，既完全符合传统业务操作的习惯，又实现了计算机业务监控的功能，并使用户能轻而易举地掌握系统的操作。系统在界面的设计上进行了合理的安排，一票业务可在一个界面内完成操作，不必频繁地切换操作界面，而且系统支持键盘、鼠标双重操作，还提供各种热键，用户在使用时非常简便快捷。

3. 功能实用强大，可处理各种复杂的业务操作

该系统支持各种不同类型的业务，包括海运进出口、空运进出口、海空联运。该系统也支持业务各种不同的操作，包括整箱、拼箱。对于某些复杂的操作，如一票业务单生成多张副提单等情况，系统也能轻松实现。

4. 单证打印功能强大

该系统实现了真正的所见即所得功能，即用户可在屏幕上看到各种真实的提单、委托单等单据，并可直接在上面进行输入、修改、移动等操作，最后打印所得到的单证就是屏幕上所看到的。

5. 严格的权限控制

运用该系统，不同权限的人员所能操作的业务和所能看到的信息都是不一样的。

（三）货运代理管理信息系统的作用

1. 帮助集团化企业实现集中化管理

该系统采用区域中心集中的管理模式，总部建立集团管理数据中心，各分公司实现本地的业务操作和结算管理，业务数据汇总到总部集中管理，实现全公司业务、财务数据的自动汇总、集中监控；帮助企业实现了集团结算中心，避免集团财务管理的迟延，提升准确性，提升资金的利用率；帮助集团化货代企业实现对客户的集中化管理，有效避免客户资源的私有化，更好地开拓集团客户；集中化管理和维护系统代码，为实现集团的集中管理和不同分公司之间业务协作和统一服务提供基础。

2. 更专业的业务处理，支持个性化的操作模式

该系统提供直观的空运批量打板操作，帮助包板包舱的业务实现配舱利润最大化；海运出口拼箱提供了完整的操作流程，并提供专业的配箱操作模式与智能提醒，支持拼箱计划、拼箱测算表、拼箱中转管理和拼箱利润分析，帮助提高配箱利润最大化；对于信用控制与放单／放货／退单控制有特别处理，支持不同信用等级客户、不同服务类型、不同代理实行不同的放货控制策略；海运进口分拨操作流程，包括小提单制作、分拨仓库管理和库存分析。

3. 实现与海外代理集中对账，缩短应收款周期

集团化货代企业的各个分支机构与同一家海外理有业务往来，集团总部建立结算中心，由结算中心负责所有分支机构与海外代理的对账催账，极大提高了对账的准确性和及时性；减少了各分支机构之间的账单流转、重复录入、延误与差错，提高了对账工作的效率；结算中心不仅帮助集团化企业实现统一地对外对账，而且简化了集团内各分公司之间的内部结算。

4. 规范财务处理流程，保障财务管理及时、准确

该系统建立应收款管理流程和应付款审批流程，有效规范了财务的处理过程；提供对财务处理流程的重点环节审批和监控，有效控制和规避了一定的风险；可以通过直接凭证导出的方式与专业财务软件的总账系统进行连接，也可以通过应收应付单的形式，将票据导入专业财务软件的应收应付账系统，数据实现无缝连接，保障了及时性和准确性；在集团总部建立结算管理中心，系统自动定期将财务期间中的票据和收付数据汇总到集团总部，基于汇总的财务数据，形成大量财务分析报表图线（包括分公司、业务类型、业务员、集团客户等的横向比较），提高了集团决策层对整个企业的财务状况了解的及时性、准确性。

5. 提高协作能力，建立了稳固、双赢的协作网络

该系统通过网上协作平台，将海外代理和本地合作伙伴连接起来建立了共同的业务网络，提升了企业与外部合作伙伴之间的协作能力；通过网上平台的建立，一方面有利于集中进行供应商关系管理，与供应商（海外代理、本地服务提供商）之间建立长期、稳定、双赢的合作关系，另一方面有利于降低协作沟通成本，提升公司内部操作的效率和准确性；网上服务与协作平台改变了货代企业传统的被动式服务模式，提升了企业的整体形象，树立了企业的服务品牌。

（四）货运代理管理系统的功能模块

一个完整的货运代理管理信息系统包含多个功能模块，有系统设置部分，也有系统操作部分。例如，以海运为主的货代管理信息系统包含的功能模块有以下几个部分。

1. 单证管理

（1）船期信息。对船舶表各项内容进行录入/修改/删除/查询和打印等操作。

（2）委托单输入。录入委托单各项内容，包括收、发货人/装货港/卸货港及货物明细等数据。

（3）订舱数据输入。为网上电子订舱服务，当接受订舱数据后，电子数据自动封入本系统。

（4）装箱单输入。输入装箱数据，可增加、删除、保存、自动配箱等操作。

（5）运费输入。按委托单录入海运费/包干费数据。

（6）撤载重配处理。将某一航次装船的货进行撤载或重配。

（7）转船处理。将委托单进行两个船名航次的转换。

2. 费用管理

（1）费用录入。按委托单录入海运费和包干费的数据。

（2）运费审核。按委托单审核应收、应付费用，审核通过后可打印相应账单。

（3）制作结算单。可根据选定的付费人，统计出该付费人在一定时间范围内所有提单，以及相应的海运费和包干费数据制作结算单。

（4）发票生成。可利用系统提供的发票生成向导自动生成发票。

（5）发票管理和控制。对发票进行关门、作废、冲销等有关操作。

（6）费用核收。按已入账的发票信息核收费用，当核收费用等于发票金额后，此发票核收完毕。

（7）费用核付。对应付费用的发票进行核付，当核付费用等于发票金额后，此委托单的状态为核收完毕。

（8）手工发票制作。通过用户手工录入的发票内容来生成发票。

3. 报表/查询

严格而完善的费用和发票查询统计管理，使费用计算与处理轻而易举。该系统还提供

了"无限制"提单格式报表，通用性强、操作方便，具有对货代业务中可能发生的各种业务情况进行处理的功能。

> **小思考**
>
> 上海沃行信息技术有限公司是一家专注于让云计算在国际货运代理行业进行应用的公司，为国际货运代理行业量身定制管理协同云平台，提供营销、运营、货物追踪和数据分析的一站式服务。该管理协同云平台可告别烦琐的软件安装和硬件维护，即租即用，让客户专心于主打业务。请用微信扫一扫旁边的二维码，观看货代管理信息系统应用操作视频，思考总结货代作业流程。
>
>
> 【沃行货代云平台应用操作】

二、货运代理管理信息系统的应用

（一）货运代理管理系统的服务对象

从货运代理人的基本性质来看，其主要是接受委托方的委托，处理有关货物运输、转运、仓储、装卸等事宜，一方面它与货物托运人订立运输合同，另一方面它又与运输部门签订合同。对货物托运人来说，货运代理人是货物的承运人；对运输部门来说，货运代理人又是货主。目前，有相当一部分货运代理人掌握各种运输工具和储存货物的库场，在经营其业务时办理包括海陆空在内的货物运输。

1. 为发货人服务

货运代理企业代替发货人承担在不同货物运输中的所有手续：以最快最省的运输方式，安排合适的货物包装，选择货物的运输路线；向客户建议仓储与分拨；选择可靠、效率高的承运人，并负责缔结运输合同；安排货物的计重和计量；办理货物保险；货物的拼装；装运前或在目的地分拨货物之前把货物存仓；安排货物到港口的运输，办理海关和有关单证的手续，并把货物交给承运人；代表托运人/进口商承付运费、关税税收；办理有关货物运输的任何外汇交易；从承运商那里取得各种签署的提单，并把它们交给发货人；通过与承运人于货运代理在国外的工作人员联系，监督货物运输进程，并确保托运人知道货物的去向。

2. 为海关服务

当货运代理企业向海关代理办理有关进出口商品的海关手续时，它不仅代表他的客户，而且代表海关当局。事实上，在许多国家，货运代理企业得到了这些当局的许可，办理海关手续并对海关负责，申报货物确切的金额、数量、品名，以使政府在这些方面不受损失。

3. 为承运人服务

货运代理企业向承运人及时定舱，议定对发货人、承运人都公平合理的费用，安排适当时间交货，以及以发货人的名义解决和承运人的运费账目等问题。

4. 为航空公司服务

货运代理企业在空运业上，充当航空公司的代理，利用航空公司的货运手段为货主服务，并由航空公司付给佣金。同时，作为货运代理企业，它通过提供适于空运的服务方式，为发货人或收货人服务。

5. 为班轮公司服务

货运代理企业与班轮公司的关系，因业务的不同而不同，近几年来由货代提供的拼箱服务（即拼箱货的集运服务）已建立了与班轮公司及其他承运人（如铁路）之间的较为密切的联系。

6. 提供拼箱服务

集运和拼箱的含义是：把一个出运地若干发货人发往另一个目的地的若干收货人的小

件货物集中起来,作为一个整件运输的货物发往目的地的货运代理企业,并通过它把单票货物交各个给收货人。货运代理企业签发提单,即分提单或其他类似收据交给每票货的发货人;货运代理企业目的港的代理,凭初始的提单交给收货人。拼箱的收发货人不直接与承运人联系,对承运人来说,货运代理企业是发货人,而货运代理企业在目的港的代理是收货人。因此,承运人给货代签发的是全程提单或货运单。如果发货人或收货人有特殊要求的话,货运代理企业也可以在出运地和目的地从事提货和交付的服务,提供门到门的服务。

7. 提供多式联运服务

货运代理充当主要承运人,并承担一个单一合同,通过多种运输方式进行门到门的货物运输。它以当事人的身份,与其他承运人或其他服务提供者分别谈判并签约。这些分拨合同不会影响多式联运合同的执行,不会影响发货人的义务和在多式联运过程中对货损及灭失所承担的责任。在作为多式联运经营人时,货运代理通常需要提供包括所有运输和分拨过程的一个全面的"一揽子服务",并对客户承担一个更高水平的责任。

(二)货运代理管理系统的实际应用

货代企业已经超越了传统意义上的业务范畴,逐步从单一的货运代理向综合物流服务延伸,更加关注建立综合型的货代服务模式,关注与客户、供应商、海外代理等合作伙伴之间的资源整合和应用集成。

货运代理管理信息系统提供的是一个功能完整,集操作、管理、服务为一体的解决方案,功能覆盖货代公司运营的各个方面,有效支持市场部门、业务运作部门、财务部门的业务操作和管理,形成统一的企业应用平台。其业务覆盖海空运进出口业务、本地增值服务业务、支持空运一代、空运二代、海运出口整柜、拼箱业务、海运进口整柜、海运进口分拨操作模式。

货运代理管理信息系统关注企业的集中化管理和货代服务模式的创新,以海、空运进出口的服务和核心作业流程为主线,全面整合企业内外部的客户、合作伙伴、价格、业务和财务信息。

【免费体验货代云平台】

练一练

请用微信扫一扫旁边的二维码,免费体验货代云平台的各项功能。

项目实训

联系当地某家企业,可以是物流企业、贸易企业或制造型企业,现场调研该企业仓库管理的实际情况,梳理其仓储作业的业务流程,了解其仓库作业过程中会产生哪些信息,分析其仓库管理及企业经营决策需要哪些信息,对其仓储信息收集处理的效率、质量及如何发挥信息的价值提出改进建议,并在此基础上完成调查报告,最后在课堂上进行汇报。

1. 实训要求

(1)绘制仓储业务流程图。

(2)撰写调查报告。

(3)制作PPT,汇报调查报告。

2. 评价标准

报告内容 (40分)	书写工整 (10分)	PPT制作 (30分)	汇报演示 (20分)	总分 (100分)

课后练习

一、单选题

1. 物流管理信息系统开发的周期,以下顺序正确的是( )。
A. 系统规划阶段→系统实施阶段→系统设计阶段→系统分析阶段→系统运行阶段
B. 系统分析阶段→系统规划阶段→系统设计阶段→系统实施阶段→系统运行阶段
C. 系统规划阶段→系统分析阶段→系统设计阶段→系统实施阶段→系统运行阶段
D. 系统规划阶段→系统分析阶段→系统设计阶段→系统运行阶段→系统实施阶段

2. 从本质上讲,物流信息系统是利用信息技术,通过( )将各种经营活动连接在一起的通道。
A. 物流　　　　　　B. 商流　　　　　　C. 资金　　　　　　D. 信息流

3. 物流信息系统维护的重点是系统应用软件的维护工作,按照软件维护的不同性质划分为纠错性维护、完善性维护、预防性维护和( )几种类型。
A. 适应性维护　　　B. 代码维护　　　　C. 系统性维护　　　D. 系统应用程序维护

二、多选题

1. 物流信息管理系统的功能体现在( )几个方面。
A. 物流信息的收集　　B. 物流信息的存储　C. 物流信息的维护　　D. 物流信息的输出

2. 关于物流、商流、资金流、信息流之间的关系,以下说法正确的是( )。
A. 商流是起点也是前提
B. 物流体现商品空间、时间位置的变化运动,起保障作用
C. 信息流是桥梁纽带,起指导作用
D. 资金流是实现企业盈利的关键

3. 根据功能性质不同,可将物流管理信息系统分为( )几种类型。
A. 操作　　　　　　B. 决策　　　　　　C. 进销存　　　　　D. 网络型

4. 根据物流环节不同,可将物流管理信息系统分为( )几种类型。
A. 仓储型　　　　　B. 决策型　　　　　C. 配送型　　　　　D. 运输型

参考文献

崔忠付. 我国物流信息化的发展现状及趋势[J]. 物流技术（装备版），2014（12）：10-13.

董千里，袁毅. 区域综合物流信息平台的功能与构建研究[J]. 交通运输系统工程与信息，2002，2（1）：74-78.

董千里. 基于供应链管理的第三方物流战略研究[J]. 中国软科学，2000（10）：34-37.

窦立莉. 港口仓储管理信息系统研究与设计[J]. 企业技术开发（学术版），2010，29（7）：17-19.

洪黎明. 物流公共信息平台：商业模式是瓶颈[N]. 人民邮电，2009-03-11（5）.

刘单中. 物流信息技术[M]. 上海：上海交通大学出版社，2007.

屈颖. 物流信息技术与应用[M]. 北京：人民交通出版社，2007.

冉宝松. 警惕物流信息平台"虚火"[J]. 中国物流与采购，2010（9）：54+56.

尚鸿雁，刘小东，白永江. 物流信息平台的区分及规划运营模式研究[J]. 西北农林科技大学学报（社会科学版），2008，8（4）：72-76.

杨业娟，胡孔法. 基于RFID的物流仓储管理系统分析与设计[J]. 现代电子技术，2011，34（22）：199-201+210.

叶萍，孙丽芳. 物流信息技术与信息系统[M]. 北京：电子工业出版社，2007.

张锦，杨东援，王孝坤，徐珺，关志超. 城市现代物流公共信息平台的发展研究[J]. 交通运输系统工程与信息，2006，6（1）：100-106.

赵振峰，崔南方，陈荣秋. 区域公共物流信息平台的功能定位及运行机制研究[J]. 物流技术，2004（4）：63-66.

子涵. 信息平台让现代物流高效畅通[J]. 中国水运，2007（3）：52-53.